动态能力视角下企业双元创新形成机制研究

创新能力与可持续发展研究系列

总主编 王胜桥

亢秀秋 ◎ 著

复旦大学出版社

前言

随着人工智能、大数据、5G网络和云计算等新技术的不断发展和革新,智能时代和新工业革命已悄然到来。这导致企业赖以生存的外部环境中充满了易变性(volatility)、不确定性(uncertainty)、复杂性(complexity)和模糊性(ambiguity)。动荡的外部环境中遍布机遇与威胁,这不仅增加了企业之间的竞争,更是给企业的生存和发展带来了巨大的冲击。快速的技术变革和经济的飞速发展,使得企业不得不在动荡的环境中进行变革。在这样动荡的外部环境中,有些企业能够通过变革实现发展,有的企业却遭遇灭顶之灾。这便促使我们思考,企业如何应对已经变得不确定、不明确和不连续的环境,既能够保持稳定的利润又能够兼顾长期效益?如何能够通过不断的变革来适应动荡的外部环境,提升应变能力以获得长久的生存?

以往的研究一致认为,动态能力是企业适应复杂动荡的外部环境的必要条件。但由于动态能力理论和构念具有抽象和模糊的特性(Danneels,2008),很难在企业中构建具体的路径来实现动态能力。因此,以往的研究也多停留在理论层次。为了突破这一瓶颈,有研究将双元创新与动态能力联系在了一起,将双元创新看作是一种动态能力（O'Reilly 和 Tushman，2008）。经分析发现，动态能力和双元创新具有很多内在一致性，双元创新是更为具体的、更具可操作性的新型动态能力，双元创新比动态能力更容易在企业中实现，且双元创新这一构念更清晰地表述了动态能力中强调的企业适应外部环境变动时所表现出的灵活性。因而，可以将双元创新看作是企业动态能力的扩展。因此，建立双元创新形成机制可能会是企业在动荡环境中实现转型升级和建立可持续竞争优势的新的契机。

在寻找到这一研究基点后，通过进一步的文献梳理和理论分析，综合了动态能力理论、组织双元性理论和高层梯队理论，将 Teece(2007)提出的"感知-抓住-重新配置"动态能力形成过程框架扩展为"感知-抓住-整合-创新"，并在这一框架下，构建了以战略导向为起点的双元创新形成机制理论模型。在梳理相关文献的基础上，将战略导向看作是感知过程的微观基础，将 TMT(Top Management Team，即高管团队)行为整合看作是抓住过程的微观基础，将组织学习看作是整合过程的微观基础，将双元创新看作是创新过程的微观基础，从而建立了"战略导向→TMT 行为整合→组织学习→双元创新"链式中介机制。此外，识别了变革型领导和外部环境两个权变因素，以使双元创新形成机制的边界更清晰。

本研究以吉林省、辽宁省、河北省、天津市、北京市、上海市、广东省七省(市)的软件园区、高科技园区、产业园区、工业园区、服务业园区、物流园区等企业聚集区为依托进行调研，共发放调研问卷 700 份，最终获得有效问卷 552 份。经假设论证和实证统计分析后得出以下结论：第一，战略导向对双元创新、探索式创新和利用式创新有显著正向影响,其中,市场导向、技术导向和创业导向三个维度均显著正向影响双元创新、探索式创新和利用式创新。第二,TMT行为整合、组织学习是战略导向与双元创新、探索式创新和利用式创新关系中的两个重要中介变量,换句话说,战略导向及其市场导向、技术导向和创业导向三个维度分别通过TMT行为整合、组织学习作用于双元创新、探索式创新和利用式创新。第三,TMT行为整合、组织学习在战略导向与双元创新、探索式创新和利用式创新关系中具有链式中介作用。此外,TMT行为整合显著正向影响组织学习。第四,变革型领导能够增强TMT行为整合对双元创新、探索式创新和利用式创新的促进作用。第五,外部环境的动态性和竞争性特征影响战略导向的作用效果,具体地,外部环境能够增强战略导向对TMT行为整合、双元创新、探索式创新和利用式创新的促进作用。但在分假设中,环境动态性对战略导向与利用式创新的调节作用未得到验证。

综上所述,本研究弥补了现有研究的不足,具有一定的理论和现实意义,能够为企业实践提供借鉴。第一,本研究将双元创新引入对动态能力的理解,并在动态能力框架下研究双元创新的形成机制,将双元创新视为更具体的和更高级别的动态能力,进一步深化和扩展了动态能力理论。第二,基于组织双元性理论解析双元创新的本质和内涵,探析并明确探索式创新和利用式创新之间的关系,分析能够同时促进探索式创新和利用式创新的前因,深化了对双元创新的理解。第三,建立组织层次的双元创新链式中介机制,弥补了双元创新多重前因综合形成机制研究的不足,进一步丰富组织双元性理论,同时,为企业破解创新困境提供指导。第四,建立战略导向与TMT行为整合的联系,弥补外界信息对TMT直接影响的研究缺口,且验证了TMT行为整合在战略导向与双元创新关系中的中介作用,扩展了高层梯队理论。

目录

第1章 绪论 ··· 1
 1.1 研究背景 ····································· 1
 1.2 研究目的 ····································· 9
 1.3 研究的意义 ··································· 11
 1.4 研究的方法与技术路线 ························· 16
 1.5 研究的主要创新 ······························· 19
 1.6 研究的结构安排 ······························· 21

第2章 文献回顾与评述 ····························· 23
 2.1 战略导向 ····································· 23
 2.2 TMT 行为整合 ······························· 44
 2.3 组织学习 ····································· 62
 2.4 双元创新 ····································· 98
 2.5 变革型领导 ··································· 122
 2.6 外部环境 ····································· 138

第3章 理论分析与研究假设 ························· 151
 3.1 理论分析 ····································· 151
 3.2 理论框架 ····································· 175
 3.3 研究假设 ····································· 178

3.4 本章总结 …………………………………………… 202

第 4 章 研究方法 …………………………………………… 206
4.1 访谈设计 …………………………………………… 206
4.2 问卷设计 …………………………………………… 212
4.3 调研样本的选取 …………………………………… 213
4.4 变量设计与测量 …………………………………… 214
4.5 数据搜集 …………………………………………… 221
4.6 数据分析方法 ……………………………………… 221
4.7 预调研和因子分析 ………………………………… 224

第 5 章 数据分析与假设检验 ……………………………… 239
5.1 描述性统计分析 …………………………………… 239
5.2 信度与效度检验 …………………………………… 245
5.3 假设检验 …………………………………………… 253
5.4 研究结果 …………………………………………… 285

第 6 章 结论与展望 ………………………………………… 292
6.1 研究结论 …………………………………………… 292
6.2 理论贡献 …………………………………………… 300
6.3 管理启示 …………………………………………… 303
6.4 研究的局限与展望 ………………………………… 305

参考文献 ………………………………………………………… 307

附录 1 半结构化访谈提纲 …………………………………… 345
附录 2 调研问卷 ……………………………………………… 347

第1章 绪论

1.1 研究背景

1.1.1 实践背景

随着人工智能、大数据、5G网络和云计算等新技术的不断发展和革新,智能时代和新工业革命已悄然到来。中国当前正处于技术变革的转型经济时代。依据康德拉季耶夫长波理论,重大的技术变革和新技术的开发及利用会导致一系列的投资热潮,带动经济快速急剧增长,对政治、经济、生产和生活产生广泛的影响。技术变革波动是连续的,并且影响是世界范围的。Schumpeter总结了工业革命伊始的三次长波周期,Freeman和Soete(2004)将其发展为五次长波,每一个波动周期的时长是40~60年,分别为纺织品工厂化生产(1780—1840年)、蒸汽动力与铁路时代(1840—1890年)、电器与钢铁时代(1890—1940年)、汽车与合成材料批量生产时代(1940—1990年)、微电子与计算机网络时代(1990年至今)。按此推理,现如今仍处于第五次长波中。然而,Kurzwell(2011)在《奇点临近》一书中提出了加速回归定律,指出信息技术的发展促使技术创新和发展变革正以指数级的速度增长,模式变迁的速度每10年会提升1倍。Kurzwell

预测,21世纪20年代中期,将实现使用有效的软件模拟人类智慧;21世纪20年代末期,机器智能将与生物智能没有区别。由此猜想,也许第五次长波会加速结束,并提前进入下一次未知长波。技术的变革带来了经济的波动,这也是现如今企业生存的经济环境如此动荡的根本原因。

信息和互联网技术推动下的人工智能、大数据、5G网络和云计算的发展,导致企业赖以生存的外部环境充满了易变性、不确定性、复杂性和模糊性(Volatile,Uncertain,Complex,Ambiguous,VUCA)。动荡的外部环境中遍布威胁与机遇,这不仅增加了企业之间的竞争,更是给企业的生存和发展带来了巨大的冲击。在已知和未知的领域中,竞争可能来自已知的和未知的竞争对手,也可能是因为跟不上变革而被时代淘汰。简而言之,在当今复杂的经济社会和商业世界中,不确定性无处不在。重大的意外冲击往往发生在企业以往的惯例之外,并经常会就此改变企业的命运。虽然大规模的冲击是罕见的,但较小的冲击是相当频繁的。这种冲击在当今的技术变革时代尤为常见。

有些冲击是企业通过观察可以感知到的直接冲击。2016年4月22日,摩拜共享单车在上海正式运营。作为以自行车租用为核心业务的新型商业模式,共享单车采用手机支付、随用随停、自助服务且不需要固定停车桩的运营模式。"上海凤凰"作为中国老牌自行车企业,几乎在第一时间获知了相关消息,预感到整个行业巨变将至,并将被迫参与风暴之中。究竟如何变化?不只是"上海凤凰",各个制造企业都在观察着共享单车一点一滴的动向,并努力预测其对企业本身和整个行业的影响。在共享单车的飓风中,制造业链条上的所有企业都被卷入了未知之中。在发现共享单车出现在大街上的时候,上海凤凰自行车有限公司总裁王朝阳便发动员工主动搜集相关信息。这一举动让其较早地掌握了行业变动的方向。在超过 3 个月的观察、摸索与酝酿之后,凤凰自行车开始悄悄研制,并在 1 个月左右的时间里制造了 5 款各有侧重的共享单车,由此抓住了变革的先机。当局势渐渐清晰之后,共享单车对于老牌自行车企业的冲击是多方面的。首先,共享单车极大地降低了一线城市的自行车销量,并逐渐蔓延到二线、三线城市;其次,共享单车带来了大批量的制造订单,这部分订单不仅弥补了流失的销量,而且带来了额外的收益,只是不再采取传统制造方式,而是需要新型的技术和工艺;此外,共享单车所呈现的巨大制造需求变动,对于每一个自行车制造企业来说,都有可能是灭顶之灾。王朝阳总裁说:"从前,一年做两次选择;如今,企业天天面临生死抉择"。①

另一些冲击是企业无法想象的、来自完全未知领域的冲击。智能手机的出现,不仅使人们的日常工作方式和生活方式发生了变化,还给许多与之看似不相关的行业带来了颠覆性的变化和冲击。2017 年 6 月,知名市场调研企业 Euromonitor International 发布了一组有趣的数据。数据显示,自从 2007 年第一代苹果手机上市以来,到 2016 年底,美国的口香糖销售量下降了 15%②。这一结果在现在看来或许很容易解释,口香糖通常摆放在超市收银台附近醒目的位置,顾客在排长队结账的时候常常会因一时冲动而购买口香糖。当智能手机出现后,人

---

① https://mp.weixin.qq.com/s/SoP7bbjfSOytcn6Ac0JCQg.
② http://www.sohu.com/a/152538337_223764.

们习惯性地使用智能手机浏览各类消息或进行休闲娱乐,零散的时间或整段的时间都被手机占据着。在排队结账时顾客会低头看手机,而无暇顾及摆在醒目位置的商品。口香糖作为日常生活的非必需品,在智能手机的冲击下销量大幅下跌,这是口香糖企业无法预料到的。除此之外,智能手机的出现,也导致了MP3、收音机、录音机、掌上游戏机、纸质书、实体店铺、照相机、摄像机乃至大型商场等看似无关的产业都面临着巨变。随着科技的进步,未来的万物互联、人工智能等技术的全面发展,会冲击更多行业。

"时代抛弃你,连声招呼都不打"。企业面临的已知的和未知的冲击,与其说是来自技术的变革,不如说是来自技术变革所带来的时代变迁。在悖论理论中,冲击同时也意味着机遇。小米科技创始人雷军说,"站在风口,猪都会飞起来"。但前提是,企业能够跟上时代,把握变革的方向,不断创新和突破。面对电子商务的冲击,瑞典的宜家家居在一段较长时间的观望、准备与尝试之后,于2018年9月推出了"IKEA宜家家居快闪店"的小程序,并全面上线电商业务。中国大型实体商超大润发(具体来说是大润发、欧尚和高鑫)在2017年底与阿里巴巴达成战略合作,参与了由阿里巴巴推动下的中国新零售革命。万达广场和欧亚卖场等实体卖场也不得不开始转型,重新布局商场的品类和结构,增加餐饮和娱乐设施以适应生活习惯的变化。

在康德拉季耶夫的第四次长波周期之前,外部环境相对稳定,规模经济与价值链的垂直整合是企业发展的主要战略方式,拥有低廉的成本、独特的资源以及高效的生产效率是企业获得竞争优势的主要手段。在进入第五次长波周期后,外部环境变得愈加动荡和复杂,高速的全球化发展与快速的技术变革,伴随着行业同质化、产品生命周期缩短以及互联网的重要性不断增加,使得以往的战略与管理手段不再适用。传统的成功要素,如保持激励、拥有有形资产、控制成本、保持质量、优化库存等虽然是必要的,但都不太可能使得企业保持持续的卓越绩效。企业需要打破常规思维与模式,以一种新的方式重新适应外部环境的变化。快速的技术变革和经济的飞速发展,使得企业不得不在动荡的环境中进行变革。在这样动荡的外部环境中,有些企业能够通过变革实现成长,有的企业却遭遇灭顶之灾。这便促使我们思考,企业如何应对已经变得更加不确定、不明确和不连续的环境,既能够保持稳定的利润又能够兼顾长期效益?如何通过不断的变革来适应动荡的外部环境,提升应变能力以获得长久的生存?

1.1.2 理论背景

快速的技术变革不仅使企业之间的竞争强度加剧,而且还极大地增加了企业赖以生存和发展的环境的变动程度。企业如何在激烈的竞争中取胜并且能够在复杂动荡的外部环境中获得长久的生存,是中国所有企业面临的重大现实问题。为解决这一问题,学者们提出了一系列与竞争优势相关的理论。与企业竞争优势相关的理论主要有 Porter(1980)提出的竞争力观点、Shapiro(1989)提出的战略冲突观、Wernerfelt(1984)提出的资源基础观以及 D'Aveni(1994)提出的动态能力观。竞争力观点扎根于产业组织中的"结构-行为-绩效"范式,强调通过企业在产业中的结构定位来采取行动获得有利位置;战略冲突观以博弈论为基础,强调通过定价策略、战略投资和信息控制等手段打击竞争对手;资源基础观从资源的视角,认为企业拥有的独特资源和能力决定企业的竞争优势。管理理论的发展一般都具有深刻的时代烙印,在经济进入第五次长波周期后,以上三个理论无法充分解释企业在以易变性、不确定性、复杂性和模糊性(VUCA)为特征的环境中的可持续竞争优势的获得问题。而动态能力观是解释这一现实问题的重要核心理论。以往的研究一致认为,动态能力是企业适应复杂动荡的外部环境的必要条件。

由于动态能力理论和构念具有抽象性和模糊性(Danneels,2008),很难在企业中构建具体的路径来实现动态能力,因此,以往研究也多基于理论层次。为了突破这一瓶颈,一些研究将动态能力与双元创新联系在了一起,认为双元创新与动态能力密切相关。Teece(1997)是最早将动态能力和组织双元性联系在一起的学者之一,他认为动态能力是探索性活动和利用性活动的反映。Teece(2007)提出了"感知-抓住-重新配置"这一动态动态能力的形成过程框架,认为动态能力的感知和抓住过程与探索和利用有密切的联系,但并未进行深入的分析。随后,O'Reilly和Tushman(2008)在《双元作为一种动态能力:解决创新困境》这篇文章中详细阐述了双元创新与动态能力之间的关系,认为双元创新是一种动态能力,动态能力作为一个整体概念来支撑双元创新。此外,一些研究还认为,动态能力是一种组织双元性(Guttel和Konlechner,2009),以及组织双元性等同于动态能力(Xie等,2011)。因此,关于动态能力与双元创新关系的现有研究观点并不一致。但从这些观点中可以看出,双元创新是更为具体的、更具可操作性的和更高级别的动态能力,双元创新比动态能力更容易在企业中实现,且双元创新这一构念更清晰地表述了动态能力中强调的企业适应外部环境变动时所表现出的灵活性。因此,双元创新的引入能够扩展动态能力理论,同时,动态能力理论是研究双元创新的最合适的视角(O'Reilly 和 Tushman,2013)。

双元创新的概念是在组织双元性理论的基础上提出的。组织双元性理论指出成功的企业必须是双元的,一方面企业通过探索式创新寻找新机会、开发新市场和研制新产品,着眼于未来的发展;另一方面企业通过利用式创新把握现有机会、改进现有产品和满足现有顾客的需求,着眼于当前的稳定发展。相比于动态能力理论,组织双元性理论对企业的灵活性提出了更高、更具体的要求。因此,本研究综合了组织双元性理论和动态能力理论,将双元创新作为动态能力的拓展和更高级别的形式,在动态能力框架下,研究双元创新的形成机制。

双元创新包括探索式创新和利用式创新两个悖论要素,这使得其难以在企业中实现。现有研究提出了组织情境、TMT(Top Management Team,即高管团队)行为整合和过程管理前因,但这些研究仅专注于双元创新的单一前因要素,很少有研究聚焦于双元创新的具体形成机制,且相关研究结果并不一致。一些学者提出了双元创新的多层次模型和嵌套模型,但相关研究仅停留在理论层次,几乎无法进行实证检验。由于双元创新概念的复杂性和难以实现性,单一的前因要素无法充分说明其形成机制。因此,本研究综合双元创新的不同影响因素,尤其是对于探索式创新和利用式创新具有相同促进作用的前因要素,建立了实现双元创新的链式中介机制。

通过文献梳理,发现了影响双元创新形成的重要前因要素,以及这些前因要素之间的关系:第一,企业能够通过战略导向感知外部环境中的变化,并及时进行响应,战略导向能够为企业的发展提供指引(Hitt 等,2000)。技术导向、市场导向和创业导向能够为企业带来顾客需求变化、新技术的出现和新机会的信息,这为企业进行探索式创新和利用式创新提供了必要的指引(Venkatraman,1989)。因此,战略导向可能是影响双元创新的重要前因要素。第二,依据战略导向获得的外部环境变动信息往往是复杂的和模糊的,难以直接为企业提供明确的方向。这些复杂的信息会促使企业的 TMT 增加交流,通过沟通、讨论和交换意见做出一致的决策,从而促进 TMT 的行为整合。有研究指出,一个行为整合的 TMT,能够处理相互冲突、相互矛盾和模糊的信息(Lubatkin 等,2006)。据此,TMT 行为整合可能在战略导向对双元创新的作用中具有重要的作用,但鲜有学者进行相关的研究。第三,一个行为整合的 TMT 会针对外部环境中的变动信息进行讨论,互相交换意见,并提出新的见解(Hambrick,1994),这在某种程度上可以看作是组织学习的过程(Slater 和 Narver,1995)。TMT 行为整合为组织中知识的积累提供了良好的前提,而组织学习又是企业创新的一个重要前因要素(Sheng 和 Chien,2016)。因此,组织学习可能在战略导向、TMT 行为整合与双元创新的关系中具有重要的作用。第四,除此之外,双元创新的形成会受诸多复杂因素的影响,领导风格可能会影响 TMT 的行为,从而影响双元创新的具体实现过程(Ling 等,2008),而外部环境是影响战略导向作用效果(Kohli 和 Jaworski,1990)和双元创新形成的重要权变因素,因此,有必要探讨权变因素对双元创新形成过程的影响。

基于此,本研究通过综合运用动态能力理论、组织双元性理论和高层梯队理论,解析了双元创新的形成机制,对战略导向、TMT行为整合、组织学习、双元创新、变革型领导和外部环境之间的关系进行了深入的探讨,分析了TMT行为整合和组织学习的链式中介作用,以及变革性领导和外部环境的调节作用,为企业实施双元创新、破解创新困境提供理论指导。

1.2 研究目的

本研究聚焦于技术变革时代企业的生存与可持续发展问题。以动态能力理论为基础,综合组织双元性理论和高层梯队理论,以战略导向为出发点,以TMT行为整合和组织学习为必要的过程,以双元创新为落脚点,以变革型领导和外部环境为权变因素,进行了深入的文献评述、理论推理、假设推演和实证检验分析,定性分析与定量分析相结合。通过"动态能力视角下企业双元创新形成机制"这一理论命题,来解答"企业对外部变动环境的响应和可持续发展"这一现实问题。具体的,本研究主要有以下四个目的。

第一,在技术变革背景下重新解读动态能力理论。动态能力理论自1994年Aveni在《超越竞争》一书中提出以来,得到了快速的发展。但学者们对此有很多不同的见解,并未形成一致的意见。一个很重要的原因是,动态能力理论具有很强的时代特性,与外部环境的变化息息相关。经济社会一直在快速发展,且发展速度越来越快。因此,很难在如此快速的变革中深入全面地理解动态能力理论。本研究试图以技术变革为时代背景,重新梳理动态能力的内涵、维度和形成过程框架,并引入双元创新概念,从组织双元性视角寻求新型动态能力应具有的特征,发展动态能力理论。

第二,解析技术变革时代企业的生存与可持续发展问题,破解企业创新困境。随着企业生存环境的动荡性逐渐增强,外部的冲击呈现出越来越多和越来越强的趋势。为此,企业不得不及时对外部环境中的变动做出响应,以抓住先机,规避威胁。面对各种各样的冲击,创新是企业必不可少的一个选择。双元创新是近几年才提出的一个悖论概念,包括探索式创新与利用式创新两个相悖的要素。追溯其根源,来自1976年Duncan提出的组织双元性概念以及1991年March提出的探索与利用概念。探索式创新是关乎未来的,而利用式创新是关乎现在的。依据悖论思维和组织双元性理论,两个相悖要素之间具有协同作用,相互包含并能够相互转化。探索式创新与利用式创新的共同作用能够使企业生生不息,即企业能够适应外部环境的变化并获得长久的生存和发展。

第三,构建企业基于双元创新的动态响应机制。在技术变革时代的经济转型时期,企业面临转型升级的困境。几乎每个企业都感受到了创新和转型的紧迫性,一成不变的企业终将被时代抛弃。外部环境瞬息万变,逼迫着企业不断进行创新,并通过创新寻找出路。在此背景下,企业必须时刻观察市场和技术的变化,并对机会和威胁及时做出反馈。因此,本研究意在建立以双元创新为基础的针对外部环境中技术和市场变动的动态响应机制,这是企业可持续发展的必然选择。

第四,深入挖掘双元创新、战略导向、TMT行为整合、组织学习、变革型领导和外部环境特征六个变量的内涵、本质和维度,以辨析概念并准确理解其真正含义。依据现有研究成果,整合并归纳各变量的前因和结果。在此基础上,对现有研究进行评述,寻找理论和实证研究的缺口,并提出新的见解。同时,以动态能力理论为切入点,整合组织双元性理论和高层梯队理论,探讨各变量之间的作用关系,构建双元创新形成机制理论模型,最后进行假设推演和实证检验。

1.3 研究的意义

1.3.1 理论意义

(1) 提出"感知-抓住-整合-创新"动态能力形成框架,将组织双元性理论和双元创新构念引入动态能力理论,丰富并拓展了动态能力理论。动态能力是一个复杂的概念,经由"企业行为理论-演化理论-资源基础观-动态能力理论"这一路径发展而来,理论的核心是建立企业可持续竞争优势。Teece(1997;2007)开创性地将破坏性创新理论和演化理论融入动态能力理论中,形成了独特视角的动态能力理论框架,但相关研究仍在不断完善中,还没有深入研究动态能力的具体形成机制。本研究据此将 Teece(2007)提出的"感知-抓住-重新配置"这一动态能力形成过程框架扩展为"感知-抓住-整合-创新"。

Teece(2014;2016)、Winter(2003)从能力层级视角,认为动态能力是区别于常规能力的高阶能力,并且对于动态能力的理解停留在变动的外部环境,而没有考虑静态的外部环境。仅Eisenhardt和Martin(2000)指出了在静态环境中动态能力也能发挥作用。以往的研究均集中在了"动"的因素上,而忽视了"静"的因素。但从悖论角度,高阶能力和低阶能力均是适应外部环境所必需的。外部环境本身就是在不断变化的,但就暂时的一段时间来看,可能是快速变动的,也可能是静止的。企业应该既有高阶能力又有低阶能力,高阶能力与低阶能力共同作用,才能达到灵活应对环境变化的目的。从这一层次上,动态能力和双元创新具有一致性。有研究指出,动态能力来源于利用和探索活动(Benner和Tushman,2003),根植于探索式与利用式创新(Ancona等,2001),通过利用现有技术和资源来达到高效,并通过探索获得新的可能性(Rosenkopf和Nerkar,2001)。双元创新通过探索式创新与利用式创新的交互作用,既能够着眼于现在又能够着眼于未来,在本质上可以看作是一种特殊的新型动态能力。因此,本研究将双元创新作为更高级别的动态能力,丰富并拓展了动态能力理论。

(2)基于组织双元性理论解析双元创新,深化了双元创新的内涵。双元创新是近些年才逐渐发展来的概念,起初很多学者将其与渐进式创新和突破式创新等同(Benner和Tushman,2003)。此后,进一步进行了区分,认为渐进式创新和突破式创新是产业和行业层次的、结果视角的创新分类方式,而探索式创新与利用式创新是组织和企业层次的、行为视角的创新分类方式(He和Wong,2004;Greve,2007)。在企业中的探索式创新也许只是整个行业中的渐进式创新。Popadic 和 Cerne(2016)提出双元创新(Ambidexterity Innovation)是探索式创新与利用式创新的交互,Martin 等(2017)认为双元创新(Ambidextrous Innovation)是高管们挖掘现有能力和探索新机会的平衡。这些研究对双元创新的认识只是局限于平衡和交互上,忽视了探索式创新和利用式创新的排斥作用。

在组织双元性理论的基础上,本研究重新解读了双元创新的本质和内涵,认为探索式创新和利用式创新作为一对悖论要素,既具有相互促进的特征,同时也存在相互排斥的作用,而双元创新是同时实现高水平的探索式创新和利用式创新。双元创新的本质是能够突破探索式创新和利用式创新之间的排挤和对立,通过管理手段使两者的相互促进作用大于相互排斥的作用,从而灵活地同时进行探索式创新和利用式创新。通过梳理双元创新的研究现状可知,除了那些对探索式创新和利用式创新具有差异化影响的前因要素,还有一些前因要素能够同时促进探索式创新和利用式创新。本研究对这些能够同时促进探索式创新和利用式创新的前因要素进行了挖掘,建立了组织层次的双元创新形成机制。因此,在这一层次上,本研究深化了双元创新的内涵。

(3)建立企业基于双元创新的动态响应机制,拓展了双元创新领域的研究,丰富了组织双元性理论。在以往的双元创新的研究中,学者们多将企业能力(Zang 和 Li,2017;焦豪,2011)、领导者类型(Zheng 等,2016;傅晓等,2012;王凤彬和陈建勋,2011)、组织结构(李忆和司有和,2009)、社会资本(张钰等,2013)作为双元创新的单一前因变量,还未有学者进行基于双元创新的动态响应机制研究,也未有学者在整体上研究战略导向对双元创新的作用机制。本研究以动态能力理论为基础,深刻剖析了动态能力理论和双元创新的内涵,建立了"战略导向→TMT行为整合→组织学习→双元创新"这一链式中介机制,从整体上建立了企业对外部环境中市场和技术变动的动态响应机制。此外,还具体研究了战略导向、TMT行为整合和组织学习对双元创新的作用,以及变革型领导和外部环境特征的调节作用,弥补了双元创新领域的不足,丰富了组织双元性理论。

(4)建立了战略导向与TMT行为整合之间的联系,同时探讨了变革型领导在TMT行为整合与双元创新关系中的促进作用,扩展了高层梯队理论。高层梯队理论自提出时便强调外界环境信息对企业TMT进行信息决策的影响,但至今未有研究探讨外界环境信息对TMT行为整合的直接影响。本研究检验了战略导向作为企业获取外界环境信息的必要途径,对TMT行为整合的促进作用。此外,已有研究验证了CEO对TMT的直接影响,本研究检验了变革型领导在TMT行为整合与双元创新关系中的调节作用,进一步丰富了CEO-TMT接口的相关研究。在这两点上,本研究扩展了高层梯队理论。

1.3.2　实践意义

(1)建立双元创新的形成机制,为企业通过双元创新应对外部环境变动提供具体的可操作方案。技术变革时代,企业的生存环境日新月异,面临着有形的和无形的冲击。一成不变的结局只有被时代抛弃,每一家企业都不得不做出改变以适应变动的环境。面对已知的和未知的未来,有效把握机遇并规避威胁是企业的当务之急。企业必须实时关注技术和市场的变动，察觉并预测其对企业未来的影响，并适时做出对企业有利的决策。有效的动态响应机制能够帮助企业获取信息，将有用信息传达到企业内部，经高层商讨后做出决策将新技术、新知识等引入企业内部，进而通过组织学习后进行双元创新，以达到适应环境变动的目的。本研究中，战略导向、TMT行为整合、组织学习和双元创新环环相扣，形成一个链条，每一环节都必不可少，这一动态响应机制为企业适应环境变动提供了完整的解决方案。

（2）解析并验证了战略导向、TMT行为整合和组织学习三个企业内部管理因素对探索式创新和利用式创新的共同驱动作用，进而验证了这些因素对双元创新的促进作用，引发企业在管理实践中对内部管理因素的重视。企业规模、企业性质、所属行业和成立年限等客观因素是企业无法控制和改变的，而进行双元创新又是企业适应变动外部环境的必要途径。企业只有在现有基础上，实施可操作的策略，才能够获得可持续的竞争优势。无论企业更加重视的是探索式创新还是利用式创新，战略导向、TMT行为整合和组织学习对于企业来说都是必要的。

（3）研究了双元创新的变革型领导和外部环境的权变因素研究，帮助并引导企业了解双元创新的边界条件，以更好地通过双元创新构建可持续竞争优势，获得长久的生存和发展。在相对稳定的外部环境中，企业可以通过规模化、降低成本、减少库存等方式构建企业的竞争优势。在技术变革时代，高度动态性和竞争性迫使企业不得不采取创新的方式去获取竞争优势。但是现实远比想象复杂得多，创新也并非总是有效的。本研究解决了双元创新与领导风格和外部环境的匹配问题,只有正确的匹配,才能够达到预想的效果。本研究能够有效帮助并引导企业选择具体可行的双元创新路径。

(4)指导企业解决创新困境。技术变革时代,企业面临"不创新等死,创新找死"的尴尬境地。时代的变革已迫使企业不得不通过创新获得长久发展,而创新又意味着巨大的成本和较高的失败率,一旦创新失败,企业同样面临生死境地。创新困境是每一个企业都面临的难题。本研究立足于双元创新,即同时实现高水平的探索式创新与利用式创新。探索式创新面向未来,通过探索式创新寻找未来的机会,给企业带来长期的超额收益;利用式创新面向现在,通过利用式创新稳定现有业务,给企业带来短期的稳定收益。探索式创新和利用式创新共同协作,能够为企业带来长久的持续收益,这既避免了只进行探索式创新导致的投入过大而收益较少的"核心刚性",也避免了只进行利用式创新而最终被时代淘汰的"核心惰性"。因此,本研究中对于双元创新的研究有效解决了企业在创新中的抉择困境。

1.4　研究的方法与技术路线

1.4.1　研究的方法

借鉴战略管理领域的主流研究范式和研究方法,本研究主要采用被广泛使用的文献分析法、深度访谈法、问卷调查法和统计分析法对多个复杂组合前因进行多重路径研究。

(1) 文献分析法。在研究伊始,主要通过文献分析法对现有研究进行查阅、梳理、对比、归纳和总结,以确定研究选题、理论依据和研究方法等。首先,为了尽可能充分获得国内外战略管理领域的相关文献,本研究以中国知网和 Web of Science 两个权威数据库为主要文献来源,并结合百度学术、读秀、Science Direct 和 EBSCO 等数据库辅助搜集文献。同时,采用 CNKI E-Study 和 Note Express 文献管理软件对文献进行分类和管理。此外,还采用 CiteSpace 进行知识网络分析,以便在整体上对国内外相关理论和实证研究的发展进程、研究前沿、研究热点以及研究空白点有清晰的认知。通过文献梳理和理论分析、述评,找到现有理论研究和实证研究的不足及矛盾点,在吸收和消化以往学者研究成果的基础上,提出新的见解,并建立本研究的基本理论框架。

(2) 深度访谈法。首先,在确定选题之前和之后,广泛地与企业高层管理者就企业创新和动态能力问题进行交谈,对企业的实际运营情况进行深入了解,以避免选题不切实际的问题。其次,在选题确定之后、实地调研之前,在学校的非全日制 MBA 学员和在企业任职的校友中选取总经理或以上级别的领导进行半结构化访谈,界定核心构念(包括战略导向、TMT 行为整合、组织学习、双元创新、变革型领导和外部环境)的内涵和外延,论证选题及理论模型的合理性,并依据合理建议对理论模型进行校正和调整。

(3) 问卷调查法。本研究结合国内外的相关研究和企业实际情况设计了调查问卷,选取领域内专家对问卷进行评估、提出修改意见,并根据意见做出修改和调整。问卷调查分为预调研和正式调研两部分进行。预调研阶段,先将调查问卷发放给MBA学员进行填答,主要搜集问卷填答过程中的语义理解问题,以便修改调查问卷中的措辞,使其更易于理解。之后利用预调研的样本数据对本研究所涉及的构念进行信度检验和因子分析。进一步调整问卷的题项和措辞,并形成最终的正式调研问卷。正式调研阶段,选取吉林省、辽宁省、河北省、天津市、北京市、上海市、广东省的企业进行调研,调研对象为企业CEO、总经理、副总经理以及研发部门经理等,采用现场发放纸质问卷和网上发放在线问卷的方式进行。搜集企业数据,以进行实证检验分析。

(4)统计分析法。在考虑实证研究整体目标的基础上,本研究主要采用Excel 2007、SPSS 24.0和Amos 17.0三种数据统计分析软件,对题项、量表、问卷、理论模型和经推演提出的假设进行分析和验证。第一,使用Excel 2007软件对搜集到的数据集进行数据录入、整理和初步的分析,为进一步的研究做准备。第二,使用SPSS 24.0软件进行变量的相关分析,以及量表和问卷的信度、效度分析,包括针对样本分布和量表题项的简单描述性统计分析、对量表和问卷的因子分析。此外,还通过分层回归分析方法和Boorstrap方法对提出的假设进行检验,包括直接作用、中介作用、链式中介作用和调节作用的检验。第三,使用Amos 17.0软件对量表和问卷的效度和拟合度进行验证性因子分析。

1.4.2 研究的技术路线

本研究全部过程所实施的技术路线,如图1.1所示。

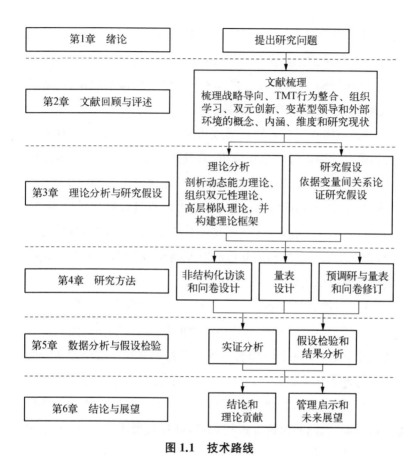

图 1.1 技术路线

1.5 研究的主要创新

本研究主要有以下四点创新。

第一,解析了双元创新的本质。双元创新是个复杂的概念,包括探索式创新和利用式创新两个相悖的要素,本研究在梳理相关文献的基础上,分析了探索式创新、利用式创新和双元创新的本质、内涵、维度、前因、结果以及相互之间的联系。此外,探讨了战略导向、TMT 行为整合和组织学习对双元创新、探索式创新和利用式创新的不同影响。

第二,构建了双元创新形成机制。现有研究多基于双元创新的单一前因进行讨论和分析,并且缺少双元创新多前因形成机制的实证研究。本研究基于动态能力理论将 Teece(2007)的"感知-抓住-重新配置"这一动态能力形成过程框架扩展为"感知-抓住-整合-创新",并基于这一框架提出了各过程的微观基础,建立了以战略导向为起点的双元创新形成机制,为企业破解创新困境提供借鉴。

第三,建立了战略导向与 TMT 行为整合之间的联系。高层梯队理论虽然是在适应外部环境的基础上提出的,但极少有研究建立起 TMT 行为整合与外界信息的联系。战略导向作为企业与外界联系的媒介,能够为企业提供丰富的、多样化的和时时变更的信息,这促使企业 TMT 不得不针对这些模糊的信息通过协商、沟通和讨论等进行识别,并尽快做出决策,弥补了现有研究的不足。

第四,分析了变革型领导和外部环境两个权变因素在双元创新形成机制中的权变影响。首先,本研究丰富了关于 CEO-TMT 接口的相关成果,将变革型领导作为调节变量,论证并实证检验了变革型领导对 TMT 行为整合与双元创新关系的促进作用。其次,尽管环境动态性和竞争性是战略管理中的两个主要权变因素,但关于其对战略导向作用效果影响的研究较少,本研究论证并实证研究了环境动态性和竞争性对战略导向与 TMT 行为整合、双元创新、探索式创新和利用式创新关系的影响。

1.6 研究的结构安排

本研究包括绪论、文献回顾与评述、理论分析与研究假设、研究方法、数据分析与假设检验、结论与展望六个主要部分。

第1章为绪论。在技术变革速度不断加快的时代背景下，企业面临着迫切的适应环境变化的战略管理和创新需求。本研究以此为前提论述其实践背景，引出研究问题。之后，针对研究问题进行理论背景的阐述，以寻求解决实践问题的突破口。在此基础上，介绍本研究的研究目的和意义。最后，从总体上简要介绍研究的方法、路线和结构安排。

第2章为文献回顾与评述。本研究针对双元创新、战略导向、TMT行为整合、组织学习、变革型领导和外部环境这六个主要研究变量进行系统的文献梳理，并在此基础上分析各变量的概念界定及内涵、分析维度和测量以及研究现状，归纳总结研究框架，并针对现有研究进行研究评述。

第3章为理论分析与研究假设。本研究针对第2章梳理出的研究缺口，进行理论分析，并据此构建理论框架。同时依据理论框架进行假设论证，提出双元创新（结果变量）、战略导向（自变量）、TMT行为整合（中介变量）、组织学习（中介变量）、变革型领导（调节变量）和外部环境（调节变量）之间的假设关系，包括直接关系、中介关系、链式中介关系和调节关系。

第4章为研究方法。首先，进行了半结构化访谈和问卷调查法的设计,同时依据前文的梳理设计了测量各变量的量表,包括被解释变量、解释变量、中介变量、调节变量以及控制变量。之后,在小范围内选取调研对象进行预调研,同时对调研结果进行因子分析,以检验和评估量表,并在此基础上对其进行修改。

第 5 章为数据分析与假设检验。首先,对搜集到的数据进行描述性统计分析,了解数据的所属行业、企业规模、企业年限、企业性质和区域分布的基本信息,同时也对各变量进行描述性分析,以检验数据的广泛性和合理性。之后,对量表和问卷的信度、效度和共同方法偏差进行检验。最后,针对第 3 章提出的假设进行主效应、中介效应、链式中介效应和调节效应的实证分析和检验,并分析结果。

第 6 章为结论与展望。针对本研究得到的结论、做出的贡献和实践启示进行了分析,并说明本研究的局限和未来可以进一步实施的研究。

第 2 章 文献回顾与评述

本章系统梳理了战略导向、TMT 行为整合、组织学习、双元创新、变革型领导和外部环境六个主要变量的概念和内涵、维度和测量，以及前因和结果等研究现状。在此基础上，归纳了各变量的研究框架，并提出了见解，为进一步的研究提供良好的基础。

2.1 战 略 导 向

2.1.1 战略导向概念界定及内涵

战略导向最开始起源于战略营销和战略管理两个流派，并在营销、战略、创业和创新等多个不同的研究领域受到学者的广泛关注。现有研究较为丰富，但目前还未有清晰、一致的概念界定。纵观现有的与战略导向相关的研究，学者主要从战略方向视角、环境适应视角、组织文化视角和组织行为视角对战略导向的概念和内涵提出了见解。

1. 战略方向视角

战略方向视角下的战略导向研究认为，战略导向是指决定企业行为并指引企业未来发展的战略方向。Venkatraman(1989)

最早在研究中指出了战略导向的内涵,认为战略导向反映了组织战略的基本特征,是一种概括性的组织战略,决定企业未来的命运选择。Gatignon 和 Xuereb(1997)认为战略导向反映了企业为实现持续高绩效而实施的战略方向。

2. 环境适应视角

一些学者将战略导向与企业所处的外部环境联系在了一起,认为战略导向是指企业对持续变化的外部环境的适应和响应。Zhou 和 Li(2010)指出战略导向关注于企业与外部环境的互动,是依据外部环境而做出的战略选择,反映了战略选择与外部环境之间的契合度。Hitt 等(2000)在研究中指出,战略导向是企业对外部环境的感知和响应,为企业长期发展指引方向。

3. 组织文化视角

组织文化视角下的研究认为战略导向是起引领作用的管理哲学和企业文化。Noble 等(2002)在研究中指出,战略导向是指引企业采取行动的管理哲学和组织文化,是企业信念和价值观的集合。Zhou 等(2005)认为战略导向是基于文化和特定企业的复杂能力,能为企业带来竞争优势。Zhou 和 Li(2007)指出战略导向是企业内部与战略管理相关的认知、态度、期望和价值观等文化和哲学体系。

4. 组织行为视角

组织行为视角下的研究认为战略导向是一系列行为的集合。Hynes(2009)的研究认为战略导向是组织为适应或改变战略环境而实现资源最优配置的行为的集合。Menguc(2005)也认为战略导向是由信息编码、传输、解释、决策和实施等构成的组织行为过程的集合。

在以上四种研究视角之外,还有一些学者有着不同的理解和认知,这些学者对战略导向的见解则更为宽泛。例如,Lumpkin 和 Dess(1996)、Jantunen(2008)认为战略导向是在快速变动的外部环境中,指引企业行动的原则、实践、过程和决策类型。

国内学者关于战略导向的研究多沿用 Gatignon 和 Xuereb(1997)的概念界定,但也有一些学者有进一步的认识。赵更申等(2006)认为战略导向是一种导向性的原则,一方面作为一种管理倾向、动机和愿景,指导企业进行战略设计和规划;另一方面作为核心程序与系统,促进企业实现管理理念、愿景和目标。余浩和陈劲(2012)指出战略导向是指企业依据外部环境的变动,来决定企业应实施的资源配置和内部业务范围的一种方式。简兆权等(2015)指出战略导向聚焦于与外部环境相适应的战略选择,是一种向外看的视角。

不同学者对战略导向的认知虽然切入视角不同,但却是彼此交叉和相互关联的。因此,综上所述,将战略导向的要点总结如下:第一,战略导向具有为企业指引方向的作用,决定企业应采取的行动;第二,战略导向具有连接外部环境的作用,使企业能够快速地响应外部环境的变化;第三,战略导向具有较高层次的统领作用,引领企业未来的发展方向。

本研究在以往研究的基础上,综合战略方向、环境适应、组织行为和组织文化四种不同的视角,将战略导向定义为:能够响应环境变动,引领企业未来发展趋势,决定企业行动决策的战略方向。

2.1.2 战略导向的维度

1. 战略导向的分类和维度划分

现有研究对于战略导向维度的划分主要有战略管理和战略营销两大流派。

战略管理流派沿用 Miles 等(1978)对于组织战略的分类方式,该分类方式依据组织追求市场和产品的不同以及响应外部环境的速度将战略导向分为四种类型:探索者(prospector)、分析者(analyzer)、防御者(defender)和反应者(reactor),每一个类型都是组织战略、组织情境和组织结构的独特结合。虽然在 Miles 等(1978)的研究中并没有明确提出战略导向的概念,但其所论述的概念和内涵与战略导向有较多重合之处。探索者关注并及时响应环境的变化,从中寻求机会,追求创新,通常处于行业的领先地位,是行业中的领跑者;防御者聚焦于较为狭窄的目标市场,采取稳健策略,追求稳定,不关注目标市场外的新机会;分析者结合了探索者和防御者的特征,专注于企业的长期发展,既聚焦于维持现有市场和产品的稳定,又积极探索新的机会;反应者缺乏稳定和持续的战略方向,在环境发生变化时才被动调整,总是在不断变动。

Venkatraman(1989)在 Miles 等(1978)的基础上进行了进一步的深入研究,依据具体特征,将战略导向划分为六个维度:进取性(aggressiveness)、分析性(analysis)、冒险性(riskiness)、先动性(proactiveness)、未来性(futurity)和防御性(defensiveness)。进取性是指企业在资源配置时,采用比竞争对手更快的方式提升市场地位;分析性是指通过搜索问题的根源寻找最佳解决办法,从整体上解决问题,实现既定目标;冒险性是指企业在做决策时关于市场和产品选择的风险偏好程度;先动性反映了在参与新兴产业方面的主动性行为,通过观察环境的变化持续探求新的机会并不断尝试,以达到抢占先机的目的;未来性是指企业在决策中对于时间的考虑,强调长期效果和短期效率的权衡;防御性是指通过降低成本和追求效率的方式防护核心技术和现有领域。

在战略营销流派中,Kohli 和 Jaworski(1990)最早在营销领域研究了战略导向,描述了市场导向的概念,为市场导向理论的发展提供基础。在此基础上,众多学者对战略导向进行了深入研究,并进一步将其划分为不同的维度。Narver 和 Slater(1990)细化了市场导向的概念,他们认为市场导向包括跨职能协作、竞争者导向和顾客导向;Gatignon 和 Xuereb(1997)将技术导向引入战略导向的维度,认为战略导向包含技术导向、竞争者导向和顾客导向;Berthon 等(1999)认为顾客导向不足以确保企业长期繁荣,同时还需要实施创新从而建立双元组织,因此,他们认为战略导向包含创新导向和市场导向;Hult 和 Ketchen(2001)提出创业(entrepreneurship)是指新市场机会的追求和现有运营领域的更新,Zhou 等(2005)在 Hult 和 Ketchen(2001)的基础上引入了创业导向的概念,将战略导向划分为市场导向、技术导向和创业导向。Nonle 等(2002)将战略导向划分为市场导向、产品导向和销售导向。Zhou 和 Li(2007)认为战略导向包含创业导向、市场导向(顾客导向、竞争者导向)和技术导向。Cheng 和 Huizingh(2014)认为战略导向包含资源导向、市场导向和创业导向。现有研究表明,创业导向、技术导向和市场导向(顾客导向、竞争者导向)是战略营销流派中的主要战略导向维度。

各学者对战略导向的维度划分如表 2.1 所示。

表 2.1 战略导向的维度

作 者	维 度
Miles 等,1978	探索者、分析者、防御者、反应者
Venkatraman,1989	进取性、分析性、冒险性、先动性、未来性、防御性
Narver 和 Slater,1990	市场导向(跨职能协作、竞争者导向和顾客导向)
Gatignon 和 Xuereb,1997	技术导向、竞争者导向和顾客导向
Berthon 等,1999	创新导向、市场导向
Noble 等,2002	市场导向、产品导向、销售导向
Zhou 等,2005	市场导向、技术导向、创业导向
Cheng 和 Huizingh,2014	资源导向、市场导向、创业导向

战略管理流派和战略营销流派在战略导向研究中的差异在于各自切入研究的着眼点的不同。战略管理流派重点关注企业面对环境变化所采取的战略行为,从企业的能动性角度划分战略导向;而战略营销学派聚焦于企业面对环境变化所选取的具体指导方向,从战略方向和目标角度划分战略导向。战略营销流派在企业管理实践中更具有现实意义,因而在现有研究中已占据主导地位。在战略营销流派中,不同学者从单维度或多维度视角进行了丰富的研究,依照现有研究中与战略营销学派相关的理论和研究成果,本研究将战略导向的维度划分为市场导向、技术导向和创业导向。

2. 市场导向

(1) 市场导向的概念和内涵。

市场导向起源于管理哲学中的营销观念(marketing concept)一词,自提出以来一直在持续发展。Kohli 和 Jaworski(1990)的行为视角观点以及 Narver 和 Slater(1990)的文化视角观点在现有研究中占据着主流地位。

Kohli 和 Jaworski(1990)着眼于企业市场营销的内涵,从行为视角定义市场导向为全组织范围的市场情报生成、跨部门情报传播以及与顾客当前和未来需求偏好相关的适当响应能力,指出市场导向包括情报生成、情报传播和响应性三个核心构件。这一定义表明市场情报的重要性,当组织中所有个人和部门共享市场情报时,情报的价值达到最大。市场导向为组织内部的个人和部门提供一个统一的支撑点。

Narver 和 Slater(1990)对市场导向的推断与 Kohli 和 Jaworski(1990)一致,但是对市场导向进行了更细致的研究,从组织文化视角对市场导向进行解释,认为市场导向是努力为顾客创造更高价值的企业文化。在总结文献的基础上,他将市场导向进一步划分为顾客导向、竞争者导向和跨职能协作三个行为成分,并提出市场导向有长期关注和盈利能力两个决策标准。顾客导向强调充分了解目标顾客并为其持续创造价值的重要作用;竞争者导向强调充分了解竞争对手并实施与竞争对手相匹配的战略举措;跨职能协作强调企业资源的协调利用,通过各方的协调整合为目标顾客创造价值。这一定义体现了企业对顾客和竞争者等外部环境因素进行密切关注的重要性,外部环境因素决定企业的行动策略。具体模

图 2.1 文化视角的市场导向模型

型如图 2.1 所示。

学者们据此从行为视角和文化视角两方面展开研究。

在行为视角方面。Ruekert(1992)指出在市场导向下,企业重视从多种不同渠道搜索顾客当前需求的偏好和未来需求的发展趋势,并在此基础上制定与顾客需求相匹配的响应策略。Hunt 和 Morgan(1995)将信息搜集的主体扩展至竞争者,认为市场导向是组织制定、创造和执行战略的运作机制,包括顾客和竞争者信息的系统搜集、分析和利用三个部分。Day(1994)提出了市场驱动理论,进一步将信息的搜集范围扩展至市场中与企业相关的一切信息,认为企业要主动监测环境变动趋势,识别机会和威胁,才能持续改进。Hult 和 Ketchen(2001)指出市场导向是在整个组织范围内,对顾客、竞争者和环境因素的关注。Zhou 等(2005)指出市场导向强调企业搜集、传播和响应目标顾客、现有和潜在的竞争对手的市场情报。Wang 等(2012)认为市场导向包含市场信息的搜集、传播、共享解释和响应四个部分。

在文化视角方面。Hurley 和 Hult(1998)认为组织文化是指导企业行动的价值观和信念,市场导向与组织文化相融合才能真正起作用,因而从文化层面探讨市场导向是最有意义的。Deshpandé 等(1993)认为市场导向是企业组织文化的组成部分,是企业中的信念和态度,市场导向文化能够更有效和高效地为顾客创造价值。

本研究发现 Kohli 和 Jaworski(1990)的行为视角观点与 Narver 和 Slater(1990)的文化视角观点并不是孤立存在的,而是相互之间存在交叉。Kohli 和 Jaworski(1990)强调企业对市场情报的处理行为,Narver 和 Slater(1990)强调市场情报的来源主体,两者都是市场导向的必要组成部分。因而,战略导向既包含行为成分,也包含文化成分。在上述的研究中也体现出了这一融合特性。

(2)市场导向的维度划分。

在以往的研究中,竞争者导向和顾客导向是市场导向的关键维度,但是对于两者的作用存在不同的认知。多数学者认为市场导向包括顾客导向和竞争者导向,两者同样重要(Deshpandé 和 Farley,2004;Li,2005),但也有部分学者认为顾客导向更为重要,认为市场导向的基本原则是将顾客放在第一位(Lin 和 Germain,2003)。Gao 等(2007)则强调顾客导向和竞争者导向是完全不同的,不能混淆。

本研究借鉴 Narver 和 Slater(1990)的成果,综合现有的研究,认为市场导向包含顾客导向和竞争者导向两个维度。

对于顾客导向,现有研究中存在差异。Narver 和 Slater(1990)的研究认为顾客导向是指企业能够充分了解目标顾客,专注于持续地为顾客创造更高的价值。Deshpandé 等(1993)将顾客导向定义为将顾客利益放在首位的信念。Gatignon 和 Xuereb(1997)依据企业的创新行为,将顾客导向定义为企业有能力和意愿来识别、分析、理解和响应顾客的需求。Pekovic 等(2016)进一步界定了顾客导向的维度,即情感、认知和响应性。

情感维度是指符合企业价值观和规范的文化概念;认知维度是指对顾客需求信息的搜集、分析和传播;响应性维度是指对顾客需求的及时回应。综合现有研究的观点,顾客导向是企业将满足顾客需求和为顾客创造价值放在最重要的位置,以顾客为导向的企业关注顾客需求的变化并及时采取响应策略。

对于竞争者导向,相对于顾客导向的研究较少。Narver 和 Slater(1990)的研究认为竞争者导向是企业识别、分析和了解竞争者行动以采取与之对应策略的意愿和能力。Gatignon 和 Xuereb(1997)指出竞争者导向与企业的产品生产密切相关,竞争者导向是企业通过建立产品优势来赢得竞争优势。与此相反,Hong 和 Chen(1998)指出竞争者导向与顾客的需求息息相关,他们认为竞争者导向需要先响应顾客的需求,随之而来的才是与竞争对手之间的较量。综合现有研究的观点,竞争者导向是企业将竞争对手放在最重要的位置,以竞争者为导向的企业关注竞争者的行动并及时采取相应策略,以据此建立企业竞争优势。

3. 技术导向

Gatignon 和 Xuereb(1997)从影响企业产品创新成败的因素中,确定了技术导向这一维度,最早将技术导向的概念引入战略导向的研究,指出技术导向意味着企业重视采用技术知识,通过新技术的开发或引入来构建新的技术解决方案,以满足顾客的新需求,并指出以技术为导向的企业将有能力获得重大技术并在新产品开发中使用它。Gatignon 和 Xuereb(1997)表示,虽然技术导向不是营销意义上的战略导向,但却是技术研发型企业在产品创新中的关键属性,因而将技术导向引入战略导向的维度。Zhou 和 Li(2010)在研究中指出，以技术为导向的企业拥有丰富的技术知识储备，既有助于企业利用现有技术开发差异化产品来应对市场变化，又能识别潜在技术发展趋势，引导企业重新配置资源，提升适应能力。

技术导向、顾客导向和竞争者导向之间的关系受到了学者的关注，有研究认为技术导向、顾客导向和竞争者导向是相互关联的(Gatignon 和 Xuereb,1997)，技术导向强调顾客偏好技术领先的产品和服务(Zhou 和 Li,2007)。以技术为导向的企业提倡通过在产品和服务中使用尖端技术，来满足顾客潜在需求，以及与竞争对手形成差异化竞争，从而提升竞争优势。技术导向具有促进顾客导向和竞争者导向的作用。

4. 创业导向

创业导向(entrepreneurial orientation)起源于国外学者对企业家精神的研究，也有国内学者将其译作"企业家导向"(耿紫珍等,2012)。Miller 和 Friesen(1982)是最早明确提出创业导向概念的学者，他们将创业导向定义为企业主动寻求新机会、进行风险尝试和技术创新的活动。Lumpkin 和 Dess(1996)认为创业导向是企业进入新市场的决策、实践和过程。Slater 和 Narver(1995)强调创业导向积极主动寻求新机会的特性增强了企业的能力，使其不仅能够在竞争对手之前创造产品，而且能够在当前客户的认可之前创造超前产品，从而拉动顾客需求。Zhou 和 Li(2005)指出创业导向提倡对市场机会具有高度前瞻性、对风险具有容忍性、对创新具有接受性等价值观和信念，因而以创业为导向的企业具有发起变革、承担风险和创新的能力。

学者对于创业导向的维度有着不同的认识。Miller(1983)

认为战略导向包括创新性(innovativeness)、先动性(proactiveness)和冒险性(riskiness)三个核心要素。Lumpkin和Dess(1996)在Miller(1983)的基础上,引入了自主性(autonomy)和竞争进取性(competitive aggressiveness)两个要素,并对战略导向的五个维度做了进一步的解释。创新性是指企业寻求新机会、尝试新想法的意愿和行为,如采用新生产方法、开发新产品或进入新市场;冒险性是指企业对风险的偏好,以及进行未知风险事件的意愿,如愿意投入大量资源来开发机会或从事结果高度不确定的商业战略;先动性是指企业依据预测超前开发新技术、新产品的意愿,如在竞争前引入新产品或服务,并对未来的需求做出反应,以创造变化和塑造环境;竞争进取性是指企业采取与竞争对手进行较量以夺取市场份额或提升市场地位的意愿;自主性是指企业面对外界因素变动主动制定决策、实施行动的意愿。Miller(1983)的三维度划分和Lumpkin和Dess(1996)的维度划分是目前学者们主要采取的两种维度划分方式。

2.1.3 战略导向的测量

通过前文的叙述,本研究将战略导向划分为市场导向、技术导向和创业导向三个维度。对于市场导向,采用Narver和Slater(1990)开发的量表测量市场导向,从顾客导向和竞争者导向两方面进行测量。对于技术导向,采用Gatignon和Xuereb(1997)开发的量表测量技术导向。对于创业导向,在Covin和Slevin(1989)、Naman和Slevin's(1993)开发的量表的基础上,结合Miller(1983)、Lumpkin和Dess(1996)对创业导向维度的划分和内涵界定,改编了包含创新性、冒险性和先动性三方面内容的量表。

2.1.4 战略导向的研究现状

1. 战略导向结果变量

现有关于战略导向的研究主要有单维度和多维度研究,单维度研究是指只选择战略导向中的一个维度,即只将技术导向、市场导向、创业导向、顾客导向和竞争者导向等作为单独变量进行研究;多维度研究是指同时研究战略导向的几个维度。在现有研究中,战略导向(单维度或多维度)结果变量主要有企业竞争优势、企业绩效、创新以及动态能力,且不同维度对结果变量的影响存在差异。

(1) 战略导向与企业绩效。

现有研究中,战略导向与企业绩效之间关系的研究成果较为丰富,但研究结果并不一致。一些研究认为战略导向有助于提升企业绩效。第一,技术导向能够促进新产品开发,从而提升企业绩效。Voss和Voss(2000)经过实证研究发现,技术导向对企业财务绩效具有显著的促进作用。Dobni(2010)的研究指出,以技术为导向的企业重视新产品的开发和新技术的使用,这对于提升企业绩效和企业价值具有重要作用。第二,市场导向促进企业对顾客和竞争者等外部环境因素的关注,发现潜在顾客需求,预判竞争者行动,从而带来较高的企业绩效。Narver和Slater(1990)通过对140个商业产品和非商业产品业务单元样本的研究,发现市场导向对企业盈利能力有正向影响。Noble等(2002)以零售行业中的大众零售商店和折扣商店为研究对象,探讨了不同维度市场导向的相对绩效效应,研究结果表明,企业的竞争者导向、销售导向和民族品牌关注的水平越高,企业越能够表现出优异的绩效。Liao 等(2011)通过对 1995—2008 年刊发的关于市场导向与企业绩效之间作用关系的文献的系统整理和分析,发现绝大多数文献认为市场导向与企业绩效存在正相关关系。第三,创业导向提升企业的先发优势和利用新机会的能力,因而对企业绩效具有正向促进作用。早在 1996 年 Lumpkin 和 Dess 就指出了创业导向与企业绩效之间的积极关系。Keh 和 Nguyen(2007)研究发现,创业导向直接影响企业绩效,营销组合信息利用部分中介创业导向与企业绩效关系。Boso 等(2013)研究发现创业导向能够提高企业绩效。Cheng 和 Huizingh(2014)研究发现在国际新创企业中,创业导向与企业绩效正相关。

与上述研究相反,一些研究认为市场导向由于过度关注顾客,限制了企业其他重要信息的来源,阻碍企业创新,从而不利于企业绩效的提升。例如,Jeong 等(2006)通过对中国制造业企业的研究发现,以顾客为导向的企业对新产品的利润没有显著促进作用。Christensen(1997)认为过度关注市场会使企业丧失创新能力,不利于绩效的提升。Grewal 和 Tansuhaj(2001)研究了市场导向在帮助企业应对市场危机中的作用,发现在市场危机之后,市场导向不利于企业绩效的提升。

虽然多数研究认为创业导向、市场导向和技术导向都对企业绩效有显著的正向促进作用,但战略导向的不同维度对企业绩效的影响具有一定的差异,不同战略导向维度之间存在交互效应。Boso 等(2012)发现创业导向和市场导向在提升企业绩效中具有互补作用。Cheng 和 Huizingh(2014)研究得出创业导向比市场导向更能增强开放式创新对企业绩效的影响。Masa'deh 等(2018)比较了医药行业中创业导向、市场导向和技术导向对企业绩效的作用,结果显示,市场导向对企业绩效具有最大的促进作用,其次是技术导向和创业导向,指出同时采用多个战略导向有助于提高企业绩效。Leng等(2015)通过实证研究发现,技术导向使企业以最快的速度推出新产品,市场导向的企业产品质量最好,同时采用市场导向和技术导向的新产品绩效最高。Noble等(2002)对零售行业的研究也显示,顾客导向和跨职能协调与企业绩效没有显著相关关系。

综上所述,现有研究中关于市场导向与企业绩效关系的研究较多并且相关研究较早,关于技术导向与企业绩效关系的研究相对较少,关于创业导向与企业绩效关系的研究在近几年受到了众多学者的关注。多数学者认为市场导向、技术导向和创业导向正向影响企业绩效。但也有少数学者持相反的意见,认为市场导向过度关注市场信息和顾客,阻碍企业创新,从而不利于企业绩效。此外,战略导向不同维度对企业绩效的作用存在差异。纵观现有研究,本研究认为一方面是因为技术导向、市场导向和创业导向关注的市场情报主体各有侧重,而这将引导企业将资源配置在不同方面,从而使企业向不同方向发展。技术导向偏重于依据新技术的发现和使用等技术创新信息制定企业战略方向;市场导向偏重于顾客需求的变动和竞争者采取的行动等市场信息制定企业战略方向;创业导向偏重于从预判发展趋势中主动寻求机会并尝试实践,引领发展方向。另一方面是因为企业所处行业的差异使战略导向各维度对企业绩效所起到的作用不同。

(2)战略导向与企业创新。

市场导向与企业创新。对于市场导向与企业创新的关系,无论在理论上还是在结果上,都存在两种相悖的见解,目前还没有一致的看法。以 Christensen(1997)为代表的一部分学者指出，如果企业过度关注市场，会使其丧失创新的能力，从而阻碍技术创新，不利于提升企业绩效，这一观点被称为"Christensen 悖论"，这一悖论认为营销能力会阻碍企业的发展。Berthon 等(1999)也认为，市场导向会使企业与顾客联系过于紧密而阻碍产品创新。然而，另一些学者认为市场导向为企业提供更好的市场信息，为企业创新带来新的知识，从而有助于企业创新。Bevertand 等(2006)通过对中国企业的研究，发现市场导向对生产方法创新和组织绩效有着积极的影响。Paladino(2007)认为市场导向与企业创新水平密切相关，市场导向越强，企业创新水平越高。Nguyen 等(2015)对过去6年创建的357家中国在线科技企业的分析表明，市场导向(先动型市场导向和被动型市场导向)促进品牌创新。由于这种悖论的出现，一些学者更细致地划分了市场导向和创新的类型。Narver 等(2004)将市场导向分为先动型市场导向和响应型市场导向两种类型，先动型市场导向是以引领顾客为基础，通过研究市场中的信息发现未来的需求和新的机会，来满足潜在的和新兴的需求；响应型市场导向以顾客引领为基础，产生、传播和响应现有顾客和市场领域的需求，专注于顾客已表达的需求。Kocak 等(2017)依据 Narver 等(2004)的市场导向划分方式，通过实证分析818家土耳其的中小企业，发现先动型市场导向有助于突破式创新，响应型市场导向有助于渐进式创新。Zhou 等(2005)将突破式创新进一步划分为以技术为基础的创新和以市场为基础的创新，通过实证研究发现，市场导向有助于以技术为基础的创新，但对以市场为基础的创新具有抑制作用。

技术导向与企业创新。现有关于新产品开发和创新的文章表明,技术导向是企业创新成功的关键,因而受到了许多学者的关注。技术导向体现了技术推动的哲学观点,认为消费者更喜欢技术先进的产品和服务(Zhou 等,2005),企业可以通过新的技术提供先进的产品来满足顾客的需求(Gao 等,2007),因而技术导向是企业创新的起点(Sainio 等,2012)。Gatignon 和 Xuereb(1997)研究显示,要想比竞争对手有更好的创新,企业必须有强大的技术导向。Simsek 等(2009)推断强大的技术导向是时序型双元创新最显著的决定因素。Zhou 等(2005)的研究结果显示,技术导向有利于基于技术的创新,但对基于市场的创新没有影响。Kocak 等(2017)研究结果显示,技术导向有助于突破式创新。Jeong 等(2006)研究结果表明,技术导向能够提高企业创新绩效,包括企业创新能力和新产品绩效。

创业导向与企业创新。以创业为导向的企业由于其主动性、冒险性和创新能力,更有可能积极地探索新的商业机会。创业导向认为创新是满足未来需求的必经过程,是一种主动的、更激进的创新哲学观点(Lumpkin 和 Dess,1996)。因此,现有研究一致认为,创业导向有助于企业创新。Zhou 等(2005)、Kocak 等(2017)研究发现,创业导向既有助于渐进式创新,又有助于突破式创新。Schindehutte 等(2008)认为不同程度的创业导向与不同类型的创新相关,低水平的创业导向与渐进式创新相关,高水平的创业导向与激进式创新相关。Lassen 等(2006)认为创业导向的不同维度对突破式创新的作用不同,先动性行为、冒险性和自主性能够促进突破式创新,而竞争进取性对突破式创新没有影响。

(3) 战略导向与其他结果变量。

战略导向的主要结果变量为企业绩效和企业创新,此外,还有动态能力、知识获取、营销能力和可持续发展等。Zhou 和 Li(2010)对 380 家企业的调查表明,战略导向(顾客导向、竞争者导向、技术导向)是适应能力的重要驱动力,而适应能力是动态能力的关键要素。Li 等(2010)研究了新兴国家跨境外包供应商的战略导向与知识获取的关系,结果表明,供应商创业导向对知识获取有正向影响,但市场导向与知识获取呈倒 U 形关系,创业导向和市场导向存在互补效应,创业导向和市场导向的交互正向影响知识获取,而供应商的知识获取对企业绩效有正向影响。Lichtenthaler(2016)建立了基于外部知识获取的企业吸收能力决定因素模型,指出技术导向和先动型市场导向与吸收能力中的知识探索、知识利用和知识保留均有正相关关系,响应型市场导向吸收能力中的知识利用和知识保留有正相关关系,与吸收能力中的知识探索有负相关关系。Cheng 和 Huizingh(2014)研究指出创业导向正向影响国际新创企业的营销能力。Jansson 等(2017)发现市场导向和创业导向与中小企业可持续发展承诺正相关。

2. 战略导向影响结果变量的权变因素:调节变量

战略导向与结果变量之间的关系受到外部环境、社会网络和内部组织等因素的权变影响。

Matsuno 和 Mentzer(2000)、Jaworski 和 Kohli(1993)认为市场导向与企业绩效关系还受到市场水平(市场的不确定性、技术的变动和市场竞争强度)等外部市场因素的影响。Lumpkin 和 Dess(1996)认为环境因素(动态性、丰富性、复杂性和行业特征)和组织因素(规模、结构、策略、决策制定过程、企业资源、文化和 TMT 特征)影响创业导向与企业绩效之间的关系。Gatignon 和 Xuereb(1997)研究显示竞争者导向在高增长的市场中能够

第2章 文献回顾与评述

降低创新成本；当市场需求相对不确定时，顾客导向和技术导向使企业能够进行更好的市场创新；当市场需求不确定性较大时，竞争者导向有助于市场创新。Grewal 和 Tansuhaj(2001)研究发现竞争强度越大，市场导向对企业绩效的不利影响越大；需求不确定性和技术不确定性越大，市场导向对企业绩效的不利影响越小。Zhou 和 Li(2010)认为战略导向对企业适应能力的有效性取决于市场动态性，当市场需求变得越来越不确定时，顾客导向的影响就会减弱，而技术导向对适应能力有更强的影响。随着竞争的加剧，竞争者导向和技术导向都更有效地建立了适应能力。Cheng 和 Huizingh(2014)研究了国际新创企业创业导向与营销能力之间的关系，发现竞争强度越大，创业导向对营销能力的作用越强。Stam 和 Elfring(2008)利用 90 家新兴开源软件企业的原始数据集，通过实证研究发现创业团队高网络中心性和桥连接的结合可以增强创业导向与企业绩效的关系。Boso 等(2013)认为当社会和企业网络关系连接越紧密时，市场导向和创业导向对企业绩效的影响越大。Matsuno 和 Mentzer(2000)则通过研究证实了企业的战略形态(防御者、探索者、分析者、反应者)对市场导向与企业绩效关系的调节作用。

综上所述：第一，外部环境因素是战略导向与结果变量之间的主要调节变量。当企业处于不确定性、竞争性和动态性较大的环境中时，更需要通过技术导向、市场导向和创业导向获取顾客需求、竞争者行动、新技术和预测未来发展趋势等外部信息，以满足顾客需求或发现新的机会，进而提升创新能力和企业绩效。第二，内部组织因素，如企业规模、企业年限、组织文化、TMT 特征等也影响战略导向对结果变量的作用效果，其中战略形态代表企业对外界环境的感知能力和适应性,而市场导向是对外部市场信息产生、传播和响应,因而战略形态的选择影响市场导向对企业绩效的作用效果。第三,社会资本和社会网络有助于企业获取更多的社会信息和资源,为市场信息、技术信息和潜在需求信息的获得提供方便,促进企业创新,进而提升企业绩效。

3. 战略导向影响结果变量的内在机制:中介变量

现有文献表明,战略导向不仅对企业绩效和企业创新有直接作用,而且还可能通过创新、组织学习、机会识别作用于结果变量。谢洪明(2005)的研究发现,市场导向并不直接影响企业绩效,但是能够通过组织学习作用于企业绩效。谢洪明等(2006a)探讨了市场导向对组织绩效的作用机制,结果表明市场导向对企业绩效没有直接作用,而是通过组织学习对组织创新产生影响,组织创新又进一步对企业绩效产生影响。Han等(1998)在研究市场导向各维度对企业绩效的影响中,发现顾客导向与企业绩效关系是由创新中介的,但在考察竞争者导向和跨职能协调维度时,中介效应并没有得到支持。Noble等(2002)以零售行业的研究中的大众零售和折扣零售为研究对象,探讨了组织学习和创新在战略导向与企业绩效间的中介效应,发现组织学习在竞争者导向与资产收益率(ROA)的关系中存在正向中介效应,而创新性的中介效应没有得到验证,并且组织学习在顾客导向、跨职能协调与企业绩效关系中也不存在中介效应。Kocak等(2017)研究了技术创新在战略导向与企业绩效关系中的中介作用,发现技术创新在技术导向、顾客导向与企业绩效关系中没有中介作用,而创业导向通过渐进式创新和突破式创新可以作用于企业绩效。Zhou等(2005)研究了战略导向(市场导向、技术导向和创业导向)对突破性创新(基于技术的创新和基于市场的创新)的影响,发现组织学习在战略导向与突破性创新之间的关系中具有中介作用。Schindehutte 和 Morris(2008)研究了战略导向对企业创新的作用机制,结果显示战略导向通过组织学习和机会识别可以作用于渐进性创新和突破性创新。

2.1.5 战略导向的研究框架

通过梳理现有关于战略导向的研究,本研究提出了战略导向作用结果和作用机制框架。如图 2.2 所示。

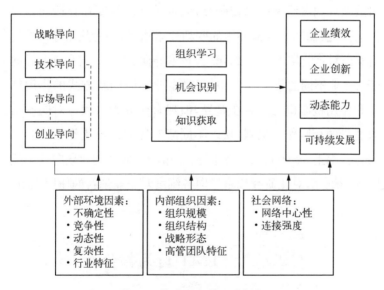

图 2.2　战略导向的理论框架

2.1.6 研究评述

通过前文对战略导向结果变量、前因变量、作用机制以及权变因素的理论梳理,本研究认为,虽然战略导向相关理论和实证研究已有丰富的成果,但还存在以下三点不足和研究缺口:第一,虽然战略导向与企业绩效、企业创新直接作用关系的研究较多,但关于战略导向作用机制的剖析还不够充分,尤其是战略导向对企业创新的作用机制研究,现有研究结果并不一致,而随着科学技术的飞速发展,企业大多面临创新困境,解决创新难题是众多企业面临的当务之急;第二,现有研究中多为战略导向不同维度(包括创业导向、市场导向、技术导向、竞争者导向、顾客导向和跨职能协调)的随机组合或单一维度的研究,缺少从整体上对战略导向各维度的比较研究,以及关于各维度互补性和替代性的研究,而随着外部环境的变动逐渐增强,多种战略导向的同时实施对企业越来越重要;第三,技术导向、市场导向和创业导向暗含企业不同的战略方向,因而对企业不同创新方式的作用结果和作用机制也必然存在差异,但现有研究大多探讨对同一结果变量的相同作用机制,缺乏不同战略导向差异化作用机制的研究。综上,本研究采用技术导向、市场导向和创业导向三个战略导向维度,对比研究战略导向各维度对企业创新的作用机制。

2.2　TMT 行为整合

2.2.1　TMT 行为整合概念界定及内涵

1984 年 Hambrick 和 Mason 在《管理评论学会》期刊上发表了《高层梯队理论:组织作为高层管理者的反映》一文,正式

第 2 章 文献回顾与评述

提出高层梯队理论(Upper Echelons Theory),开创了高层管理团队(Top Management Team,TMT)研究领域。在这一开创性研究的基础上,许多学者研究了 TMT 的构成与竞争性行为(Hambrick 等,1996)、全球战略态势(Carpenter 和 Fredrickson,2001)、战略变革(Wiersema 和 Bantel,1992)和创新(Daellenbach 等,1999)之间的关系,但得到的结果并不一致。因此,West 和 Schwenk(1996)总结认为:"进一步研究这类问题,往好了说是不一致的结果,往坏了说是徒劳的结果。"

Hambrick(1994)也发现,高层管理者实际上通常独立运作一个业务单元,与 CEO 直接联系,但高层管理者之间几乎没有互动,这使得 TMT 缺乏团队属性,因而 TMT 的人口统计学特征也就失去了对企业战略和企业绩效预测的意义。为了弥补这一理论缺口,他将高层梯队理论与过程理论整合在一起,将社会整合、沟通频率、沟通质量以及团队凝聚等要素融入了 TMT 的研究中,转向了团队过程的研究,并考察了 TMT 团队过程对企业战略和企业绩效等结果的影响。

据此,Hambrick(1994)在《高管团队:团队标签的概念整合和反思》一文中首次提出 TMT 行为整合的概念,用来说明 TMT 在认知理念、价值观、思想上和行动上的集体互动这一复杂的行为模式。这一成果打开了 TMT 研究的黑箱。Hambrick(1994)认为,TMT 行为整合是描述 TMT 整合能力的更为全面的构念,通过这一能力,相互关联的任务和社会过程共同决定了"群体参与互动和集体互动的程度"。他将行为整合概念化为一个元结构,目的是捕捉 TMT 过程中三个相互关联和相互增强的关键要素,即团队协作行为的水平、信息交换的数量和质量,以及联合决策的制定。TMT行为整合是解释团队过程的要素,既包含了社会整合中的社会和情感倾向,也包含了任务和行为倾向。其中,协作行为是社会维度;信息交换以及联合决策是任务维度。这些过程相互增强,作为一个整体比单独任何一个维度都更能体现TMT的整体性和统一性,共同构成TMT行为整合这一体现高度团队精神的聚合概念(Hambrick,1998)。

此后的研究基本都沿用Hambrick(1994)的概念界定,并进一步阐述了TMT行为整合的内涵,体现了TMT行为整合过程的整体、协作和共享的特性。一个行为整合的TMT将同时实施与协作行为、信息交换和联合决策相关的社会和任务过程(Simsek等,2005),反映了战略决策的内在复杂性和活力,这是任何一个单一的过程都无法捕捉到的(Lubatkin等,2006)。一个行为整合的TMT就像是一个论坛,高管们公开、自由地讨论,交换相互矛盾的知识,解决冲突问题,创造出共同的看法,最终将一致的决策整合到企业中,并采取行动来促进最终的实施(Lubatkin等,2006;Simsek,2009)。

此外,TMT行为整合在概念和内涵上不同于社会整合和团队凝聚力。社会整合是指对团队的吸引力、对团队中其他成员的满意度,以及团队成员之间的社会互动,强调的是团队成员在情感上和心理上的相互吸引程度(O'Reilly等,1989)。团队凝聚力是指一个团队在追求其工具性目标时团结一致并保持团结的趋势,强调的是团队成员向心力、团队成员吸引力以及团队成员和谐的关系等心理上和情绪上的特征(Tekleab等,2009)。而行为整合既包括团队成员行为导向和结果导向的任务属性,又包括团队成员社会导向和情感导向的社会属性,强调的是团队成员的共同行动和实际互动。

国内学者孙海法和伍晓奕(2003)较早研究了 TMT 行为整合这一构念,认为行为整合和协调是 TMT 运作过程的核心内容,行为整合的 TMT 成员之间会共享信息、资源和决策。姚振华和孙海法(2009)聚焦 TMT 成员在现场决策中的参与行为,将 TMT 行为整合定义为"高管团队成员积极主动地分享信息、资源和决策的行为过程"。曲小瑜(2017)在研发团队中研究了行为整合问题,并将研发团队行为整合定义为"研发团队成员积极主动地交流和分享信息、知识、技术等资源,参与决策以及团队合作的行为过程"。

综上所述,TMT 行为整合由高层梯队理论发展而来,在 TMT 人口统计特征的基础上,引入了社会整合、沟通频率、沟通质量以及团队凝聚的研究成果,发展成为一个聚合概念,超越了以往对于 TMT 静态特征的研究,从运作过程角度研究 TMT 之间的共同行动,更好地体现了 TMT 的整体性、协作性和共享性。

2.2.2 TMT 行为整合的维度和测量

Hambrick(1994)将 TMT 行为整合划分为协作行为、信息交换和联合决策三个维度。其中,协作行为是指 TMT 成员间的相互帮助和协调合作;信息交换是指 TMT 成员间自由表达、分享和交换决策信息和知识;联合决策是指 TMT 成员间了解彼此的期望,清楚自己的行动对其他成员的影响,能够从整体上做出对企业有意义的决策。

Simsek 等(2005)首次进行了关于 TMT 行为整合的实证

研究,在 Hambrick(1994)的基础上开发了具有较高信度和效度的 TMT 行为整合测量量表,从信息交换、联合决策和协作行为三个方面,设计了 9 个测量题项。Simsek 等(2005)的测量量表被众多学者认同和采用。

Li 和 Hambrick(2005)依据 Hambrick(1994)的研究,用 4 个题项来测量合资企业中的行为整合,分别为：在影响合资企业的重大决策中,所有高级管理人员都有发言权；高层管理者之间的沟通可以用开放性和流动性来形容；当重大决策对整个合资企业产生影响时,最高管理者集体交换意见；合资企业的最高管理者经常交流经验和专业知识。

姚振华和孙海法(2009)对比分析了 Simsek 等(2005)、Li 和 Hambrick(2005)的研究,从可观察行为视角将 TMT 行为整合的维度划分为决策参与、开放沟通和团队合作三个维度,并指出 TMT 行为整合的三个维度紧密联系,核心是分享,最终编制了包含 9 个题项的测量量表。

古家军(2009)经过探索性因素分析和验证性因素分析,重新修订了测量量表,在 Simsek 等(2005)的基础上,引入了有效沟通这一维度,认为 TMT 行为整合包含信息交换、联合决策、协作行为和有效沟通四个维度。他指出,有效沟通是指 TMT 沟通的开放度和满意度,最终编制了包含 13 个题项的测量量表。

综合以上研究,本研究采用 Hambrick(1994)的研究成果,将 TMT 行为整合划分为协作行为、联合决策和信息交换三个维度,并沿用 Simsek 等(2005)在 Hambrick(1994)基础上开发的经典测量量表。

各学者对 TMT 行为整合的维度划分如表 2.2 所示。

表 2.2　TMT 行为整合的维度

作　者	维　　度
Hambrick,1994	协作行为、信息交换、联合决策
Li 和 Hambrick,2005	单维度
姚振华和孙海法,2009	决策参与、开放沟通、团队合作
古家军,2009	信息交换、联合决策、协作行为、有效沟通

2.2.3　TMT 行为整合的研究现状

1. TMT 行为整合的前因变量

从现有研究来看，TMT 行为整合的前因变量主要分为个体层次、团队层次、组织层次以及外部环境四个方面：个体层次主要包括 CEO 特征、CEO 风格和 CEO 领导方式等；团队层次主要包括团队关系、团队人口统计特征和团队认知等；组织层次主要包括企业规模、企业性质和企业成长阶段等；外部环境主要包括产业增长和市场化等。

（1）CEO 个体、团队和企业多层次前因。

Hambrick(1994)在理论上设想 TMT 行为整合具有 CEO、团队和企业层次的决定因素，但没有进行实证检验。Simsek 等(2005)扩展了 Hambrick(1994)的研究，建立了多层次决定因素模型，并采用 402 家中小规模私营企业样本进行了实证检验。结果显示：在 CEO 层次上，CEO 集体主义和 CEO 任期与 TMT 行为整合正相关；在团队层次上，TMT 目标偏好多样性、TMT 教育背景多样性和 TMT 规模与 TMT 行为整合负相关；在企业层次上，将企业绩效和企业规模作为结构模型中的协变量，但是发现TMT行为整合与企业绩效正相关,TMT行为整合与企业规模负相关。具体模型如图2.3所示。

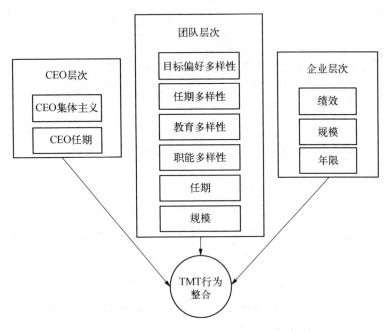

图 2.3　TMT 行为整合多层次决定因素模型

现有的很多文献表明,异质性负向影响团队行为整合(成瑾和白海青,2010)。具有相异的背景、价值观和经验的团队成员更容易产生矛盾和冲突,不同的异质性特征会引发不同的冲突。但也有相反的观点认为,团队异质性可以增加多元化的信息来源和解释,有助于团队成员以开放的视野看待变化,从而促进团队行为整合。姚振华和孙海法(2010)通过实证分析检验了TMT的组成特征对TMT行为整合的作用关系,结果显示,TMT的海外学习考察时间、最高学历、周工作时间、进入方式、工作经历、团队任期和战略经营偏好等异质性特征均显著负向影响TMT行为整合,TMT异质性特征对TMT行为整合中决策参与、开放沟通和团队合作三个维度的影响存在差异。此外,研究还发现 TMT 规模显著正向影响 TMT 行为整合。成瑾和白海青(2010)采用针对典型案例的扎根研究方法,构建了团队异质性与团队行为整合的调节机制模型,认为团队异质性是影响团队行为整合的重要因素,但这种影响具有双面性。一般来说,异质性程度较低的团队行为整合程度更高,但对于异质性较高的团队,可以通过认知渴望(团队领袖认知渴望、团队成员认知渴望)来调节两者的关系。

(2) CEO 风格和领导方式前因。

Ling 等(2008)认为 TMT 成员是受 CEO 影响最大的个体,因此将 CEO-TMT 接口作为一种显著的干预机制,开启了关于领导行为与 TMT 行为整合关系的讨论。他采用 152 家企业的调研数据,实证检验了变革型 CEO 对 TMT 行为整合的影响,发现变革型 CEO 显著正向影响 TMT 行为整合,进而影响企业创业。Carmeli 等(2011)建立了 CEO 授权型领导力通过 TMT 行为整合和 TMT 效能提升企业绩效的机制模型。使用82 个 TMT 团队样本发现,CEO 授权型领导力正向影响 TMT 行为整合,进而提高了 TMT 效能和企业绩效。Ou 等(2014)研究了谦逊型 CEO 与 TMT 行为整合以及中层管理者响应之间的关系,发现谦逊型 CEO 通过 CEO 授权型领导力作用于 TMT 行为整合,并由此通过授权型组织氛围与中层管理者响应产生影响。Ou 等(2018)发现当一个更谦逊的 CEO 领导一家公司时,其 TMT 更有可能协作、共享信息和共同决策,并拥有共同的愿景,而这也促使企业采取更为灵活的双元战略导向,且最终导致更高的企业绩效。荣鹏飞等(2018)的研究显示 CEO 放任型领导负向影响 TMT 行为整合中的团队合作和决策参与维度,CEO 交易型领导和 CEO 变革型领导显著正向影响 TMT 行为整合,TMT 行为整合在 CEO 风格与创新绩效关系中具有部分中介作用。

(3) TMT 关系和认知前因。

Li 和 Hambrick(2005)将 TMT 的研究延伸到组织内部的小团体,从组织内部的派系团体着手,包括合并整合团队、双边工作团队和合资企业团队,研究团队冲突与团队行为不整合之间的关系。通过对位于中国上海、广东和北京的 104 家合资企业中的 640 名团队成员进行问卷调查和实证研究,发现团队成员的情感冲突与行为不整合正向相关,团队成员的任务冲突对行为不整合没有显著影响。姚振华和孙海法(2010)研究发现 TMT 信任水平与 TMT 行为整合以及决策参与、开放沟通和团队合作三个维度均显著相关。古家军和王行思(2016)实证检验结果显示,TMT 内部社会资本的不同维度显著正向影响 TMT 行为整合,进而影响战略决策速度。

Carmeli 和 Shteigman(2010)以社会认同理论为基础,审查了组织层面和团队层面外部声誉感知和团队认同这两个 TMT 行为整合前因。通过对 70 个小型组织 TMT 数据的实证检验表明,团队外部声誉感知比组织外部声誉感知对团队认同的影响更大,两种外部声誉通过团队认同影响 TMT 行为整合。

(4) 组织因素前因。

企业性质和企业成长阶段是 TMT 行为整合的主要组织因

素。姚振华和孙海法(2009)考察了不同性质和不同成长阶段的组织中 TMT 行为整合的差异。首先,选取了党政团队、国企团队、民企团队和外企团队四种性质的组织,发现党政团队的决策参与和团队合作程度最高,但开放沟通程度最低;企业中的 TMT 行为整合程度从高到低依次为:国企团队、民企团队和外企团队;不同性质组织的 TMT 决策参与和开放沟通无显著差异,但团队合作存在显著差异。其次,探讨了企业在初创期、成长期、成熟期和衰退期四个阶段中 TMT 行为整合程度的差异,发现 TMT 行为整合的三个维度在初创期聚合度最高,在其他阶段离散度增加。在各个阶段中,团队合作水平大于决策参与水平,决策参与水平大于开放沟通水平。

组织文化设定并控制组织成员正确行为的边界和期望,影响组织成员行为,因而能够解释组织成员之间的互动现象(O'Reilly 和 Chatman,1996)。Carson 等(2007)指出组织文化中的共同愿景、信任、支持、建言氛围和领导的教练氛围有助于团队决策。成瑾和白海青(2013)采用扎根的方法,通过对国有、民营和外资三种类型的企业案例分析,提炼了影响 TMT 行为整合的组织文化因素,分别为智识导向、和而不同。智识导向是指重视学识、思考和学习的价值观准则,和而不同是指提倡开放沟通、厉行探讨和批判坚持的价值观准则。智识导向驱动和而不同,两者相互促进,共同影响 TMT 行为整合。

(5) 环境因素前因。

Li 和 Zhang(2002)考察了中国新技术企业中团队理解和行为整合两个基于过程的创始团队能力的环境因素和组织结果。他们认为,具有企业家租金潜力的高增长行业和高度的市场化增强创业团队对市场和行业的理解能力。此外,由于高增长的行业具有较多的潜在企业家租金,高程度的市场化为企业追求企业家租金提供了公平的环境,因而这是企业创始团队很好的激励机制,鼓励他们作为一个"团队"去工作,促进创始团队通过行为整合获取更多的租金。Li 和 Zhang(2002)通过实证研究发现,产业增长和市场化与团队理解和行为整合正相关。

综上所述,TMT 行为整合前因的研究呈现出多层次和多变量的特征,前因研究复杂,研究结果不一致。从现有研究来看,这可能是因为各前因变量之间存在交互作用,例如,个体层次、团队层次与组织层次的交互,以及个体层次、团队层次与外部环境的交互等。现有研究大多集中在 TMT 人口统计特征、CEO 人口统计特征和 CEO 风格三个方面,对于 TMT 关系和认知、环境因素方面的研究较为缺乏。

2. TMT 行为整合的结果变量

到目前为止,高层梯队理论的研究表明,TMT 影响企业各层面的行为和结果(Carpenter 等,2004)。TMT 行为整合的结果变量主要有企业创新、组织双元性、企业能力、知识分享、战略决策和企业绩效等。

(1) TMT 行为整合与企业创新。

许多学者在研究中证实,TMT 行为整合提高企业创新水平。Hambrick(1994)提出探索型组织需要协调和交流,高层管理者要相对频繁地聚在一起面对面地探讨不断变化的产品,因而探索型组织中高层管理者的行为整合水平更高。Simsek 等(2005)在此基础上进行了分析,认为探索型组织往往是创新的,因而推断 TMT 行为整合除了与企业绩效有直接关系外,还可能与创新、冒险、战略更新和创业精神有积极的联系。

Li 和 Zhang(2002)发现创始团队的团队理解和行为整合对新企业的产品创新强度均具有促进作用,并且团队理解和行为整合的交互也可增加新企业的产品创新强度。Jahanshahi 和 Brem(2017)探究了 TMT 行为整合与其创新性和可持续性导向之间的关系,研究结果显示,TMT 行为整合程度与 TMT 创新性正相关,TMT 行为整合程度越高,其团队成员更有可能从事可持续性导向的行动。

曲小瑜(2017)建立了研发团队行为整合对双元创新的作用机制模型,发现研发团队行为整合与双元创新呈显著正相关关系,学习空间的空间紧密度和知识面在研发团队行为整合与双元创新的关系中具有完全中介作用。并且,团队反思可正向调节研发团队行为整合与双元创新之间的关系。

胡保亮等(2017)发现 TMT 行为整合中的合作行为、信息交换和联合决策分别显著正向影响商业模式创新,联合决策在合作行为、信息交换与商业模式创新关系中具有中介作用。胡保亮等(2018)进一步的研究发现,TMT 行为整合正向影响商业模式创新,并且能够分别通过跨界搜索的三个维度(需求侧搜索、供应侧搜索和跨地理搜索)作用于商业模式创新。荣鹏飞(2015)在对科技型企业的研究中发现,TMT 行为整合中的团队合作和开放沟通维度显著正向影响技术创新和管理创新,而决策参与只显著正向影响技术创新。

但 Ling 等(2008)得出了不一致的结果,他探讨了 TMT 行为整合对企业创业的影响,虽然企业创业与企业创新是不同的构念,但在含义上有相似之处,研究结果显示,TMT 行为整合对企业创业的影响不显著。

(2) TMT 行为整合与组织双元性。

TMT 行为整合在组织双元性的构建中具有重要的作用与意义,因而 TMT 行为整合与组织双元性的关系近年来受到众多学者的关注。双元来自相互矛盾的知识处理过程,而 TMT 能够处理大量的信息、进行决策选择以及处理冲突和模糊的问题(Heavey 等,2015)。Tushman 和 O'Reilly(1997)提出 TMT 的"内部处理过程"使他们能够处理大量的信息和决策选择,并处理冲突和歧义,进而促进组织双元性。此后,一些学者开始讨论 TMT 行为整合与组织双元性之间的关系。

Lubatkin 等(2006)首次实证研究了 TMT 行为整合对组织双元性的直接影响,认为行为整合直接影响 TMT 处理矛盾知识的过程,而这些知识的形成是探索和利用的基础,因此更高水平的行为整合增加了同时实现探索和利用的可能性。此外,他认为中小企业闲置资源匮乏,缺少等级制度管理系统,不能够创造独立的业务单元来管理矛盾的知识过程。因此,小企业比大企业更依赖于 TMT 的行为整合来达到双元。

Carmeli 和 Halevi(2009)探索了 TMT 是如何帮助创造双元性的,提出 TMT 行为整合促进 TMT 行为复杂性,从而构建组织双元性。Halevi 等(2015)进一步对具有清晰产品线的业务单元(SBU)进行了实证研究,研究发现 TMT 行为整合有助于构建组织双元性,促进探索性学习与利用性学习的平衡,并且环境动态性水平越高,TMT 行为整合对双元性的作用越强。

刘鑫和蒋春燕(2015)通过实证研究发现,TMT 行为整合显著正向影响组织双元性,并且战略决策周密性在两者的关系中具有部分中介作用。

(3) TMT行为整合与企业能力。

一些学者认为,TMT行为整合有助于提升企业能力,但相关研究还未得到关注,仅有理论层次的论述。行为整合的TMT能够更好地整合和利用企业内部的隐性知识,具有更高的洞察力,从而可以培育企业的核心能力(Hambrick,1997)。Lubatkin等(2006)总结发现,通过行为整合过程能够向高管揭示企业如何进一步完善现有的技术和营销轨道,因而TMT行为整合程度与中小企业应对当前环境挑战的能力呈正相关。

(4) TMT行为整合与知识分享。

对于TMT行为整合与知识分享的关系,现有研究相对较少,且在理论上主要有两种分析视角。第一,一些学者认为TMT行为整合过程中本身包含知识分享这一行为。TMT行为整合中的信息交换维度蕴含着知识分享的含义,行为整合的TMT成员之间相互阐述观点并交换信息和知识,在某种程度上就是TMT的知识分享过程(Hambrick,1994)。第二,另一些学者将知识分享作为TMT行为整合的结果变量,认为TMT行为整合促进组织中的知识分享。TMT行为整合水平越高,进行知识交流和分享的机会越多(Siegel和Hambrick,1996)。

Tushman和Nadler(1978)提到,团队成员之间的合作和交流情况反映了团队整体的运作现状,像一面镜子及时反馈组织运作中的偏差,促进开放沟通并抑制知识隐藏行为。杨为勇(2015)研究发现,TMT行为整合促进知识分享,TMT行为整合水平越高,成员越愿意分享知识,越不容易发生知识隐藏行为,进而增强组织创新能力。

(5) TMT 行为整合与战略决策。

TMT 行为整合强调了针对战略决策的参与互动,因而许多学者对 TMT 行为整合与战略决策的关系进行了研究,普遍认为 TMT 行为整合有助于提高战略决策质量和战略决策速度,但也有不一致的观点。Siegel 和 Hambrick(1996)认为,行为整合的 TMT 能更好地利用可供选择的知识,因为这类团队的认知冲突为他们提供了更多辩论和讨论战略问题的机会。Hambrick(1997)总结得出,行为整合使 TMT 将知识和信息结合起来,从而创造出组织战略选择的新见解和能力,更好地应对市场日益增长的需求,创造核心竞争力,并制定全球战略。

Carmeli 和 Schaubroeck(2006)研究了 TMT 过程对组织结果的影响机制。研究认为,行为整合的 TMT 更多的是通过对信息的呈现和辩论,来应对新颖的和不良的任务需求,这导致了更准确的情况评估和问题界定,以及更广泛的备选方案,进而制定出高质量的战略决策,并反过来减少衰退的可能性。研究结果表明,TMT 行为整合程度越高,战略决策质量越高。TMT 行为整合直接或间接通过战略决策感知质量负向影响组织衰退。Raes 等(2011)阐述了 TMT 与 MM(中层管理人员)交互的行为整合过程对战略决策质量的影响。古家军和王行思(2016)研究证明,TMT 行为整合显著正向影响战略决策速度。但乐云等(2016)的研究得到了不一致的结果,在重大工程 TMT 中,TMT 行为整合中的信息交换和联合决策并没有提高决策速度,反而有阻碍作用。

(6) TMT 行为整合与企业绩效。

一些学者直接研究了 TMT 行为整合与企业绩效的关系,认为 TMT 行为整合促进企业绩效的提高。Li 和 Hambrick(2005)发现合资企业中,TMT 行为不整合与企业绩效负相关。Carmeli 和 Schaubroeck(2006)指出 TMT 在团队过程有效性方面存在差异,当团队面临快速和意想不到的变化时(这是组织衰落的特征),行为整合对团队绩效变得尤为重要。Carmeli(2008)发现 TMT 行为整合与服务业企业的多重绩效存在正相关关系。乐云等(2016)通过对重大工程 TMT 的实证研究显示,行为整合的三个维度显著正向影响工程绩效。

Liu 等(2015)以来自中国科技企业的 96 个新产品团队为调查研究对象,阐述了行为整合的协作行为、信息交换和联合决策三个维度与创新绩效的关系,结果显示,信息交换与创新绩效呈显著正相关关系,协作行为与创新绩效的关系不显著,联合决策与创新绩效没有关系。相反,当集体效能较高时,协作行为和联合决策对创新绩效有积极影响,信息交换对创新绩效无显著影响。

综上所述,TMT 行为整合与企业结果变量之间关系的研究成果较为丰富,显示出较多方面的作用结果,较为一致地认为 TMT 行为整合有助于企业创新、组织双元性、企业能力、知识分享、战略决策以及企业绩效等企业结果,但也存在少数不一致的观点。现有研究中,对 TMT 行为整合与企业创新和战略决策关系的研究较多;对 TMT 行为整合与组织双元性关系的研究受到越来越多学者的关注,正处于飞速发展中;对 TMT 行为整合与企业能力、知识分享关系的研究较少,基本停留在理论层次;对 TMT 行为整合对企业绩效直接作用的研究较少,现有研究大多建立了 TMT 行为整合通过企业创新、组织双元性以及战略决策等作用于企业绩效的模型。

2.2.4　TMT 行为整合的研究框架

通过梳理现有关于 TMT 行为整合的研究，本研究总结了 TMT 行为整合的前因和结果框架，如图 2.4 所示。

2.2.5　研究评述

TMT 行为整合是高层管理者作为一个团队工作的"团队精神"的体现，是理解 TMT 行为过程的核心要素，对积极的组织结果具有重要的影响。通过前文对 TMT 行为整合前因变量、结果变量的理论梳理，本研究认为主要存在以下三点不足和缺口：第一，TMT 行为整合程度受诸多因素的影响，前因变量较为繁杂，相关研究较为分散，且主要研究了单一前因变量对 TMT 行为整合的直接影响，缺少多变量的交互影响研究、不同前因变量的比较研究，以及单一或多重作用机制研究；第二，一个行为整合的 TMT，在做决策的过程中，TMT 成员会受不同外界环境因素的影响，TMT 成员之间交流的信息来自内外部不同的途径，在某种程度上，TMT 行为整合可以看作是对外界环境因素的响应，但现有关于环境因素对 TMT 行为整合影响的研究较少，需要拓展 TMT 行为整合的环境因素前因变量；第三，一些研究证实了 TMT 行为整合对组织双元性的促进作用，但组织双元性本身是一个悖论概念，其中蕴含着探索与利用两个相悖的要素，因而分别探讨并对比分析 TMT 行为整合对探索性结果和利用性结果的作用，有助于更系统地阐释 TMT 行为整合对组织双元性的影响，但现有研究中较少涉及。

第 2 章 文献回顾与评述

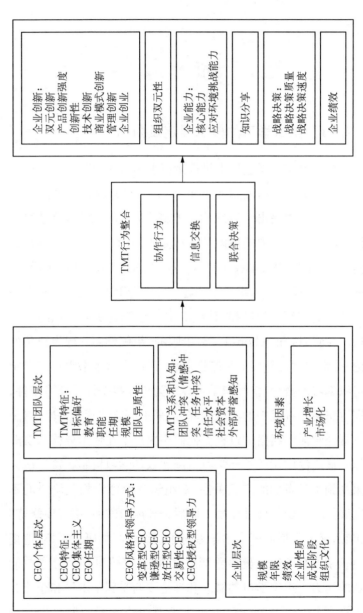

图 2.4 TMT 行为整合的前因和结果框架

2.3 组 织 学 习

2.3.1 组织学习的概念界定及内涵

组织学习在发展过程中呈现诸多里程碑式的著作。对组织学习的关注最早可追溯到 March 和 Simon(1958)的研究,他们在《组织》一书中提出了组织学习的概念,认为组织学习是组织在识别出外部环境中的风险与不确定性后,同步变动决策行为与信息处理的过程。Cyert 和 March(1963)出版了《企业行为》一书,进一步探讨了组织学习问题,认为组织学习是在现有经验的基础上适应环境的过程,且组织学习是企业获取知识的主要途径。Argyris 和 Schon(1978)出版的《组织学习:行为视角的理论》是组织学习领域的奠基性著作,他们在这本书中正式界定了组织学习的概念,将组织学习界定为企业根据外界环境条件,识别组织运作过程中的不合理部分,采用有效的管理手段,对企业日常经营活动纠错的过程。他们还提出了在理论分析和实践操作中被广泛应用的单环学习机制和双环学习机制。这一研究成果受到了学者们的广泛关注,对组织学习理论相关研究的不断发展具有一定的促进作用。此后,Senge(1990)《第五项修炼》的出版,又一次掀起了众多学者对于组织学习的研究兴趣,他提出组织学习是组织成员培养新思维、构造集体氛围和分享共同愿景的能力。组织学习的概念和理论逐渐受到学术界和企业界的重视,Argyris 及其他学者也不断对组织学习的概念进行修

第 2 章 文献回顾与评述

正,不同学者对组织学习的内涵也做出了不同的界定。

本研究通过梳理,依据切入视角的差异以及代表性学者的不同见解,将现有研究对组织学习的概念阐述凝练为五类:纠错以改进组织行动和结果;与环境交互中的知识生成;在不同层次发生的顺序过程;从经验中发展出的知识和见解;以及认知和行为的积累与转变。

第一,依据 Argyris 和 Schon(1978)的界定,组织学习通常被认为是通过更好的知识,纠错以改进组织行动或者结果。Argyris(1999)认为组织学习是组织成员通过不断发现和纠正错误来影响并适应环境的过程。Garvin(1993)系统地论述了组织学习理论,指出学习型组织是一种善于创造、获取和传递知识,并善于修正其行为以反映新知识和新见解的组织。

第二,组织学习是自适应组织的主要特征之一,自适应组织可以察觉到内外部环境中的变化,然后迅速适应。以 Cyert 和 March(1963)为代表的学者认为,组织学习是组织在与环境交互过程中的知识生成和对环境的适应。Daft 和 Weick(1984)指出,组织学习是对组织行为与组织环境之间互动关系的不断认知。Lee 等(1992)认为组织学习发生在组织与环境互动的过程中,个体促进组织与环境产生互动,反馈回的环境信息进一步促使个体产生新的理解,最后依据互动的结果更新对因果关系的信念。Bontis 等(2002)认为组织学习是指组织与环境不断互动中产生各种知识的过程,且将组织学习划分为知识生产、知识凝练、知识促进和知识扩散四个过程。

第三,一些研究将组织学习描述为在不同层次发生的顺序过程。Crossan 等(1999)认为组织学习是一种动态过程,他们提出了一个有影响力的组织学习多层次理论，建立了被广泛采用的4I模型，将组织学习划分为四个社会和心理过程：直觉（intuiting）、解释（interpreting）、整合（integrating）和制度化（instituting），概述了学习如何跨越个人、群体和组织的层次，以及不同层次如何通过四种类型的心理和社会活动联系起来。直觉是一个人对新思想的潜意识认识；解释是一个人对自己直觉的思考和交流；当解释超越个体时，它们表现为群体层面的整合，包括共享的理解和采取协调一致的行动；制度化是指将学习融入结构、程序、惯例、规范和文化中（Crossan等，1999；Nielsen等，2018）。在最近的研究中，Brix（2017）扩展了Crossan等（1999）的研究，建立了组织学习与知识创造的整合框架，认为组织学习会随着时间的推移而发生在个人、团体和组织三个层次上，直觉和解释过程创造了个人知识，解释和整合过程创造了团队知识，整合和制度化过程创造了组织知识，不同层次的知识创造为组织学习奠定了基础，而组织学习使新知识能够在相同的环境中传播和潜在地再创造。Kostopoulos等（2013）依据学习理论和多层次思维，探讨学习是如何在结构和功能上从个体转变为集体（团队）现象的，研究结果证实了团队学习源于个体直觉，通过解释和整合得到放大，并通过集体认知和行为的编码在团队层面表现出来。

第四，一些学者认为组织学习是组织从经验中发展出的新知识和新见解。这一流派以Fiol和Lyles（1985）的研究为代表，他们认为组织学习是基于已有经验，获得更好的知识和理解，进而改进企业行动和提升能力的过程。Levitt和March（1988）认为组织学习是通过将历史经验编码为指导组织的行为例程来学习的过程。Slater和Narver（1995）认为组织学习是开发有可能影响行为的新知识或新见解。Argote 和 Miron-Spektor(2011)将组织学习定义为由于经验的作用而产生的组织知识的变化,这些知识表现为认知或行为,包括显性、隐性或难以描述的部分,嵌入个人、例程和交互记忆系统等存储库中。组织学习是随着时间而发生的,他们建立了基于经验的组织学习循环框架:组织学习始于日常工作中获得的任务绩效经验,这些经验被转变为知识,从而改变组织的活动情境(相互交织的成员、工具和任务网络),而活动情境会进一步影响未来任务绩效经验的获得。Jiménez-Jiménez 和 Sanz-Valle(2011)也认为组织学习是企业从组织成员共同经验中发展出新的知识和见解的过程,并有可能影响行为和提高企业的能力。Chiva 等(2013)认为,组织学习是一个在组织内发展一种看待事物或理解事物的新方法的过程,意味着新的组织知识,且组织学习可以通过实验、冒险、对话、与外部环境的互动且参与等组织和管理因素来培养。

第五,还有一些学者认为组织学习是组织认知和行为的变化(Crossan 等,1995)。认知和行为是组织学习必不可少的要素,许多学者认为认知和行为在组织学习中密切相关(Edmondson,2002)。但关于认知和行为的关系一直存在着争论(Crossan 等,2011)。Miller(1996)认为在组织学习的定义中同时包含认知和行为要素是很重要的,认知和行为紧密相连、相互影响,且没有先后顺序,认知指导行为,反过来行为明确认知范围。他据此给出定义:组织学习是行动者获得新知识的过程,这些行动者能够并且愿意将这些知识应用于决策或影响组织中其他人。Crossan 等(2011)在对 Crossan 等(1999)文章的回顾中指出,组织不仅仅是个人的总和,认知和行为在从个人过渡到组织的过程中会失效。因此,组织层次的学习不是集体的认识和行为,而是已经制度化的非个人的形式,如产品、流程、规则、程序、系统、结构和策略等。因而,他认为内容和过程比认知和行为与组织学习有更为深远的联系。

综上所述,组织学习的概念仍然是模糊的,不同学者对组织学习的阐释存在较大差异,至今没有统一的认识。但是,从学者们对组织学习内涵的认知来看,不同学者的见解并不是割裂的,而是存在着交叉点和共同点。经过以上的文献梳理,本研究总结了不同学者对组织学习的共识,根据共识将组织学习概述为:第一,组织学习是组织的自适应行为,通过组织学习能够使知识、经验、认知和行为不断改进以更好地适应环境的变化,提升组织结果;第二,组织学习发生在个人、团队和组织三个层次中,但从个人层次到组织层次,组织学习并不是量变而是质变;第三,组织学习是一个复杂的过程。

2.3.2 组织学习过程

研究组织学习过程,有助于增进对组织学习影响因素的理解,以及对组织学习运作机制的认识,且有助于组织学习维度和测量指标的设定。因研究视角不同,不同学者对组织学习过程的划分存在较大差异。现有研究中,主要有问题解决视角、信息处理视角、社会和心理视角、系统视角以及知识视角五类组织学习过程的分析和划分方式。

1. 问题解决视角的组织学习过程

最具代表性的组织学习过程是 Argyris 和 Schon(1978)提出的四阶段模型,认为组织学习包括发现(discovery)、发明(invention)、执行(production)和推广(generalization)四个不同的阶段,形成一个线性因果链,组织依次经历不同阶段才能完成完整的学习。发现是指寻找组织内部的隐藏问题和组织外部的机遇;发明是指提出解决方案;执行是指实施解决方案,并获得改进或更新;推广是指改进或更新在组织中的扩散。具体模型如图 2.5 所示。

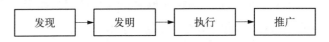

图 2.5　问题解决视角的组织学习四阶段模型

陈国权和马萌(2000)扩展了 Argyris 和 Schon(1978)的研究,将组织学习过程改进为一个闭环,引入了反馈过程和知识库环节。反馈使组织学习更加有效,而闭环使知识积累发生在组织学习的任何阶段,不同阶段生成的知识存储在知识库中。陈国权(2002)完善了这一过程,提出 6P-1B(P：Process；B：Base)模型,6P 是指发现、发明、执行、反馈、推广和选择 6 个过程,1B 是指 1 个知识库。具体模型如图 2.6 所示。

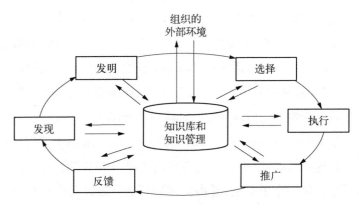

图 2.6　问题解决视角的组织学习过程模型

2. 信息处理视角的组织学习过程

学者普遍认同和采用信息处理视角来阐释组织学习过程，将组织学习划分为信息的获取、扩散、解释和记忆四个过程。Huber(1991)认为组织学习是个人、团队、部门和企业获取有价值知识的过程，组织学习过程包含组织记忆、信息解释、信息扩散和知识获取四个环节。知识获取是指通过特定活动来获得信息和知识，具体过程有先天学习、经验学习、替代学习、嫁接和搜索；信息扩散是组织学习发生和组织学习广度的决定因素，其最重要的一个方面是使信息拥有者和信息需要者快速找到对方；信息解释是指赋予信息意义的过程，也可以解释为翻译事件、发展共同理解和概念方案的过程(Daft 和 Weick,1984)；组织记忆是指信息和知识在组织中的存储，以备将来使用。

Slater 和 Narver(1995)也认为组织学习包括信息获取、信息扩散、共享解释和组织记忆四个不断循环的过程，这四个过程是构成组织学习和行为改变的基础。他们进一步将组织学习分为适应性学习和创造性学习两种类型，适应性学习发生在已识别的或未识别的约束中，创造性学习发生在这些约束之外。当组织愿意质疑长期以来关于其使命、客户、能力或战略的假设时，创造性学习发生，适应性学习为了获取新的信息和获得新的解释，需要跨越学习边界寻求知识发展，而组织学习过程是限制在学习边界内的适应性变化。具体模型如图 2.7 所示。

Jiménez-Jiménez 和 Sanz-Valle(2011)将组织学习与知识创造相连接，认为组织学习包括知识获取、知识扩散、知识解释和组织记忆四个子过程，并可具体解释为：知识获取是企业用来获取新信息和知识的过程；知识扩散是员工在企业内部共享

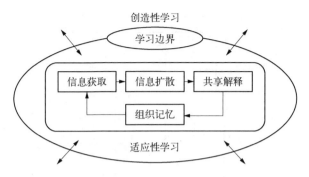

图 2.7 信息处理视角的组织学习过程模型

信息的过程；知识解释是个体赋予意义并将信息转换为新的公共知识的过程；组织记忆是存储信息和知识以备将来使用的过程。

3. 社会和心理视角的组织学习过程

Crossan 等(1999)从社会和心理的视角，提出了组织学习的 4I 模型，认为组织学习包括直觉(intuiting)、解释(interpreting)、整合(integrating)和制度化(instituting)四个过程。直觉是一个人对新思想的前意识认识；解释是一个人对自己直觉的思考和交流；当解释超越个体时，则表现为群体层面的整合，包括共享的理解和采取协调一致的行动；制度化是指将学习融入结构、程序、惯例、规范和文化中(Crossan 等，1999；Nielsen 等，2018)。4I 模型跨越了个人、团队和组织三个层次，涵盖了前馈和反馈两种机制。具体模型如图 2.8 所示。

4. 系统视角的组织学习过程

Nevis 等(1995)从系统视角发展了 Huber(1991)的组织学习过程，具体提出了组织学习的七个学习导向和十个促进因素，并将这些要素划分为三个组织学习阶段，认为组织学习包括知识获取、知识传播和知识利用三个阶段，并提出了组织进行有效

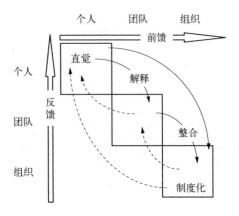

图 2.8 社会和心理视角的组织学习动态过程模型

学习的三阶段过程模型。知识获取是关系、技能和洞察力的发展或创造,知识传播是传播所学到的知识,知识利用是学习的整合,使其广泛可用并可推广。具体模型如图 2.9 所示。

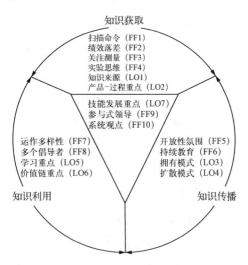

注:图中 LO 为学习导向;FF 为促进因素。

图 2.9 系统视角的组织学习模型

5. 知识视角的组织学习过程

Argote 和 Miron-Spektor(2011)认为组织学习是一个随着时间发生的过程,包括主动情境、任务绩效经验和知识三个要素,这三个要素包含在一个循环过程中,通过循环将任务绩效经验转变为知识,从而改变组织的情境并影响未来的经验。组织经验与情境相互作用以创建知识,而组织知识又包括知识转移、知识保留和知识创造三个子过程,知识创造是指新知识的产生,知识保留是指知识在组织记忆等存储库的储备,知识转移是指间接地从他人经验中学习。具体模型如图 2.10 所示。

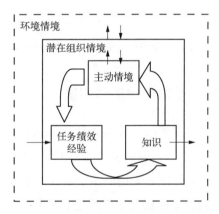

图 2.10　知识视角的组织学习循环过程框架

Nonaka 和 Takeuchi(1995)建立了 SECI 模型,认为组织学习是知识创造的过程,知识创造有社会化、外在化、合并和内在化四个模式。社会化是指隐性知识与隐性知识的组合;外在化是指从隐性知识向显性知识的转化;合并是指显性知识与显性知识的组合;内在化是指显性知识向隐性知识的转化。隐性知识和显性知识相互作用,从个体层次到团队层次再到组织层次呈现螺旋式增长的特征,个体拥有的隐性知识逐步外在化为组织层次的显性知识,不断循环,创造知识,增加组织中的知识存量。具体模型如图2.11所示。

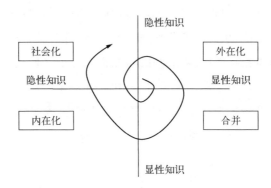

图 2.11 知识视角的知识创造过程框架

2.3.3 组织学习的维度和测量

组织学习的维度和测量是实践应用和理论研究的基础,相关研究较为繁杂,不同学者从多种视角出发进行了分析,本研究主要梳理了被广泛认同和采用的主要研究成果。

1. 价值观视角下的组织学习维度和量表

Sinkula 等(1997)建立了包括学习导向、市场信息生成、市场信息传播和市场动态性的组织学习过程模型,从组织价值观视角将学习导向划分为学习承诺(commitment to learning)、开放心智(open-mindedness)以及共享愿景(shared vision)三个方面,并据此制定量表来测量学习导向,共10个题项。学习承诺是指组织重视学习的价值观,开放心智是指以开放的心态主动质疑长期存在的惯例、思维和信念,共享愿景是指运作过程和组织结果的共同期望。Baker 和 Sinkula(1999)修订了 Sinkula 等(1997)制定的学习导向测量量表,将每个维度改为 6 个题项,共 18 个题项。虽然这两篇研究中使用的是学习导向而不是组织学习的概念,但从表述来看,两者具有相同的内涵,因此,许多学者使用该量表测量组织学习,是学者们主要采用的组织学习量表之一,如谢洪明等(2006a)、王永伟等(2012)。

2. 社会和心理视角下的组织学习维度和量表

Bontis 等(2002)以 Crossan 等人(1999)的 4I 框架为基础,将组织学习划分为个人层次、团队层次和组织层次的学习三个存量维度,以及前馈学习和反馈学习两个流量维度。具体来说,个人层次的学习是指承担所需任务的个人的能力、才能和动机;团队层次的学习是指团队动态性和发展共享理解;组织层次的学习是指在竞争环境下,系统、结构、策略、程序和文化等非个人学习存储之间的一致性。前馈学习是指个人层次的学习是否以及如何推动团队层次的学习和组织层次的学习;反馈学习是指嵌入组织的学习是否以及如何影响个人层次和团队层次的学习。一个层次内的组织学习是动态过程,可以看作是流量的,而跨层次的组织学习是存量的。因此,他们制定了包含 15 个题项的存量量表,以及包含 9 个题项的流量量表,并应用在了实证研究中。Berson 等(2015)采用这一量表测量了组织学习氛围。

Kostopoulos 等(2013)依据 Crossan 等人(1999)关于组织学习过程的 4I 理论框架,在现有团队学习测量的基础上,制定了包含直觉、解释、整合和编码四个维度的团队学习过程测量量表。团队学习源于个体直觉,通过解释和整合得到放大,并通过群体认知和行为编码在团队层面表现出来。因此,直觉是个体层次的维度,解释是跨越个体层次和团队层次的维度,整合和编码是团队层次的维度。该量表每个维度3个题项,共12个题项。

3. 影响因素视角下的组织学习维度和量表

Chiva 和 Alegre(2009)区分了组织学习、学习型组织和组织学习能力三个领域的研究侧重点,组织学习重点分析和确定组织中是否以及如何完成某一学习过程,学习型组织重点描述和分析不断学习的组织和组织中的人,组织学习能力重点强调促进组织学习的因素和组织学习的方向。在分析组织学习促进因素的基础上,他们认为可以用实验、风险承担、与外部环境的互动、对话、参与性决策五个维度解释组织学习能力。其中,实验可以理解为新思想和建议的提出和处理的程度;风险承担可以理解为对模糊性、不确定性和错误的容忍;与外部环境的互动可以理解为与外部环境的关系范围;对话可以理解为对构成日常经验的过程、假设和事实的持续质询;参与性决策可以理解为员工能够影响决策过程的程度。他们制定了包含5个维度共14个题项的测量量表,并将该量表应用于实证研究中。Fernandez‐Mesa 和 Alegre(2015)在实证研究中也采用了这一量表测量组织学习能力。

Goh 和 Richards(1997)开发了组织学习调查(Organizational Learning Survey,OLS)量表来测量组织学习能力,该量表包括明确目标和使命、领导承诺和授权、实验、知识转移,以及团队合作和团队问题解决五个维度。明确目标和使命是指员工对组织愿景有清晰的认识,并理解如何为组织的成功和成就做出贡献;领导承诺和授权是指领导在组织中的实际角色与组织文化相一致,帮助员工学习且进行实验和改变;实验是指员工追求新工作方式和承担风险的自由度;知识转移是指员工能够从他人的经验、过去的失败经验和其他组织中学习;团队合作和团队问题解决是指员工作为一个团队工作、解决问题和产生新想法。OLS量表共包含21个题项。

Hult和Ferrell(1997)以战略业务单元与组织采购中心之间的采购过程为研究对象,开发了组织学习能力的测量量表,包括团队导向、系统导向、学习导向和记忆导向四个维度。团队导向是指重视通过合作与协作共同做出决策;系统导向是指重视活动过程中的全局性;学习导向是指重视学习的长期价值;记忆导向是指重视知识的交流和扩散。组织学习能力量表共包含23个题项。

4. 系统视角下的组织学习维度和量表

Watkins和Marsick(1997)开发了测量学习型组织的DLOQ(Dimensions of Learning Organization Questionnaire)量表,该量表包含7个维度:促进质询和沟通、创造持续学习的机会、鼓励合作和团队学习、创造获取和分享学习的系统、赋予员工实现共同愿景的能力、形成组织与环境互动机制、为学习提供战略性领导。DLOQ量表最初有43个题项,Yang等(1998)在进一步研究中将其简化为21个题项,每个维度对应3个题项,并证明了简化量表具有更好的测量指数(Watkins和Marsick,2003)。7个维度可以划分为个人、团队和组织三个层次,持续学习、质询和沟通是个人层次的维度,合作和团队学习是团队层次的维度,获取和分享学习、赋予员工能力、组织与环境互动以及为学习提供战略性领导是组织层次的维度。其中,Yang等(1998)提炼的21个题项中的7个可以单独作为组织学习文化的测量量表,被许多学者所采用,如Naqshbandi和Tabche(2018)。此外,也有学者直接将DLOQ量表用来测量组织学习文化,Song等(2010)

认为从 DLOQ 量表的概念框架来看,7 个维度融合了学习型组织和组织学习的概念,在个人和组织结构两个层次上促进动态组织学习过程,因而可以作为组织学习文化的测量量表。DLOQ 的 43 个题项量表、DLOQ 的 21 个题项量表以及组织学习文化的 7 个题项量表可以在 Watkins 和 Marsick(2003)发表的《展示组织学习文化的价值:学习型组织问卷的维度》一文中查阅。该量表已广泛应用于学术研究和企业实践评估中。

5. 信息处理视角下的组织学习维度和量表

Zhou 等(2005)借鉴 Sinkula(1994)、Sinkula 等(1997)、Slater 和 Narver(1995)以及 Moorman 和 Miner(1997)的研究,将组织学习过程划分为信息获取、信息扩散、共享解释和组织记忆四个维度。信息获取是指组织从各种资源中学习的程度;信息扩散是指组织分享所学习到的知识的程度;共享解释是指团队决策制定和冲突解决的程度;组织记忆是指组织在新产品开发中所拥有的知识和经验的总量。信息获取和信息扩散的测量来源于 Sinkula 等(1997)关于"市场信息生成"和"市场信息扩散"的量表,共享解释的测量来源于 Slater 和 Narver(1995)关于"共享解释"的阐释,组织记忆的测量来源于 Moorman 和 Miner(1997)中关于"组织记忆水平"和"组织记忆离散度"的量表,改编后的量表共包含 9 个题项。

Tippins 和 Sohi(2003)依据 Slater 和 Narver(1995)、Moorman 和 Miner(1998)提出的组织学习理论,将组织学习作为一个过程,编制了包含信息获取、信息扩散、共享解释、陈述性记忆和程序性记忆五个维度的组织学习量表。其中,信息获取改编自 Baker 和 Sinkula(1999);信息扩散改编自 Baker 和 Sinkula(1999)、

Kohli 等(1993);且新开发了陈述性记忆和程序性记忆量表。该量表共包含 29 个题项。

Pérez López 等(2004)开发了既能识别组织学习的多维特征,又能代表组织学习各维度的明确信息的组织学习量表,该量表包含内部知识获取、外部知识获取、知识扩散、知识解释、组织记忆五个维度,共 25 个题项。Jiménez-Jiménez 和 Sanz-Valle (2011)在研究中采用了这一量表。

6. 组织学习的其他维度和量表

由于组织学习概念的复杂性,以及研究内容和出发点的不同,学者们多在研究中采用重新开发的量表或改编的量表,因而,除了以上五类被广泛采用的主流量表外,仍有数量繁多的不同测量方式。例如,Gibson 和 Vermeulen(2003)将团队学习描述为一个包含实验、反思性沟通和知识编码的循环过程,实验、反思性沟通和知识编码是学习行为所必需的三个要素,且三个要素不可相互替代。首先,需要通过实验产生改进工作的想法;其次,需要通过反思式沟通提出一致性解决方案;最后,需要通过编码使隐性知识更加明确,将知识转换为具体的概念、决策和行动项目。他们据此制定了一个包含实验、反思性沟通和知识编码三个维度的团队学习行为测量量表,每个维度有 3 个题项,共 9 个题项。Sheng 和 Chien(2016)认为组织学习导向是指组织内部为促进创新而创造和使用知识的活动,他们在 Sinkula (1994)、Slater 和 Narver(1995)的基础上编制了学习导向量表,该量表共包含 5 个题项。陈国权(2009)开发了包括发现、发明、选择、执行、推广、反思、获取知识、输出知识和建立知识库九个维度的组织学习能力测量量表,该量表既可以用于理论研究也可以用于实践评估,整个量表共 27 个题项。

各学者对组织学习的维度划分如表 2.3 所示。

表 2.3 组织学习的维度

作 者	构 念	维 度
Sinkula 等,1997	学习导向	学习承诺、开放心智、共享愿景
Hult 和 Ferrell,1997	组织学习能力	团队导向、系统导向、学习导向、记忆导向
Goh 和 Richards,1997	组织学习调查	明确目标和使命、领导承诺和授权、实验、知识转移、团队合作和团队问题解决
Watkins 和 Marsick,1997	学习型组织	创造持续学习的机会、促进询问和沟通、鼓励合作和团队学习、创造获取和分享学习的系统、赋予员工实现共同愿景的能力、形成组织与环境互动机制、为学习提供战略性领导
Bontis 等,2002	组织学习	组织、团队、个人层次的存量维度,前馈学习和反馈学习流量维度
Tippins 和 Sohi,2003	组织学习	信息获取、信息扩散、共享解释、陈述性记忆、程序性记忆
Gibson 和 Vermeulen,2003	团队学习	实验、反思性沟通和知识编码
Pérez López 等,2004	组织学习	内部知识获取、外部知识获取、知识扩散、知识解释、组织记忆
Zhou 等,2005	组织学习过程	信息获取、信息扩散、共享解释、组织记忆
Chiva 和 Alegre,2009	组织学习能力	实验、风险承担、环境互动、对话、参与性决策
Kostopoulos 等,2013	团队学习	直觉、解释、整合、编码
陈国权,2009	组织学习能力	发现、发明、选择、执行、推广、反思、获取知识、输出知识、建立知识库

综上，组织学习涉及许多不同且相关的机制，因而学者们普遍将其描述为一个多维结构。关于组织学习维度划分和测量的相关研究成果丰富而繁杂，目前还没有形成统一的维度划分方式和测量量表，主要是因为：第一，研究视角的不同导致维度划分出现较大差异，现有研究主要有价值观视角、能力视角、文化视角、过程视角、系统视角、社会和心理视角等；第二，研究层次的不同导致组织学习认识多样性，现有研究主要有个人、团队和组织三个层次；第三，组织学习在组织中的发生方式和形式千变万化，很难观察和捕捉，因而难以全面度量，只能将其限制在特定情形下，通过凝练具体条目间接测量。

此外，本研究发现，现有研究中出现较多组织学习的概念阐述与维度划分和测量不一致的现象，例如，多数研究将组织学习看作是组织中信息和知识的处理过程，但在实证检验中却采用价值观视角的维度划分和测量。首先，这主要是因为缺乏对组织学习整体上的认识；其次，是因为目前仍没有大家普遍认可的信息处理视角下的组织学习量表。

为了准确地测量组织学习，确保组织学习内涵、维度和测量的一致性，并且与本研究的主要内容契合，本研究采用信息处理视角来阐述、剖析、划分维度和测量组织学习。Zhou 等（2005）的组织学习量表与本研究的构思一致，因此，采用此量表来测量组织学习。

2.3.4　组织学习的研究现状

组织学习的概念自提出以来，受到了众多学者的关注，相关研究成果非常丰富。但由于组织学习概念的复杂性，不同学者的研究视角存在较大差异，因而尚未形成系统化的理论成果。

学者们围绕组织学习的研究主要有组织学习过程、学习导向、组织学习能力、组织学习氛围、组织学习文化。研究主要聚焦四个方面：组织学习的形成机制；个人层次的知识和经验向团队和组织层次的传递和转化；组织学习的促进因素；组织学习对组织结果的积极影响和作用机制。前两个方面主要是理论研究，后两个方面主要是实证研究。因研究内容的需要，本研究梳理了组织学习前因和组织学习结果的研究现状，将组织学习的主要实证研究成果列于表2.4中。

1. 组织学习的类型

在现有研究中，学者们依据组织学习的特性和研究的需要，将组织学习划分为了不同的类型，了解组织学习的类型划分有助于更具体地研究组织学习的影响因素和作用机制。组织学习的类型划分方式主要有：单环学习、双环学习和三环学习（Argyris和Schon,1978）；线性学习和非线性学习（Meyers,1990）；探索性学习和利用性学习（March,1991）；经验学习、模仿学习和创造学习（Lyles和Schwenk,1992）；适应性学习和创造性学习（Senge,1990；Slater和Narver,1995）；内部学习和外部学习（Huber,1991）；低阶学习和高阶学习（Lyles,1988）；体验式学习和替代式学习（Holcomb等,2009）；技术学习和管理学习（Bao等,2012）。综上，总体来看，组织学习的类型划分依据主要有：组织学习的复杂程度、组织学习的深入程度、组织学习的来源以及组织学习的不同方面等。

2. 组织学习的前因

组织学习的前因主要有领导风格、战略导向、组织文化、社会资本等。

表 2.4 组织学习实证研究文献汇总

作者	自变量	中介变量	结果变量	调节变量	主要结论
Sinkula 等,1997	学习导向(学习承诺、共享愿景、开放心智)	1. 市场信息生成 2. 市场信息扩散	市场营销计划动态性		学习导向促进市场信息生成和市场信息传播,进而影响市场计划动态性
Hurley 和 Hult,1998	文化特征(学习和发展、参与决策制定、支持与合作、权力共享)		创新性、创新能力		较高的创新水平与学习强调学习、发展和参与性决策的文化有关;企业文化中的创新水平(创新性)越高,企业的适应能力和创新能力就越强
Baker 和 Sinkula,1999	1. 市场导向 2. 学习导向		组织绩效(市场份额变化、新产品成功、整体绩效)	学习导向	市场导向、学习导向对组织绩效各维度具有促进作用;但学习导向与市场导向的交互作用以及学习导向的调节作用没有得到验证
Bontis 等,2002	组织学习(个人、团队、组织;前馈、反馈)		企业绩效		个体、团队和组织层次的组织学习与学习流量影响企业绩效;学习存量与学习流量的不一致负向影响企业绩效
Tippins 和 Sohi,2003	IT 能力(知识、运作、设施)	组织学习(信息获取、信息扩散、共享解释、陈述性记忆、程序性记忆)	企业绩效(市场保持、销售增长、盈利能力、投资回报率)		IT 能力正向影响组织学习;组织学习在 IT 能力和企业绩效之间具有中介作用
Hult 等,2004	1. 学习导向 2. 市场导向 3. 创业导向	创新性	企业绩效		学习导向、市场导向、创业导向正向影响企业绩效;创新性:创新导向正向影响

续 表

作 者	自变量	中介变量	结果变量	调节变量	主 要 结 论
Pérez López等,2004	合作文化	组织学习(内部知识获取、外部知识获取、知识扩散、知识解释、组织记忆)	企业绩效(财务盈利能力、销售增长、利润增长、销售利润率)		合作文化促进组织学习,且正向影响企业绩效;组织学习在合作文化与企业绩效关系中具有中介作用
Lin和Kuo,2007	人力资源管理	1. 组织学习(信息贡献模式、质询氛围、学习实践、成就倾向) 2. 知识管理能力(知识创造与获取、知识共享、学习与改进) 3. 组织学习(信息贡献模式、质询氛围、学习实践、成就倾向)、知识管理能力(知识创造与获取、知识共享、学习与改进)	组织绩效(市场绩效、财务绩效)		人力资源管理正向影响组织学习、组织学习;知识管理能力和组织绩效;知识管理能力促进组织绩效;组织学习与知识管理能力在人力资源管理与知识管理能力在人力资源管理与组织绩效中具有中介作用
Ho,2008	自我导向学习(自我认知、喜爱学习、主动学习、持续学习)		组织绩效(市场绩效、人力资源绩效)		自我导向学习正向影响组织绩效;组织学习、知识管理能力和组织绩效具有促进作用;知识管理能力对组织绩效具有促进作用;组织学习、知识管理能力在自我导向学习与知识管理能力中有中介作用

第2章 文献回顾与评述

续 表

作 者	自 变 量	中 介 变 量	结 果 变 量	调节变量	主 要 结 论
Chiva 和 Alegre，2009	组织学习能力（风险承担、实验、对话、环境互动、参与性决策）		工作满意度		组织学习能力各维度以及组织学习能力本身均与工作满意度有正相关关系
Nemanich 和 Vera，2009	变革型领导	学习文化（心理安全、对不同意见的开放性、参与决策制定）	双元性		变革型领导正向影响学习文化双元性；学习文化正向影响双元性
Jiménez-Jiménez 和 Sanz-Valle，2011	组织学习（知识获取、知识扩散、知识解释、组织记忆）	创新（产品创新、过程创新、管理创新）	组织结果（人际关系模型、开放系统、内部过程模型、理性目标模型）	规模、年限、行业、环境动态性	组织学习对企业绩效、创新具有促进作用；创新对企业绩效和创新绩效具有促进作用；规模、年限、行业和环境动态性在三个关系中均具有调节作用
Fernández-Mesa 和 Alegre，2015	创业导向	1. 创新绩效（产品创新有效性、过程创新有效性、项目创新效率） 2. 组织学习能力（实验、冒险、与外部环境的互动、对话和参与性决策）	出口强度（出口占总销售份额）		组织学习能力和创新绩效在创业导向和出口强度之间具有中介作用；创业导向对组织学习能力和创新绩效具有促进作用；组织学习能力对出口强度具有促进作用
Turner 和 Pennington，2015	长期导向	1. 动机、机会、能力 2. 知识共享	组织学习		创业企业组织网络中的知识共享水平越高，组织学习水平就越高，长期导向正向影响动机、机会、能力；动机、机会正向影响知识共享；能力负向影响知识共享

83

续表

作 者	自 变 量	中 介 变 量	结 果 变 量	调节变量	主 要 结 论
Hahn等,2015	1. 度中心性 2. 结构洞 3. 组织学习文化	1. 利用 2. 探索	个人创造力		组织学习文化显著正向影响探索、利用和个人创造力;度中心性显著正向影响个人创造力;探索和利用显著正向影响个人创造力,利用显著影响探索
Berson等,2015	魅力型领导	1. 共享愿景、团队内部信任 2. 组织学习氛围	组织结果评估(家长、监督人)		魅力型领导通过团队内部信任促进组织学习氛围和组织结果;魅力型领导正向影响共享愿景、共享愿景、团队信任和组织学习氛围;组织学习通过团队内部信任和组织氛围影响组织结果
Jain和Moreno,2015	组织学习(合作与团队合作、绩效管理、自主自由与奖励与认同、成就导向)		1. 企业绩效 2. 知识管理		组织学习各维度均正向促进企业绩效与知识管理实践
Fraj等,2015	学习导向	1. 创新性 2. 前瞻型战略	组织竞争力		学习导向正向影响前瞻型战略和创新;创新正向影响前瞻型战略和组织竞争力;前瞻型战略正向影响组织竞争力
Sheng和Chien,2016	组织学习导向		1. 渐进式创新 2. 突破式创新	1. 潜在吸收能力 2. 实现吸收能力	组织学习导向正向促进渐进式创新,对渐进新领域的突破式创新大于突破式创新;潜在吸收能力正向调节组织学习与渐进式创新的关系;实现吸收能力负向调节组织学习导向与突破式创新的关系

续表

作者	自变量	中介变量	结果变量	调节变量	主要结论
Naqshbandi 和 Tabche,2018	授权型领导	组织学习文化	1. 对内开放式创新 2. 对外开放式创新	吸收能力	授权型领导正向影响对内和对外开放式创新;组织学习文化在授权型领导与对内和对外开放式创新关系中具有中介作用;吸收能力的调节作用未得到验证
Liu,2018	社会资本(认知资本,结构资本,关系资本)	组织学习(探索性学习,利用性学习)	知识转移	吸收能力	认知资本显著正向影响结构资本和关系资本;关系资本和认知资本通过结构资本显著正向影响利用性学习;认知资本通过结构资本或关系资本作用于利用性学习;关系资本和结构资本通过利用性学习作用于知识转移;利用性学习通过探索性学习与知识转移间的关系
谢洪明等,2006a	市场导向	1. 组织学习 2. 组织创新(技术创新,管理创新)	组织绩效		市场导向对组织学习有显著的直接影响,对组织创新亦有显著的直接影响,组织学习对技术创新和管理创新都有显著的直接影响;市场导向通过组织学习对组织创新会通过影响组织学习影响组织创新,并最终影响组织绩效
谢洪明等,2006b	组织文化(团队监督,创新机制,路径依赖)	1. 组织学习(学习承诺,开放心智,共享愿景) 2. 核心能力(研发,生产,网络关系,战略)	组织绩效(短期绩效,长期绩效)		组织文化显著正向影响组织学习,组织学习在组织文化与核心能力关系中具有中介作用;组织文化通过核心能力作用于组织绩效;组织学习和核心能力间接作用于组织绩效;组织文化通过核心能力作用于组织绩效

续 表

作 者	自 变 量	中 介 变 量	结 果 变 量	调节变量	主 要 结 论
谢洪明等,2008	社会资本(内部社会资本、外部社会资本)	组织学习(学习承诺、共享愿景、开放心智)	组织创新(技术创新、管理创新)		内部社会资本显著正向影响组织学习;外部社会资本显著正向影响技术创新;组织学习显著正向影响技术创新和管理创新
焦豪等,2008	创业导向	组织学习	动态能力		组织学习显著正向影响动态能力,且组织学习在创业导向与动态能力的关系中具有中介作用
曾萍和蓝海林,2009	组织学习	1.知识创新 2.动态能力	知识绩效		组织学习不直接作用于组织绩效,知识创新、动态能力在组织学习与知识创新正向影响组织绩效之间具有中介作用;知识创新正向影响组织绩效
王永伟等,2012	变革型领导	组织学习倾向	组织惯例更新		变革型领导行为具有显著正向影响,组织学习倾向在变革型领导行为与组织惯例更新之间起着中介作用
李军等,2012	组织学习(学习承诺、开放心智、共享愿景)	动态能力(感知能力、响应能力、重构能力)	战略变化(速度、幅度)		组织学习、动态能力均正向影响战略变化;动态能力在组织学习与战略变化关系中具有中介作用,除了开放心智对重构能力的影响不显著外,组织学习各维度均显著正向影响动态能力各维度
谢慧娟和王国顺,2012	社会资本(结构、关系、认知)	组织学习(探索式学习、利用式学习)	动态能力(知识获取、知识创造、知识整合)		组织学习显著正向影响动态能力;社会资本显著正向影响组织学习;组织学习在社会资本与动态能力关系中具有中介作用

续 表

作 者	自 变 量	中 介 变 量	结 果 变 量	调节变量	主 要 结 论
王飞绒和方艳军,2013	组织文化(宗族型、活力型、层级型、市场型)	组织学习(知识获取、知识传递、知识应用)	技术创新绩效		组织文化显著正向影响组织学习;组织学习显著正向影响技术创新绩效;组织文化显著正向影响技术创新绩效;不同组织文化对组织学习和技术创新绩效的影响存在较大差异
田庆锋等,2018	1. 市场导向(竞争者导向、顾客导向、跨部门协调) 2. 创业导向(创新与超前性、风险承担性)	组织学习(探索式学习、利用式学习)	商业模式创新		创业导向、市场导向和组织学习显著正向影响商业模式创新;组织学习在战略导向与商业模式关系中具有中介作用;两种学习方式的平衡对商业模式创新没有影响;市场导向对探索式学习的作用没有得到验证;创业导向对探索式学习和利用式学习和利用式学习
程龙和于海波,2018	1. 变革型领导 2. 交易型领导	组织文化(灵活适应性、稳定性、关注内部程度、关注外部程度)	组织学习(个体、团体、组织层、组织间、利用式学习、探索式学习)		交易型领导、变革型领导均显著正向影响组织学习;变革型领导对组织学习的促进作用更大;变革型领导、交易型领导分别通过组织文化作用于组织学习

(1) 领导风格前因。

学者们研究了变革型领导、魅力型领导、授权型领导和交易型领导等不同战略领导力对组织学习的促进作用,以及组织学习在战略领导力与不同组织结果关系中的中介作用。Nemanich 和 Vera(2009)研究了变革型领导与学习文化之间的关系,变革型领导是变革的推动者,愿意挑战现状,因而鼓励开放的、支持的学习文化,实证结果显示,变革型领导正向影响学习文化。王永伟等(2012)研究了变革型领导行为、组织学习和组织惯例之间的关系。研究结果表明,组织学习倾向在变革型领导与组织惯例更新关系中具有中介作用。Berson 等(2015)研究了魅力型领导对组织学习的影响,实证结果显示,魅力型领导通过团队内部信任促进组织学习氛围。Naqshbandi 和 Tabche(2018)在实证研究中发现,组织学习文化在授权型领导与开放式创新关系中具有中介作用。程龙和于海波(2018)对比研究了变革型领导和交易型领导对组织学习的作用,研究结果显示,交易型领导、变革型领导均显著正向影响组织学习,变革型领导对组织学习的促进作用更大。

(2) 战略导向前因。

一些学者研究了创业导向、市场导向与组织学习之间的关系,以及组织学习在战略导向与组织结果关系中的中介作用。Fernández-Mesa 和 Alegre(2015)通过实证研究发现,创业导向正向影响组织学习能力,组织学习能力在创业导向和出口强度之间具有中介作用。焦豪等(2008)的研究结果显示,组织学习在创业导向与动态能力的关系中具有中介作用。谢洪明等(2006a)以珠三角地区企业等为调查对象,对市场导向是否以及如何通过组织学习和组织创新影响组织的绩效进行实证研究,结果表明,市场导向对组织学习有显著的直接影响,市场导向通过影响组织学习影响组织创新,并最终影响组织绩效。邓小翔和丘缅(2016)通过对华为企业的案例研究论证,阐释了顾客导向和组织学习在企业自主创新中的作用,指出企业要建立以顾客为导向的组织学习链条,顾客导向对组织学习具有促进作用。田庆锋等(2018)同时研究了市场导向和创业导向对组织学习的影响,研究发现,市场导向各维度均正向影响利用式学习,但对探索式学习的作用只得到部分验证;创业导向各维度均正向影响探索式学习和利用式学习。

(3) 组织文化前因。

组织文化影响组织学习中知识的获取、创造、扩散和制度化过程,影响个人知识的获得和使用,以及个人知识和组织知识之间的转化,组织学习需要组织文化的支撑。一些学者研究了组织文化与组织学习之间的关系,不同组织文化对组织学习的作用存在差异。De Long 和 Fahey(2000)论证了文化在知识管理中的作用,指出了组织文化影响知识管理(创造、共享和使用)的四种方式:文化塑造了什么是知识以及哪些知识值得管理的假设;文化定义了个人知识和组织知识之间的关系,决定了知识的控制、共享和存储;文化为社会互动创造了情境,决定了知识在特定情境中的使用;文化塑造了新知识在组织中的创造、合法化和扩散的过程。Pérez López 等(2004)通过实证研究指出,合作文化促进组织学习,组织学习在合作文化与企业绩效关系中具有中介作用。王飞绒和方艳军(2013)实证研究发现,组织文化(宗族型、活力型、层级型和市场型)显著正向影响组织学习,不同组织文化对组织学习的影响效果存在较大差异。程龙和于海波(2018)研究显示,变革型领导、交易型领导分别通过组织文化作用于组织学习。谢洪明等(2006b)研究发现,组织文化显著正向影响组织学习,组织学习在组织文化与核心能力关系中具有中介作用。

(4)社会资本前因。

现有研究显示,社会资本能够影响企业对市场中敏感知识的获取、转化和积累(Bao等,2012),与组织学习有着密切的联系,因而,社会资本对组织学习的作用受到了学者们的关注。Liu(2018)探讨了社会资本不同维度对组织学习的作用机制,发现社会资本的结构、认知和关系维度均正向影响利用性学习,认知资本通过结构资本或关系资本作用于利用性学习,而利用性学习在结构资本和关系资本对探索性学习的作用中具有中介作用。蒋春燕和赵曙明(2006)研究了社会资本、企业家精神和组织学习之间的关系,对社会资本和企业家精神是否以及如何通过组织学习影响组织绩效进行实证研究,发现组织学习在社会资本、企业家精神、组织学习、组织绩效这一链条中起到了至关重要的作用,是该链条的瓶颈。谢慧娟和王国顺(2012)研究了社会资本、组织学习与动态能力之间的关系,发现社会资本显著正向影响组织学习,组织学习在社会资本与动态能力关系中具有中介作用。谢洪明等(2008)研究发现,内部社会资本显著正向影响组织学习。

3.组织学习的结果

组织学习的结果变量主要有企业创新、组织双元性、动态能力、知识管理和企业绩效等。

(1) 组织学习与企业创新。

已有许多研究将组织学习与企业创新相联系,但学者们对组织学习与企业创新之间的关系并未形成一致的观点。有学者认为,从行为改变和实现的角度来看,组织学习等同于创新(Hurley 和 Hult,1998);从组织学习过程的角度来看,组织学习可以视为创新的必经过程,而创新是组织学习的结果(Benner 和 Tushman,2003);也有学者认为创新是组织学习的子集(He 和 Wong,2004)。从以上观点来看,组织学习和创新密切相关,但两者存在显著差异。因而,现有研究普遍认为创新是组织学习的结果。首先,组织学习会给企业带来知识的更新和积累,而知识是创新的基础(Hall 和 Andriani,2003);其次,个体、团队和组织在生成、扩散、共享和记忆知识的过程中,会产生新的见解和新的想法,从而引发创新的产生(Nonaka,1994)。

有许多学者实证检验了组织学习和创新之间的关系。Hurley 和 Hult(1998)较早证明了学习文化有助于提高企业创新水平。Jiménez-Jiménez 和 Sanz-Valle(2011)研究发现,组织学习过程正向影响创新,企业规模、年限、行业和环境动态性在两者的关系中具有调节作用。Fraj 等(2015)研究发现,学习导向正向影响企业创新性。Sheng 和 Chien(2016)的实证检验结果显示,组织学习导向促进渐进式创新,抑制新兴领域的突破式创新,对渐进式创新的影响大于突破式创新;潜在吸收能力正向调节组织学习与渐进式创新的关系;实现吸收能力负向调节组织学习导向与渐进式创新的关系。Naqshbandi 和 Tabche(2018)的研究结果显示,组织学习文化在授权型领导与对内和对外开放式创新关系中具有中介作用。从上述研究成果来看,现有研究基本验证了组织学习对创新的正向影响关系,且这种关系可能会受到其他调节因素的影响。此外,一些理论研究也表明,组织学习对企业创新能力具有促进作用(Stata,1989;Hall 和 Andriani,2003)。

(2) 组织学习与组织双元性。

一些学者在理论上探讨了组织学习与组织双元性的关系,认为组织学习包括探索性学习和利用性学习,而组织双元性是在组织中同时实现探索性学习和利用性学习。因而,组织学习本身蕴含着双元的特性。March(1991)发表的《组织学习中的探索与利用》一文开创性地研究了组织学习中探索与利用行为,探索是指开发新的可能性,利用是指利用陈规。他指出,虽然探索与利用可能在组织中相互排斥、争夺资源,但是保持探索与利用之间的适当平衡才能够使组织长期发展和繁荣。这篇文章引发了大家对组织双元性的探讨,组织双元性即同时利用组织中的现有知识和探索新知识。Crossan 等(1999)在开发的组织学习 4I 框架中指出,探索与支持新颖性的前馈学习过程相关,即个人通过直觉和解释开发新想法,新想法通过解释和整合转化到团队知识资源中,而团队知识资源通过整合和制度化储存在组织知识库中;利用与支持连续性的反馈学习过程相关,即组织中的知识被进一步传递和转化到个人和团队中。探索(前馈)是吸收新知识的过程,利用(反馈)是应用已学到的知识,组织学习需要平衡探索与利用之间的张力。

还有一些学者采用实证研究证明,组织学习对组织双元性具有促进作用。Nemanich 和 Vera(2009)将学习文化分为心理安全、对不同意见的开放性、参与决策制定三个维度,认为心理安全给员工一种不担心对自我形象、地位或职业造成负面影响的感觉,促使员工勇于展示和发挥自己的能力,不惧怕探索和利用中的风险,从而有助于组织双元性;对不同意见的开放性促使员工增进交流、表达不同观点,从而有助于现有知识的利用和新想法的产生;参与决策制定促使员工愿意接受改变,克服固守陈规的习惯,减少认知偏差,从而有助于持续改进和产生创造力。进一步的实证检验结果显示,以心理安全、对不同意见的开放性、参与决策制定为特征的学习文化可以促进团队层次的双元。Hahn 等(2015)认为组织学习引导员工获取知识和发展创新思想,从而促进员工个人的探索和利用行为,他们通过实证检验发现,组织学习文化显著正向影响探索和利用,进而影响个人创造力。

(3) 组织学习与动态能力。

组织学习与动态能力有着密切的关联,一些学者论证了组织学习在动态能力演化中的作用。Teece 等(1997)在动态能力的研究中指出,动态能力具有路径依赖性,不能依靠外部获得,而持续不断的组织学习带来知识的积累,从而促进动态能力的提升。Eisenhardt 和 Martin(2000)揭示并论证了学习机制塑造动态能力发展路径这一观点。动态能力由特定的、可识别的战略过程组成,管理者利用这些过程获取、整合、重新配置和释放资源。学习机制包括重复实践、错误激励和经验积累:重复的实践可帮助员工更全面地理解过程,从而形成有效的例程;损失较小的错误,激励员工更加关注过程,从失败中学习;适度的经验有助于知识的积累,促进组织进化。因而,动态能力在产生新知识的学习过程中变得越来越强大。Zollo 和 Winter(2002)认为动态能力是由一系列常规活动发展而来的操作例程,经验积累、知识表达和知识编码作为学习机制帮助组织形成例程,促进动态能力的演化。具体来说,动态能力产生于隐性经验积累过程、显性知识表达和编码活动的共同演化过程中,如图 2.12 所示。Teece(2016)区分了普通能力和动态能力,指出普通能力是关于效率的,而动态能力是关于学习、改进、创新和有效性的。Pierce 和 Teece(2005)指出,动态能力中的例程包含大量隐性知识,不容易被定义、编码和传授,但是能够通过组织学习获得和维持。也有学者认为,组织学习可以被视为将动态能力纳入企业内部过程的一种方式(Gimzauskienec 等,2016)。从上述研究可以看出,动态能力来源于系统的学习机制,组织学习是形成、改进组织例程和常规操作的有效方式,通过日常知识的积累和新知识的生成塑造组织惯例,从而推进动态能力的形成与提升。

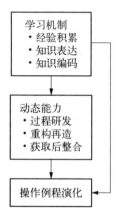

图 2.12 学习、动态能力和操作例程

一些学者通过实证检验证实了组织学习对动态能力的支持作用。李军等(2012)实证研究了组织学习(开放心智、学习承诺和共享愿景)与动态能力(感知能力、响应能力和重构能力)各个维度之间的关系,研究发现,除了开放心智对重构能力的作用不显著外,组织学习各维度均显著正向影响动态能力各维度。焦豪等(2008)实证检验了组织学习与动态能力的关系,结果显示,组织学习显著正向影响动态能力,且组织学习在创业导向与动态能力的关系中具有中介作用。曾萍和蓝海林(2009)通过实证研究也发现,组织学习正向影响动态能力,包括协调整合能力和重组转型能力两个维度。谢慧娟和王国顺(2012)的研究也证实了组织学习对动态能力的促进作用。

(4) 组织学习与知识管理。

从组织学习的概念来看,组织学习也可以视为知识管理过程,组织学习离不开知识管理。知识管理是指用来在整个组织中识别、代表以及传播知识和学习的一系列实践和技术(Iandoli 和 Zollo,2007)。一些学者认为,组织学习有助于组织知识的细化和更新(Swart 和 Kinnie,2010),组织学习文化可以促进知识的创造、共享和开发(Jain 和 Moreno,2015)。许多学者实证检验了组织学习与知识管理之间的关系。Lin 和 Kuo(2007)、Ho(2008)的研究结果显示,组织学习正向影响知识管理能力。Jain 和 Moreno(2015)的研究发现,组织学习各维度(合作与团队合作、绩效管理、自主与自由、奖励与认同、成就导向)均正向促进知识管理实践。

(5) 组织学习与企业绩效。

从组织学习的概念来看,组织学习理论的隐含假定是组织学习能够促进企业绩效的提升。早已有学者提出,组织学习是提升企业绩效的关键因素(Fiol 和 Lyles,1985)。从较早时期的探索到最新的深入研究,已有较多学者验证了不同视角下的组织学习与企业绩效之间的直接关系。取得了较多的研究成果:学习导向正向影响企业绩效(Baker 和 Sinkula,1999);个体、团队和组织层次的组织学习正向影响企业绩效,学习存量与学习流量的不一致负向影响企业绩效(Bontis 等,2002);信息处理视角下的组织学习正向影响企业绩效（Tippins 和 Sohi,2003；Jiménez-Jiménez 和 Sanz-Valle,2011）；组织学习氛围正向影响企业绩效（Berson 等,2015）；组织学习的合作与团队合作、绩效管理、自主与自由、奖励与认同以及成就导向五个维度均正向促进企业绩效（Jain 和 Moreno,2015）。Brix(2017)认为，组织学习是一个过程，它使组织参与者之间的协作能够提高组织的整体绩效，如效率、有效性以及新产品开发。

（6）组织学习与其他结果变量。

组织学习是企业适应外部环境、持续发展的重要推动力量。除了以上五种结果变量外，组织学习还与组织中的许多结果变量相关。学者普遍认为，组织学习是企业在动荡市场中获得竞争优势的关键因素，学习型组织通常比竞争对手更灵活、更快地应对新挑战（Slater 和 Narver,1995；Fiol 和 Lyles,1985）。Chiva 和 Alegre(2009)研究了组织学习能力与工作满意度的关系，发现组织学习能力各维度（风险承担、实验、对话、环境互动、参与性决策）以及组织学习能力本身均与工作满意度有正相关关系。Fernández-Mesa 和 Alegre(2015)研究发现组织学习能力正向影响出口强度。Hahn 等(2015)指出组织学习文化显著正向影响个人创造力。Fraj 等(2015)研究发现学习导向正向影响前瞻型战略。李军等(2012)研究发现组织学习显著正向影响战略变化的速度和幅度。

2.3.5　组织学习的研究框架

通过梳理现有关于组织学习的研究，本研究总结了组织学习的前因和结果框架。如图 2.13 所示。

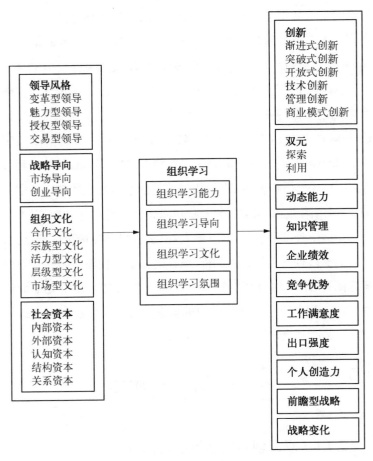

图 2.13 组织学习的前因和结果框架

2.3.6 研究评述

组织学习的概念由个人学习而来,在某种程度上,是将组织看作个人来获取、创造、传播和存储知识,将组织看作是一个知识体,组织的长久发展离不开学习和知识的积累。现有研究对于组织学习的概念、内涵、过程、维度、测量和类型等基本的理论内容尚未形成一致的意见,相关研究较为繁杂。学者们依据不同视角,针对组织学习进行了很多探索,相关成果也较为丰富。

依据以上论述,组织学习的要点主要有:第一,组织学习伴随着知识的生成、传播、存储和持续更新;第二,组织学习受到领导风格、战略导向、组织文化以及社会资本等多种因素的影响;第三,组织学习与企业创新、组织双元性、动态能力、知识管理以及企业绩效等组织结果密切相关;第四,组织学习是创新和企业绩效链条中的重要一环;第五,组织学习与创新和动态能力的目标一致,根本目的都是适应外部环境的变化;第六,由于组织学习理论的繁杂性,学者们从多种视角进行了剖析,现有研究中出现较多组织学习的概念阐述、维度划分和测量不一致的现象,因此,在研究中应注意在同一视角下分析组织学习的概念、内涵、维度和测量方式。

2.4　双元创新

2.4.1　双元创新概念界定及内涵

双元创新的概念,先是由 Duncan(1976)在《双元组织:为创新设计双重结构》一文中提出双元概念,又经过 March(1991)在《组织学习中的探索与利用》一文中阐述的探索与利用悖论发展而来。

1. 探索与利用悖论

March(1991)在对组织学习的研究中将探索描述为新的替

代品实验,将利用描述为现有能力、技术和范例的舍弃和扩展。他还指出,应在组织学习中同时追求探索与利用,这是组织成功的重要因素。此后,许多学者针对探索与利用的差异以及探索与利用的共存展开了广泛的讨论。关于探索与利用差异的研究已有较多的成果,经总结发现,两者的差异存在于组织中的路径、策略目标、结构、文化、学习过程、知识基础以及结果等诸多方面(March,1991;Levintha 和 March,1993;Benner 和 Tushman,2003;He 和 Wong,2004;Smith 和 Tushman,2005;Lubatkin 等,2006;Jansen 等,2008)。在路径方面,探索是路径突破的,与"即兴创造"和"自主"紧密相关;而利用是路径依赖的,与"程序化"和"控制"紧密相关。在策略目标方面,探索是寻找和追求未来的和未知的事物;而利用是发展和加强现有的和已知的事物。在结构方面,探索需要非正式的、灵活的结构;而利用需要正式的、机械的结构。在文化方面,探索与冒险、试验和灵活性等文化氛围相关;而利用与低风险和效率等文化氛围相关。在学习过程方面,探索与自下而上的学习过程相关;而利用与自上而下的学习过程相关。在知识基础方面,探索与新的知识和技术相关;而利用与现有的知识和技术相关。在结果方面,探索有助于企业的长期绩效,探索的结果具有时间遥远、难以预测且不确定性高的特征;而利用有助于企业的短期绩效,利用的结果具有时间较近、较易预测且不确定性低的特征。

毋庸置疑,探索与利用是两种不同的活动,存在排挤效应且相互争抢资源,当在组织中同时追求探索与利用时,探索与利用像一条线的两端,朝着不同方向撕扯,从而产生张力。因而,在研究的早期阶段,学者们更加倾向于选择专注探索或利用中的一种活动,以避免资源争夺和相互排挤。当企业外部环境相对稳定时,只进行利用是最好的选择。但随着科学技术的发展,企业外部环境中充满动荡性和竞争性,单一的利用或探索将无法满足企业应对冲击。单一的利用会使企业走入"成功陷阱",而单一的探索又会使企业走入"失败陷阱"。因而,探索与利用的同时进行成为企业的必然选择。

近期的研究更多地集中在探索与利用的同时实现上,这得益于学者们对于探索与利用关系认知的逐渐深入。从探索与利用的对立冲突观(Nadler和Tushman,1997),到探索与利用的整合分化观(Gupta等,2006),到探索与利用的平衡交互观(Colbert,2004;Smith和Tushman,2005),再到包含转化观(Andriopoulos和Lewis,2009;李平,2013),探索与利用的同时追求不再是难以共存的,而是相生相克、彼此依存和相互促进的(亢秀秋等,2019)。

2. 双元创新的概念界定

(1) 探索式创新和利用式创新的概念。

探索与利用作为一种新的研究范式,引起了诸多学者的研究兴趣,逐渐从组织学习领域扩展到技术创新领域,并进一步将创新划分为探索式创新和利用式创新。Benner和Tushman(2003)在研究中将探索式创新看作是突破性创新,用以满足新兴市场和顾客的需求,探索式创新建立在搜寻新知识和摆脱现有知识的基础上;将利用式创新视为渐进性创新,用以满足已有市场和顾客的需求,利用式创新建立在加强现有知识的基础上。He和Wong(2004)对探索式创新和利用式创新、突破性创新和渐进性创新分别进行了区分。他们认为探索式创新和利用式创新是企业和组织层次的创新方式,而突破性创新和渐进性创新是行业和产业层次的创新方式,企业层次的探索式创新也许只是行业层次的渐进性创新,或者仅仅是模仿创新。此外,探索式创新和利用式创新是基于行为视角的创新分类,而突破性创新和渐进性创新是基于结构视角的创新分类。因此,本研究认为探索式创新和利用式创新不能等同于突破性创新和渐进性创新,探索式创新和利用式创新是更微观层次的研究范式,更适用于企业创新困境的分析。

(2) 探索式创新和利用式创新的平衡和交互。

随着研究的逐渐深入,越来越多的学者将注意力转移到探索式创新和利用式创新的共存上,研究探索式创新和利用式创新的平衡和交互效应,这是产生双元创新概念的前提。持平衡观点的学者认为,探索式创新有助于企业长期绩效,利用式创新有助于企业短期绩效,两者分别着眼于未来和现在,是组织成功不可或缺的要素,两者的平衡是组织可持续发展的有利保障(He 和 Wong,2004;Lubatkin 等,2006)。持交互观点的学者认为,探索与利用活动之间能够产生交互作用,并形成协同效应。相关研究指出,探索式创新和利用式创新之间的相互作用反映了一个复杂的能力,这种复杂能力超越了每一种创新单独提供的能力(Colbert,2004)。具体来说,新能力的探索增强了企业现有知识基础,有利于现有能力的利用;而现有能力的利用是新知识探索的有力保障,促进探索活动的进行。探索与利用形成了一个吸收能力的动态路径(Katila 和 Ahuja,2002),探索与利用的交互能够形成一种成熟的动态能力(Schreyoegg 和 Kliesch-Eberl,2007)。

(3) 国外学者的双元创新概念界定。

探索式创新和利用式创新的概念出现得较早,但双元创新的概念于近几年才开始被使用,还不是一个成熟的概念。Tushman 和 O'Reilly(1996)最早在研究中提出了双元的创新战略,即在组织中同时追求不连续的和渐进的创新以实现组织双元性。Benner 和 Tushman(2003)指出双元的组织形式,为探索式创新与利用式创新的不一致和共存提供了复杂的情境,使探索式创新和利用式创新的同时实现成为可能。He 和 Wong(2004)首次通过实证研究验证了探索式创新与利用式创新的平衡和交互对企业绩效的积极影响。Hughes 等(2010)指出双元企业的特点是平衡探索式创新和利用式创新活动。这些创新研究在使用双元的定义时,均暗含探索式创新和利用式创新同时实现的思想,但没有直接提出双元创新的概念。Lin 和 McDonough(2011)明确提出,双元创新(Innovation Ambidexterity)是指能同时进行高水平的渐进式创新(利用)和突破式创新(探索)的能力,是探索和利用的联合。此后,Popadic 和 Cerne(2016)在研究中也使用了双元创新这一构念,认为双元创新是探索式创新和利用式创新的交互。Martin 等(2017)则将探索式创新和利用式创新的平衡称为双元创新,高管们通过双元创新来挖掘现有能力和探索新机会。

(4) 国内学者的双元创新概念界定。

双元创新在国内又被翻译为二元创新、双元性创新、双元型创新以及创新双元性等,国内学者对此进行了很多探讨。李忆和司有和(2008)提到了探索式创新和利用式创新的平衡和交互效应,王凤彬等(2012)较为细致地研究了探索式创新和利用式创新的二元平衡效应,这两篇研究虽然未提到双元创新的概念,但都暗含双元创新的思想。赵洁等(2012)提出双元创新包括双元创新平衡性和双元创新互补性两个维度。杨治等(2015)依据李忆和司有和(2008)的研究,指出双元创新的核心是平衡探索式创新和利用式创新的矛盾,以同时实现效率和适应性。

(5) 本研究对双元创新的见解。

由以上的梳理可知,探索式创新和利用式创新既相互冲突又相互促进。首先,两者之间的相互冲突一方面体现在对资源的争抢,另一方面体现在组织结构、过程、文化、路径、策略目标和知识基础上的差异,因而难以同时实现。其次,两者之间的相互促进体现在探索式创新和利用式创新的界限有时是模糊的,探索式创新有可能伴随着利用式创新的进行或者产生利用式创新的结果,而利用式创新也可能伴随着探索式创新的进行或者产生探索式创新的结果。例如,通过探索式创新创造的产品商业化后,需要不断地迭代、改进和升级。此外,探索式创新和利用式创新的结果能够相互转化,当"小步快跑,快速迭代"的利用式创新积累到一定程度时,可能会产生颠覆性的探索式创新。基于以上分析,对立冲突性质更多地体现在外在的资源配置和管理方式上,协同促进性质更多地体现在内在本质上。因此,如果企业能够通过一定的管理手段规避探索式创新和利用式创新的相互冲突,同时增强两者的相互促进,使两者的相互促进作用大于相互冲突作用,那么,双元创新是完全可以实现的。

由此,本研究认为,在双元创新中,探索式创新和利用式创新的对立冲突性质和协同促进性质一定是同时存在的。但实现双元创新的前提是,通过一定的管理手段,使探索式创新和利用式创新之间的协同作用大于冲突作用。但以往的研究中对于双元创新内涵的见解多强调探索式创新和利用式创新的交互和协同作用,而忽视了探索式创新和利用式创新对立冲突性质的存在。

结合双元的概念、探索与利用悖论以及现有学者对双元创新的阐述和界定,本研究从探索式创新和利用式创新的相互作用视角将双元创新定义为:企业使用一定的管理手段,增强探索式创新和利用式创新的协同作用,抑制探索式创新和利用式创新的冲突作用,从而同时使探索式创新和利用式创新在较高水平上实现。

2.4.2 双元创新的维度和测量

1. 探索式创新和利用式创新的测量

依据前文的叙述,双元创新既包括探索式创新,又包括利用式创新,双元创新的维度划分和测量也是围绕探索式创新和利用式创新而展开的。通常采用两个不同的量表分别测量探索式创新和利用式创新,测量量表主要有 He 和 Wong(2004)关于探索式创新(4 个题项)和利用式创新(4 个题项)的量表、Atuahene-Gima(2005)关于探索式创新能力(5 个题项)和利用式创新能力(5 个题项)的量表、Jansen 等(2006)关于探索式创新(6 个题项)和利用式创新(6 个题项)的量表、Lubatkin 等(2006)关于探索式创新(6 个题项)和利用式创新(6 个题项)的量表。现有实证研究中采用的探索式创新和利用式创新测量量表,主要改编自这四篇研究。本研究借鉴 Jansen 等(2006)的成果测量探索式创新和利用式创新。

2. 双元创新的维度和计算

现有研究对于双元创新的维度划分和测量方式仍存在较大

分歧,相关实证研究中也具有很多模糊性。一些研究将探索式创新和利用式创新作为双元创新的两个维度,分别测量探索式创新和利用式创新,研究他们的异质性前因和结果,用探索式创新和利用式创新得分的均值$(x+y)/2$(x表示探索式创新,y表示利用式创新,后文与此一致)表示双元创新水平(Hughes等,2010;Kortmann,2015)。这种划分方法较为常规,虽然考虑了探索、利用两个方面,但忽视了探索式创新和利用式创新之间的相互关系,偏离了双元创新的概念和内涵。

更多的研究从探索式创新和利用式创新之间的相互关系视角出发,以探索式创新和利用式创新之间的协同性、平衡性和交互性等相互作用特性为立足点,将双元创新划分为不同维度并采用不同的计算方式衡量双元创新水平。

一些持平衡观的学者认为双元创新是指探索式创新和利用式创新的平衡,用探索式创新和利用式创新差值的绝对值$|x-y|$这一平衡属性来表示双元创新(He和Wong,2004);另一些持交互观的学者认为双元创新是探索式创新和利用式创新的交互,用探索式创新和利用式创新的乘积$x \times y$这一交互属性来表示双元创新(Gibson和Birkinshaw,2004;Jansen等,2006;杨治等,2015);还有一些学者用探索式创新和利用式创新的和$x+y$这一加和属性来表示双元创新(Lubatkin等,2006)。依据双元创新的内涵,单一的平衡、交互或加和维度划分方式和测量方法无法全面阐释双元创新。因此,一些学者采用多维度的划分方式,意在更全面、更充分地说明双元创新水平。Cao等(2009)将双元的构念分解为双元的平衡维度和双元的组合维度,并分别采用差值绝对值和乘积两种方式测量和计算。He和

Wong(2004)在双元创新的实证研究中同样采用了探索式创新和利用式创新的差值绝对值和乘积两种方式进行测量和计算。

Zang 和 Li(2017)认为,单独的平衡维度或组合维度都不能全面解释双元创新,平衡维度只考虑了探索式创新和利用式创新的竞争关系,组合维度只考虑了探索式创新和利用式创新的协同关系,而双元创新的本质是探索式创新和利用式创新的同时实现,应将两者都加以考虑。因此,他采用 $(5-|x-y|) \times \sqrt{x \times y}/5$(5 表示 Likert 量表的点数)公式表示双元创新。此外,王凤彬等(2012)采用 $1-|x-y|/(x+y)$ 公式表示探索式创新和利用式创新在不同水平上的平衡。不同学者的双元创新计算公式如表 2.5 所示。

表 2.5 双元创新的计算公式

表达式	含义	代表作者
$(x+y)/2$	均值	Hughes 等,2010;Kortmann,2015
$\|x-y\|$	平衡	He 和 Wong,2004
$x \times y$	交互	Gibson 和 Birkinshaw,2004;Jansen 等,2006;杨治等,2015
$x+y$	总量	Lubatkin 等,2006
$(5-\|x-y\|) \times \sqrt{x \times y}/5$	平衡和交互	Zang 和 Li,2017
$1-\|x-y\|/(x+y)$	不同总量水平的平衡	王凤彬等,2012

吸收以上关于双元创新的维度划分和测量方式,并依据上文梳理的双元创新的内涵,本研究借鉴 Zang 和 Li(2017)的研

究成果,采用 $(5-|x-y|)\times\sqrt{x\times y}/5$(5表示Likert量表的点数)公式表示双元创新,以体现双元创新中探索式创新和利用式创新的平衡和交互特性。

2.4.3 双元创新的研究现状

本研究将双元创新的主要实证研究成果进行了汇总,如表2.6所示。

1. 双元创新的前因

(1) 战略导向前因。

学者们广泛研究了顾客导向、竞争者导向、创业导向、市场导向、学习导向、创新导向和成本导向等不同战略导向维度对探索式创新和利用式创新的异质性影响,以及对双元创新的影响。Atuahene-Gima(2005)经实证检验发现,顾客导向、竞争者导向显著正向影响探索式创新能力和利用式创新能力。Kollmann和Stockmann(2014)发现,创业导向的创新性、进取性和风险承担性三个维度均显著正向影响探索式创新,创新性和进取性显著正向影响利用式创新,而风险承担性对利用式创新的影响不显著。Kraft和Bausch(2016)验证了战略导向各维度在变革型领导和探索式创新、利用式创新关系中的异质性中介作用,创业导向和学习导向均在变革型领导和探索式创新关系中具有中介作用,而市场导向、学习导向在变革型领导和利用式创新关系中具有中介作用。Kortmann(2015)发现双元导向决策、创新导向和成本导向均显著正向影响双元创新,创新导向和成本导向在双元导向决策与双元创新的关系中具有部分中介作用。

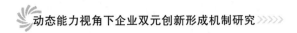

表 2.6 双元创新实证研究文献汇总

作者	自变量	中介变量	结果变量	调节变量	主要结论
He 和 Wong, 2004	探索式创新策略、利用式创新策略、探索利用式创新的平衡	创新绩效（过程创新强度、产品创新强度）	销售增长率		探索式创新和利用式创新策略均正向影响销售增长率；探索和利用式创新策略的相对不平衡正向影响销售增长率；探索和利用式创新策略显著正互正向影响产品创新强度，但对过程创新强度影响不显著；利用式创新强度正向影响产品创新强度；过程创新强度、探索式企业团队内绩效差异高于利用式企业双元（探索利用均较高）
Gibson 和 Birkinshaw, 2004	情境特征（绩效管理、社会情境）	情境型双元（一致性和适应性的交互）	企业绩效		绩效管理和社会情境显著正向影响情境型双元；情境型双元显著正向影响企业绩效；情境型双元在绩效管理和社会情境对企业绩效的影响中具有中介作用
Atuahene-Gima, 2005	顾客导向、竞争者导向	能力利用、能力探索、能力探索和能力利用的交互	渐进性创新绩效、突破性创新绩效	跨职能协调、感知市场机会	顾客导向、竞争者导向均显著正向影响能力探索和利用；竞争者导向与能力利用促进渐进性创新绩效；跨职能协调和感知市场机会在顾客导向、竞争者导向与能力利用促进渐进性创新绩效、抑制突破性创新绩效中有调节作用；能力利用促进渐进性创新绩效；能力探索抑制渐进性创新绩效，促进突破性创新绩效；能力探索与利用的交互与突破性创新绩效无关
Jansen 等, 2006	正式结构（集中化、规范化）、非正式结构（连通性）	探索式创新、利用式创新	财务绩效	环境动态性、环境竞争性	集中化抑制探索式创新，规范化促进利用式创新；连通性促进探索式创新；在动态环境中，追求探索式创新对财务绩效更有效；在竞争环境中，追求利用式创新对财务绩效更有效；同时追求利用式和探索式创新在高度竞争时绩效有积极影响

108

续表

作者	自变量	中介变量	结果变量	调节变量	主要结论
Lubatkin等,2006	TMT行为整合	双元导向	企业绩效		TMT行为整合显著正向影响双元导向,双元导向显著正向影响企业绩效
Hughes等,2010	竞争策略(营销差异化策略、成本领先策略、混合策略)	双元创新、位置优势(成本领先优势、营销差异化优势)	出口企业绩效		营销差异化策略与双元创新、成本领先优势、营销差异化优势正相关;双元创新与出口企业绩效正相关;营销差异化策略与成本领先策略正相关;成本领先策略与成本领先优势正相关;混合策略优势与营销差异化优势正相关;营销差异化优势与出口企业绩效正相关;营销差异化优势与出口企业绩效正相关
Lin和McDonough,2011	战略领导力	组织文化	双元创新		战略领导力显著正向影响知识共享组织文化;知识共享组织文化显著正向影响双元创新;知识共享组织文化中介战略领导力和双元创新之间的关系
Wei等,2011	自下而上的学习		利用式创新、探索式创新	组织规范化	自下而上的学习促进利用式创新,但对探索式创新的影响呈倒U形;组织规范化增强了自下而上的学习与利用式创新和探索式创新之间的关系
McDermott和Prajogo,2012	探索式创新、利用式创新、探索式创新和利用式创新的交互		企业绩效	组织规模	探索式创新和利用式创新的交互效应促进企业绩效;探索式创新对企业绩效的影响均不显著;组织规模越大,探索式创新对企业绩效的影响越强;相反,利用式创新对企业绩效的影响越弱

109

续表

作者	自变量	中介变量	结果变量	调节变量	主要结论
Xia等,2012	人力资本	内部隐性知识转移 外部隐性知识转移	探索式创新 利用式创新	组织文化	人力资本显著正向影响内部知识转移和外部隐性知识,以及探索式创新和利用式创新;内部知识转移和外部知识转移显著正向影响探索式创新和利用式创新;组织文化在各关系中均有调节作用
Chang等,2014	创造性支持 企业创业 权变奖励	双元创新能力(承诺、搜索、学习、结构)	企业绩效		双元创新能力显著正向影响企业绩效;创造性支持、企业创业和权变奖励显著影响双元创新能力
Wang和Rafiq,2014	双元组织文化(组织多样性、共享愿景)	情境型双元(探索、利用)	新产品创新成果(渐进产品创新、突破产品创新、上市速度)		双元组织文化显著正向影响情境型双元、情境型双元中介组织文化和新产品创新成果之间的关系
Huang等,2014	创业型领导	利用式创新 探索式创新	企业绩效	环境动态性	创业型领导促进探索式创新利用式创新并促进企业绩效;创业型领导对探索式创新较高时;创业型领导对探索式创新的影响变强,对利用式创新的影响变弱
Liu和Xie,2014	探索式创新 利用式创新		企业绩效	闲置资源(已吸收闲置资源、未吸收闲置资源) 组织结构(集中化、规范化)	探索式创新和利用式创新正向影响企业绩效中化负向调节利用式创新和企业绩效的关系;规范化负向调节探索式创新和企业绩效的关系;未被吸收的闲置资源负向调节利用式创新和企业绩效的关系

续表

作者	自变量	中介变量	结果变量	调节变量	主要结论
Kollmann 和 Stockmann, 2014	创业导向决策(创新性、风险承担性、进取性)	利用式创新 探索式创新	企业绩效		创业导向各维度均促进创新;创新性利用取性创新显著正向影响企业绩效;探索式创新用式创新显著正向影响企业绩效;进取性创新利式创新具有中介作用;探索式创新在企业绩效中均具有中介作用;探索式创新在承担风险性利系关系中具有中介作用
Kortmann, 2015	双元导向决策(适应性导向决策、一致性导向决策)	创新导向 成本导向	双元创新(探索式创新、利用式创新)		双元导向决策,创新导向和成本导向显著正向影响双元创新;创新导向和成本导向在双元决策与双元创新的关系中具有部分中介作用
Wang 和 Chiu, 2015	智力资本(资本结构、关系资本、人力资本)	利用式创新策略 探索式创新策略	信息技术部门绩效		人力资本正向影响两种创新策略;资本结构仅正向影响探索式创新策略,关系资本在人力资本与探索式创新策略之间起到调节作用;两种创新策略正向影响信息部门绩效
Sok 和 O'Cass, 2015	环境竞争力	平衡服务创新(探索和利用式创新绝对差值) 组合服务创新(探索和利用式创新乘积) 服务质量	财务绩效	员工赋权 闲置资源	探索式创新和利用式创新正向影响服务质量,进而影响财务绩效;员工赋权增强了探索式创新利用式创新与服务质量之间的关系;组合服务创新显著正向影响服务质量;而平衡服务创新对服务质量没有影响;环境竞争力正向影响财务绩效;环境资源调节服务质量和服务竞争力和环境竞争力调节闲置资源调节服务质量和服务竞争力之间的关系

续 表

作 者	自变量	中介变量	结果变量	调节变量	主 要 结 论
Lin 和 Chang,2015	技术组合	双元创新	企业绩效	吸收能力	技术组合显著正向影响双元创新;双元创新正向影响企业绩效;双元创新在技术组合和企业绩效的关系中具有中介作用;吸收能力增强技术组合对双元创新的影响
Yang 等,2015	集体主义		双元创新	集中化决策结构	集体主义组织文化显著正向影响双元创新;集中化决策结构负向调节双元创新的影响
Yu 等,2016	探索利用		前瞻性环境绩效响应性环境绩效	企业规模技术动态性	探索促进前瞻性环境绩效;利用促进响应性环境绩效;当技术动态性较强、利用对响应性环境绩效的作用较大时,探索对前瞻性环境绩效的作用增强
Zacher 等,2016	领导者开放行为领导者关闭行为	员工探索行为员工利用行为	员工自我报告的创新绩效		领导者开放行为与员工探索行为正相关;领导者关闭行为与员工利用行为正相关;员工利用行为的交互效应较高(探索和利用较高)时,员工自我报告的创新绩效最高
Popadic 和 Cerne,2016	探索式创新利用式创新双元创新(交互)		创新绩效	合作伙伴地理多样性	探索式创新和利用式创新显著正向影响创新绩效;双元创新负向影响创新绩效;合作伙伴地理多样性越大,探索式创新对创新绩效的作用越强
Kraft 和 Bausch,2016	变革型领导	战略导向(市场导向、学习导向、创业导向)	探索式创新利用式创新		市场导向在变革型领导与利用式创新关系中具有中介作用;学习导向在变革型领导关系中具有中介作用;创业导向在变革型领导与探索式创新关系中具有中介作用

第 2 章 文献回顾与评述

续表

作者	自变量	中介变量	结果变量	调节变量	主要结论
Enkel 等, 2016	吸收能力（识别外部知识能力、吸收外部知识能力、利用外部知识能力）		探索式创新利用式创新		识别外部知识能力显著正向影响探索式创新和利用式创新；吸收外部知识能力显著正向影响探索式创新，但对利用式创新的影响不显著；利用知识能力对探索式创新和利用式创新均无显著影响
Li 等, 2016	高管团队多样性	高管团队决策过程（高管团队辩论和决策全面性）	双元创新		高管团队决策过程（高管团队辩论和决策全面性）在高管团队任务相关多样性和双元创新关系中具有中介作用；高管团队任务相关多样性、辩论和决策全面性显著正向影响双元创新
Zheng 等, 2016	领导者关注范围	变革型领导	双元创新	环境动态性	领导者的关注范围正向影响双元创新呈现倒 U 形，变革型领导在二者关系中起到部分中介作用；环境动态性负向调节变革型领导双元创新之间的关系
Zang 和 Li, 2017	技术能力营销能力	双元创新	组织绩效		技术能力和营销能力可以互相提升双元创新；双元创新正向影响组织绩效
Xie 和 Gao, 2018	战略网络	双元创新	新产品绩效		战略网络和战略协作显著正向影响新产品绩效；探索式创新和利用式创新的组合显著影响新产品绩效；双元创新的不平衡显著负向影响新产品绩效；双元创新在战略网络和新产品绩效关系中具有中介作用

续 表

作 者	自 变 量	中 介 变 量	结 果 变 量	调节变量	主 要 结 论
王凤彬等,2012	探索式创新,利用式创新,探索式创新和利用式创新的平衡		市场绩效财务绩效		探索式创新、利用式创新均正向影响市场绩效,均与财务绩效呈倒 U 形关系;区分了低能平衡、高能平衡和不平衡状态,给出了组织从不平衡或者低能平衡向高能平衡演进的路径
许晖和李文,2013	组织学习(探索性学习,利用性学习)	动态能力(协同整合能力,重组能力)	双元创新(突破性创新,渐进性创新)		组织学习正向影响双元创新,利用性学习对渐进性创新的影响强于突破性创新;探索性学习正向影响突破性学习、利用性学习正向影响协同整合能力对突破性创新和渐进性创新无显著影响,协同整合能力对突破性创新与渐进性创新的关系更强,重组能力对突破性创新作用更强,重组能力分别对突破性创新、利用性学习与渐进性创新的关系中具有中介作用
奚雷等,2018	外部学习(技术学习,管理学习)	知识积累	双元创新协同性(双元创新平衡性、双元创新互补性)	环境动态性	外部学习显著正向影响双元创新且环境动态性调节他们二者间的关系;技术学习正向影响双元创新平衡性;管理学习均显著正向影响双元创新互补性,但管理学习的影响得到验证
王灿昊和段宇锋,2018	变革型领导交易型领导	知识积累	探索式创新利用式创新	能力柔性	变革型领导正向影响探索式创新,知识积累在二者关系中具有全中介作用,这易型领导正向影响利用式创新,知识积累在二者关系中具有部分中介作用;能力柔性调节不同领导风格与双元创新的关系
付正茂,2017	悖论式领导	知识共享	双元创新能力		悖论式领导显著正向影响双元创新能力;知识共享在悖论式领导和双元创新能力关系中具有部分中介作用

114

(2) TMT前因。

TMT行为整合被认为是独立于结构因素和情境因素而直接作用于组织双元的前因,但理论上,TMT行为整合也能够通过结构因素和情境因素间接作用于双元创新。TMT行为整合能够管理因结构分离而产生的矛盾(Smith和Tushman,2005),使进行探索式创新和利用式创新任务的子单元连接在一起;TMT行为整合也能够促进双元创新所需要的情境和氛围的生成,从而促进双元创新的实现(Birkinshaw和Gibson,2004)。Lubatkin等(2006)首次实证研究证实,TMT行为整合显著正向影响双元导向,进而影响企业绩效,他们进一步指出,中小企业因为资源的匮乏和管理系统的不完善,很难通过创造独立的子单元来管理矛盾的业务和知识,因而比大企业更需要通过TMT行为整合来实现双元创新。Li等(2016)发现,TMT任务相关多样性通过作用于TMT决策过程,进而影响双元创新。

(3) 组织学习前因。

组织学习与创新有着紧密的联系,近年来,一些学者研究了不同的学习方式对双元创新的影响。Wei等(2011)研究发现自下而上的学习显著正向影响利用式创新,但对探索式创新的影响呈倒U形,组织规范化增强了自下而上的学习与利用式创新和探索式创新之间的关系。许晖和李文(2013)指出组织学习促进双元创新,利用性学习对渐进性创新的影响强于突破性创新,探索性学习促进突破性创新,但对渐进性创新无显著影响,动态能力在探索性学习对突破性创新、利用性学习对渐进性创新影响中具有中介作用。奚雷等(2018)指出外部学习显著正向影响双元创新协同性(双元创新平衡性和双元创新互补性),且环境动态调节他们之间的关系。具体来说,技术学习和管理学习均显著正向影响双元创新平衡性,技术学习显著正向影响双元创新互补性,但管理学习的影响没有得到验证。

(4)领导力和领导者风格前因。

双元创新的领导力和领导风格前因主要有战略领导力、创业型领导、变革型领导、交易型领导和悖论式领导等。Lin 和 McDonough(2011)指出战略领导力通过知识共享组织文化作用于双元创新。Huang 等(2014)指出创业型领导正向影响探索式创新和利用式创新,且在环境动态性较高时,对探索式创新的影响变强,对利用式创新的影响变弱。Kraft 和 Bausch(2016)发现变革型领导通过市场导向、学习导向影响利用式创新,通过创业导向、学习导向影响探索式创新。Zheng 等(2016)发现变革型领导在领导者关注范围和双元创新的关系中起到部分中介作用,环境动态性负向调节变革型领导和双元创新之间的关系。王灿昊和段宇锋(2018)发现变革型领导正向影响探索式创新,知识积累在两者关系中具有完全中介作用,而交易型领导正向影响利用式创新,知识积累在两者关系中具有部分中介作用,能力柔性在这些关系中具有调节作用。Zhang 等(2015)指出悖论式领导通过促进组织形成自主轻松的情境来增强员工个体的双元行为,从而促进双元创新能力的形成。付正茂(2017)实证检验发现悖论式领导显著正向影响知识共享和双元创新能力,知识共享在悖论式领导和双元创新能力关系中具有部分中介作用。Zacher 等(2016)指出领导者开放行为与员工探索行为正相关,领导者关闭行为与员工利用行为正相关。Raisch 和 Birkinshaw(2008)认为有复杂行为方式的领导是实现双元创新的关键。

(5) 双元创新的其他前因。

在上述主要前因变量之外,学者们广泛研究了双元创新的前因,包括组织文化、智力资本、吸收能力、技术能力、营销能力、技术组合、营销差异化策略、创造性支持和战略网络等。Wang 和 Rafiq(2014)发现双元组织文化(组织多样性、共享愿景)显著正向影响情境型双元,情境型双元中介组织文化和新产品创新成果之间的关系。Yang 等(2015)发现集体主义组织文化显著正向影响双元创新,集中化决策结构负向调节集体主义对双元创新的影响。Wang 和 Chiu(2015)发现智力资本影响探索式创新策略和利用式创新策略,其中,人力资本正向影响两种创新策略,资本结构仅正向影响探索式创新策略,关系资本在人力资本和探索式创新策略之间起到调节作用。Xia 等(2012)发现人力资本显著正向影响探索式创新和利用式创新。Enkel 等(2016)发现个人吸收能力影响探索式创新和利用式创新。具体来说,识别外部知识能力促进探索式创新和利用式创新,吸收外部知识能力促进探索式创新,但对利用式创新的影响不显著,利用外部知识能力对探索式创新和利用式创新均无显著影响。Zang 和 Li(2017)发现技术能力和营销能力都与双元创新呈现倒 U 形关系,且技术能力和营销能力可以互补地提高双元创新。Lin 和 Chang(2015)发现技术组合显著正向影响双元创新,双元创新在技术组合和企业绩效的关系中具有中介作用,吸收能力增强技术组合对双元创新的影响。Hughes 等(2010)发现营销差异化策略与双元创新正相关。Chang 等(2014)发现创造性支持、企业创业和权变奖励显著正向影响双元创新能力。Xie 和 Gao(2018)发现战略网络能够通过双元创新作用于企业绩效。

此外,情境特征和组织结构是双元创新的两类重要前因。Gibson 和 Birkinshaw(2004)发现绩效管理和社会情境显著正向影响情境型双元,情境型双元在绩效管理和社会情境对企业绩效的影响中具有中介作用。Jansen 等(2006)发现不同组织结构对探索式创新和利用式创新具有异质性作用,其中,集中化负向影响探索式创新,规范化正向影响利用式创新,连通性正向影响利用式创新。

2. 双元创新与企业绩效

双元创新、探索式创新和利用式创新对企业绩效影响的研究成果较为丰富,但还未形成一致的结果。

首先,学者们经实证检验后普遍发现探索式创新和利用式创新均显著正向影响企业绩效(Huang 等,2014;Kollmann 和 Stockmann,2014;Liu 和 Xie,2014)、信息部门绩效(Wang 和 Chiu,2015)、财务绩效(Jansen 等,2006)、创新绩效(Popadic 和 Cerne,2016)、销售增长率(He 和 Wong,2004)。但也有一些学者得出了不一致的结论,McDermott 和 Prajogo(2012)研究发现探索式创新和利用式创新均对企业绩效没有显著的直接影响,王凤彬等(2012)研究发现探索式创新和利用式创新均正向影响市场绩效,但均与财务绩效呈现倒 U 形关系。

还有一些学者研究了探索式创新和利用式创新对绩效不同方面的差异化影响。Atuahene-Gima(2005)研究发现能力利用促进渐进性创新绩效,抑制突破性创新绩效;能力探索负向影响渐进性创新绩效,正向影响突破性创新绩效。Yu 等(2016)研究发现探索显著正向影响前瞻性环境绩效,利用显著正向影响响应性环境绩效。

其次,学者们普遍发现双元创新对企业绩效具有促进作用。具体来说,双元创新(Zang 和 Li,2017;Lin 和 Chang,2015;Hughes 等,2010)、情境型双元(Gibson 和 Birkinshaw,2004)、双元创新能力(Chang 等,2014)、双元导向(Lubatkin 等,2006)、探索式创新和利用式创新的交互(McDermott 和 Prajogo,2012)等显著正向影响企业绩效。Zacher 等(2016)发现员工探索行为和利用行为的交互效应较高(探索行为和利用行为均较高)时,员工自我报告的创新绩效最高。此外,还有一些学者分别研究了平衡属性和交互属性对企业绩效的积极影响,Xie 和 Gao(2018)研究发现探索式创新和利用式创新的组合显著正向影响新产品绩效,探索式创新和利用式创新之间的不平衡显著负向影响新产品绩效;He 和 Wong(2004)研究发现探索和利用式创新策略的相对不平衡抑制销售增长率,探索和利用式创新策略的交互促进销售增长率。但也有学者得出了不一致的结论,Popadic 和 Cerne(2016)研究发现双元创新显著负向影响创新绩效。

2.4.4 双元创新的研究框架

通过梳理现有关于双元创新的研究,本研究总结了双元创新的前因和结果框架。如图 2.14 所示。

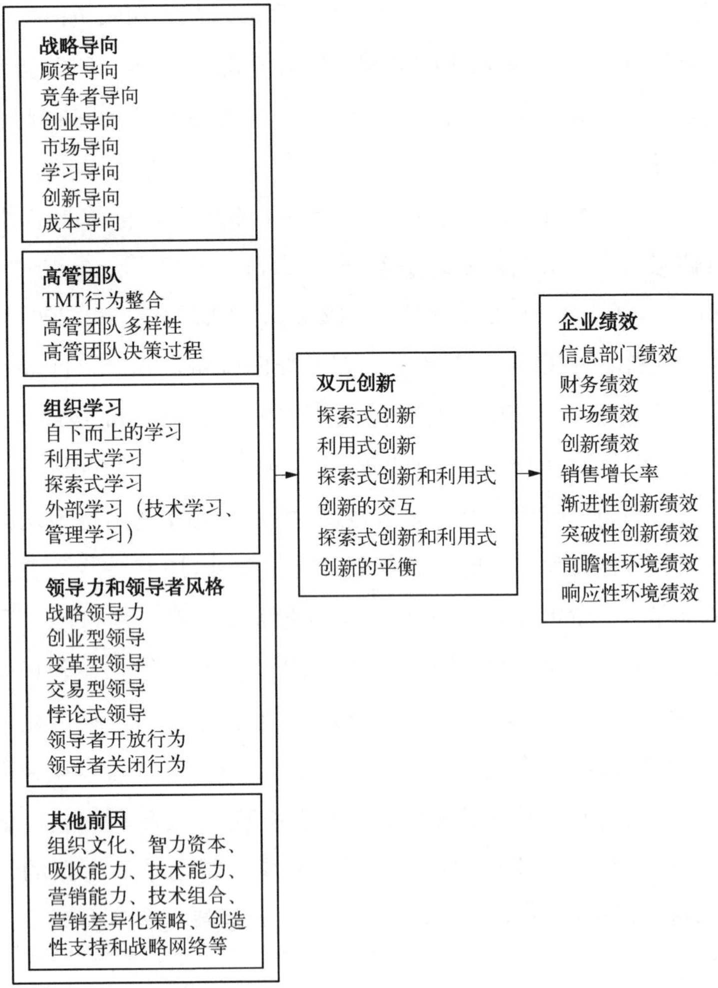

```
┌─────────────────────────┐
│ 战略导向                │
│ 顾客导向                │
│ 竞争者导向              │
│ 创业导向                │
│ 市场导向                │
│ 学习导向                │
│ 创新导向                │
│ 成本导向                │
├─────────────────────────┤
│ 高管团队                │
│ TMT行为整合             │
│ 高管团队多样性          │
│ 高管团队决策过程        │
├─────────────────────────┤          ┌──────────────────┐          ┌────────────────┐
│ 组织学习                │          │ 双元创新         │          │ 企业绩效       │
│ 自下而上的学习          │          │ 探索式创新       │          │ 信息部门绩效   │
│ 利用式学习              │   ──▶    │ 利用式创新       │   ──▶    │ 财务绩效       │
│ 探索式学习              │          │ 探索式创新和利用式│          │ 市场绩效       │
│ 外部学习(技术学习、     │          │ 创新的交互       │          │ 创新绩效       │
│ 管理学习)               │          │ 探索式创新和利用式│          │ 销售增长率     │
├─────────────────────────┤          │ 创新的平衡       │          │ 渐进性创新绩效 │
│ 领导力和领导者风格      │          └──────────────────┘          │ 突破性创新绩效 │
│ 战略领导力              │                                        │ 前瞻性环境绩效 │
│ 创业型领导              │                                        │ 响应性环境绩效 │
│ 变革型领导              │                                        └────────────────┘
│ 交易型领导              │
│ 悖论式领导              │
│ 领导者开放行为          │
│ 领导者关闭行为          │
├─────────────────────────┤
│ 其他前因                │
│ 组织文化、智力资本、    │
│ 吸收能力、技术能力、    │
│ 营销能力、技术组合、    │
│ 营销差异化策略、创造    │
│ 性支持和战略网络等      │
└─────────────────────────┘
```

图 2.14 双元创新的前因和结果框架

2.4.5 研究评述

双元创新构念融合了探索-利用范式和组织双元性理论,不易理解且具有一定的复杂性,现有研究对其概念的界定和维度的划分还未形成一致的结论。依据现有成果,本研究认为双元创新包括探索式创新和利用式创新两个变量要素,但并不能将探索式创新和利用式创新作为双元创新的两个维度、采用两者均值来测量双元创新,因为双元创新的本质是企业能够突破探索式创新和利用式创新的排挤和对立特性,灵活地同时进行探索式创新和利用式创新。换句话说,实施双元创新的企业,既具有较高的探索式创新水平,也具有较高的利用式创新水平。此外,平衡性、交互性和协同性等术语描述的是探索式创新和利用式创新之间的相互关系,协同性包括平衡性和交互性,是双元创新形成的基础,双元创新中也能够体现出探索式创新和利用式创新的协同作用。

  对于双元创新的前因,结构、情境和领导是双元创新的三类重要前因要素,随着研究的逐渐深入,战略导向、组织学习等组织要素也受到了一些学者的关注,但相关研究大多只研究了双元创新的单一前因要素,较少关注多重前因对双元创新的影响,而对于双元创新形成路径的研究则更为少见。前文提到,嵌套型双元突破了结构型双元、情境型双元和领导型双元对于双元形成的单一类型前因和单一层次的限制,但相关研究仅停留在理论层次,缺少实证研究。在组织中,双元创新的形成是复杂的且受多重因素影响的。因此,本研究意在弥补这一缺口,探讨双元创新的多重影响因素、多重影响因素间的作用关系,以及由这些因素构成的双元创新的形成路径。

  此外,通过梳理双元创新的研究现状可知,除了那些对探索式创新和利用式创新具有差异化影响的前因要素,还有一些能够同时促进探索式创新和利用式创新的重要前因要素。因此，本研究意在通过挖掘能够同时促进探索式创新和利用式创新的前因要素，建立促进双元创新形成的机制。

关于双元创新影响结果的研究已十分丰富，绝大多数研究认为双元创新积极影响企业绩效，对企业获取竞争优势具有重要作用，是当前学者们普遍关注的研究变量之一。

2.5 变革型领导

2.5.1 变革型领导概念界定及内涵

1. 变革型领导的奠基性发展

变革型领导（transforming leadership）的概念最早可以追溯到 Downton 在 1973 年出版的《反叛领导：革命过程中的承诺和魅力》一书，Downton 在书中指出领导者通过承诺或者交易等不同层次的需求影响追随者，并指出是在心理层面上影响追随者的领导行为，这本著作为变革型领导理论的发展奠定了基础（Downton，1973）。此后，美国政治社会学家 Burns 在 1978 年出版的《领导论》中对政治领域的领导者进行了定性研究，依据马斯洛需求层次理论，将领导者风格分为变革型领导和交易型领导，并区分了变革型领导和传统交易型领导的差异（Burns，1978）。Burns 在这一著作中首次详细论述了变革型领导理论，指出变革型领导通过崇高的价值观和高尚的道德理念，激发追随者潜能，激励其全身心投入工作，在这一过程中，领导者和追随者互相激励，共同提升到较高层次的需求和动机，以服务于集体利益。变革型领导重视提升追随者的内在动机和需求层次，激发追随者从被动、顺从地接受工作转变为主动、自愿地寻求工作，从而实现有效的领导。在这一理论基础上，Bass 在 1985 年出版的《超越预期的领导力和绩效》中进一步深化和扩展了变革型领导的内涵，指出变革型领导者应更加强调其与追随者互动过程中的相互信任关系，将 Burns 提出的道德理念和价值观的动机提升到相互之间的信任层次，领导者和追随者之间的相互信任会增强追随者的信心且理解工作的内在价值，激励追随者超越自身利益，为集体利益而工作，从而超预期实现目标。进而，Bass 将变革型领导定义为，通过建立相互信任的氛围，激发追随者产生高层次需求，让追随者认识到在工作中所承担任务的意义，促使其产生组织利益高于个人利益的信念，从而得到超过预期的结果。Bass 还指出，变革型领导具有智力激发(intellectual stimulation)、魅力-激励领导力(charismatic-inspiration leadership)和个性化关怀(individual consideration)的行为特质(Bass，1985)。

Burns 和 Bass 的研究获得了众多学者的认可，并促使学者们展开了一系列的研究，进一步从不同视角阐述了变革型领导的概念，但通常不是概念性的定义，而是操作性的描述(Van Knippenberg 和 Sitkin 等，2013)。

2. 不同视角下变革型领导的概念阐述

从组织愿景视角出发，Leithwood(1992)认为变革型领导通过组织愿景激励下属对未来充满期待，在日常运作中通过鼓励、刺激和分享等手段不断改变追随者的想法和工作设想，使追随者对工作任务和组织具有较强的归属感；Fields 和 Herold(1997)认为变革型领导通过使下属认可其自身领导和组织愿景来完成组织目标，而不是通过领导与下属之间的利益交换；Friedman 和 Langbert(2000)指出变革型领导能够提出并构建组织愿景，激励追随者参与组织愿景的实现过程；Banks 等(2016)将变革型领导者定义为，描绘强有力的愿景，并激发组织内追随者的创造力。

从组织文化的视角出发，Yukl(1994)认为变革型领导者能够促使组织产生一种匹配管理策略的组织文化，使下属改变工作态度，建立对企业愿景、使命和目标的承诺，从而自主实现目标；Deluga(1990)认为变革型领导体现了道德意义和文化内涵，重视下属的情感需求和自我实现，通过激发下属的创造性和工作热情，使其超额完成预期目标。

从员工授权视角出发，Bennis 和 Nanus(1985)在《领导者：管控策略》一书中指出变革型领导通过给追随者授权实现组织愿景，变革型领导具有重视愿景、通过沟通增进理解、通过定位建立信赖关系和自我定位四种管理策略；Shuster(1994)认为变革型领导的重要特质是赋予下属一定自主权，权力的授予激励下属自主追随组织和领导者，从而尽最大努力实现组织目标；Shah 等(2001)认为变革型领导重视对下属专业能力的培养，且将权力授予下属，与下属共同决策，引领企业大胆变革。

从应对环境变化的视角出发，Waldman 等(2004)认为变革型领导能够引导组织成员不断预测和适应环境变化，是适应性组织文化的"给予者"和"定义者"；Ling 等(2008)认为变革型领导将环境中的变革转化为机遇，将变革渗透企业的每个角落，并将这些变成一种"做事的方式";Nemanich 和 Vera(2009)认为具有变革行为归因的领导者是变革的推动者,他们以对未来的强大愿景挑战现状,变革型领导支持对企业更大利益的承诺,激励追随者投入额外的努力,从而有效地执行任务。

此外,从对追随者的影响视角,Abshire(2001)认为变革型领导具有吸引和影响下属的魅力特质,激励下属将组织利益放在个人利益之上,同时通过个性化关怀和智力激发,驱动下属尽最大努力实现组织目标;Van Knippenberg 和 Sitkin 等(2013)认为变革型领导具有影响追随者的三点特质:首先是灌输自豪感、尊重和信任,其次是将动机从个人利益转向集体利益,最后是激励超越预期绩效,激励创新和变革;与此类似,Hoch 等(2018)认为变革型领导作为一种积极的领导力理论,具有影响积极追随者的能力,他们识别和强调追随者的需求,通过激发信任、灌输自豪感和沟通愿景改变追随者,并激励追随者展现更高水平的表现。

综上所述,现有研究对变革型领导的阐述主要侧重视角有组织愿景、组织文化、员工授权、应对环境变化以及对追随者的影响,每个视角都强调了一个组成变革型领导构念的基因要素。第一,变革型领导强调追随者对领导者建立组织愿景的心理认同,激励追随者更高层次的需求,从而超预期完成工作任务;第二,变革型领导强调追随者对组织愿景的承诺、领导者和追随者之间的相互信任,在承诺和互信的氛围中更好地满足追随者的情感需求和自我实现需求;第三,变革型领导强调对追随者的授权,通过授权给予追随者更大的发挥空间和更多展示能力的机会,使其自主决策,从而寻求更多变革;第四,变革型领导强调主动应对环境的变化,在变动的环境中识别机会,推动组织变革;

第五,变革型领导强调对追随者的积极影响,增强能力、激发智力和灌输自豪感,使其将集体利益置于个体利益之上。

3. 变革型领导和魅力型领导的辨析

一些学者认为,Burns(1978)提出的变革型领导和 House(1977)提出的魅力型领导具有很多共同点,都强调内在奖励的重要性,都认为有效的领导是那些让追随者认同所阐明的愿景和目标的人,且两类流派彼此相互具有贡献,因而可以视为相同的概念。Conger 和 Kanungo(1998)认为变革型领导中的魅力(即理想化的影响力)维度具有最强的影响力,与结果的作用关系最强,指出魅力型领导和变革型领导之间几乎没有真正的区别。Judge 和 Piccolo(2004)通过元分析发现变革型领导和魅力型领导表现出类似的整体有效性。Van Knippenberg 和 Sitkin 等(2013)指出,一些研究之所以混淆变革型领导和魅力型领导的概念,将变革型领导视为比魅力型领导更广泛的概念,是因为对于变革型领导中魅力维度的术语选择,而不是由于理解上的实质性差异。因此,他们也将变革型领导、魅力型领导、魅力-变革型领导视为本质上相同的概念。但也有学者持相反的意见,Bass(1985)认为魅力是变革型领导的一部分,单独的魅力不足以解释变革过程。Yukl(2001)认为变革型领导重视授权和提升追随者,使追随者变得强大而独立,这会降低追随者对领导魅力的感知能力。

综合各学者的观点,本研究认为,虽然变革型领导和魅力型领导无论在经验上还是在本质上都无太大差异,仅有的差异甚至可以忽略,但变革型领导和魅力型领导有清晰的派系划分。变革型领导的研究遵循 Burns 流派的成果,魅力型领导的研究遵循 House 流派的成果,两类流派在具体阐述中各有侧重。因此,为了避免术语上的混淆和模糊,本研究倾向于使用变革型领导的概念,并依据 Burns 流派的成果展开论述。

2.5.2 变革型领导的维度和测量

1. 变革型领导的维度

(1) Bass(1985)提出的变革型领导维度。

变革型领导是一个多维度结构,学者们普遍认为变革型领导包括理想化的领导力、动机激励、智力激发和个性化关怀四个维度。Bass(1985)最早明确了变革型领导所具有的行为特征,并开发了测量变革型领导的多因素领导问卷(Multifactor Leadership Questionnaire,MLQ),指出变革型领导包括魅力-激励领导力(charismatic-inspiration leadership)、个性化关怀(individual consideration)和智力激发(intellectual stimulation)三个维度。Bass 对多因素领导问卷进行了多次修订,Bass 和 Avolio(1990,1995)、Avolio 和 Bass(2002)将魅力-激励领导力维度细化为理想化的影响力(idealized influence)、动机激励(inspirational motivation)两个维度,认为变革型领导包括动机激励、理想化的影响力、个性化关怀和智力激发四个维度。

Bass 等(2003)提出,理想化的影响力指领导者是受人钦佩、尊敬和信任的。追随者认同并希望效仿他们的领导者。领导者为赢得追随者的信任,首先考虑追随者的需求,而不是自己的需求。领导者与追随者共同承担风险,并在行为上与潜在的伦理、原则和价值观保持一致。动机激励指领导者通过为工作提供意义和挑战来激励下属。领导者激发个人和团队精神,表现出热情和乐观。领导者鼓励追随者设想有吸引力的未来,且最终为自己设想。智力激发指领导者通过质疑假设重新定义问题,以新的方式处理旧的情况,从而激发追随者的创新和创造力,并且不对个别成员的错误进行嘲笑或公开批评。在解决问题和寻找解决方案的过程中,从关注者那里获得新的想法和创造性的解决方案。个性化关怀指领导者通过扮演教练或导师的角色来关注每个人对成就和成长的需求。追随者被激发出更高层次的潜力,从而创造新的学习机会和有利于成长的环境。认同个体在需求和欲望方面存在差异的观点。

尽管 Bass 的变革型领导测量模型得到了广泛使用,也有研究表明变革型领导的四个维度在实证中是可分离的(Avolio 等,1999),但 MLQ 的内容效度和结构效度仍然受到了质疑。首先,有研究认为变革型领导的四个维度可能缺乏区分效度(Bycio 等,1995),各维度之间具有较强的相关性。因而许多研究将各维度组合,用综合平均值测量变革型领导,相当于将变革型领导视为单维度构念。其次,通常情况下,在实证研究中理想化的影响力的作用效果最强,与结果的关系最为密切(Conger 和 Kanungo,1998),且理想化的影响力和动机激励在实证中被验证具有强联系,在理论上也难以区分,以至于一些研究又将两者组合成领导者魅力维度(Van Knippenberg 和 Sitkin 等,2013)。

(2) Rafferty 和 Griffin(2004)提出的变革型领导维度。

基于此,Rafferty 和 Griffin(2004)重新审视了 Bass(1985)提出的理论模型,确定了变革型领导的五个维度:愿景(vision)、激励沟通(inspirational communication)、支持性领导(supportive leadership)、智力激励(intellectual stimulation)和个人认知

(personal recognition)。愿景是指基于组织价值观的理想未来的陈述；激励沟通是指表达关于组织的积极的和鼓舞人心的信息，并说明建立动机和信心；支持性领导是指关心追随者并考虑他们的个人需求；智力激励是指提高员工解决问题的兴趣和意识，增强他们以新方法考虑问题的能力；个人认知是指制定奖励条款，如表扬和认可为实现既定目标做出的努力。

将 Rafferty 和 Griffin(2004)与 Bass 和 Avolio(1995)划分的维度进行对比可知，愿景对应于理想化的影响力，激励沟通对应于动机激励，支持性领导对应于个性化关怀，智力激励也与 MLQ 一致，而个人认知是 Rafferty 和 Griffin 新提出的维度。虽然没有特别大的差异，但 Rafferty 和 Griffin(2004)的维度划分和定义看似更加清晰，也具有更好的区分效度。

(3) Podsakoff 等(1990)提出的变革型领导维度。

此外，Podsakoff 等(1990)提出了变革型领导的六维度理论模型，包括高绩效期望(high performance expectations)、个性化支持(individualized support)、智力激励(intellectual stimulation)、阐明愿景(articulating a vision)、提供适当的模范(providing an appropriate model)、促进接受团队目标(fostering the acceptance of group goals)。高绩效期望是指领导者对卓越、质量和追随者高绩效的期望行为；个性化支持是指领导者尊重下属、关心下属个人感受和需求的行为；智力激励是指领导者要求下属重新审视他们对工作的一些假设并重新思考如何完成工作的行为；阐明愿景是指识别新机会，开发并阐明愿景，用未来愿景激励员工；提供适当的模范是指领导者为员工树立榜样的行为与领导者所信奉的价值观是一致的；促进接受团队目标是指领导者的行为旨在促进员工之间的合作,使他们为一个共同的目标而共同努力。但在实证检验中,阐明愿景、提供适当的模范和促进接受团队目标三种领导行为具有较强的相关性。因此,在进一步分析中,将这三个维度组合为核心变革维度,最终将变革型领导分解为高绩效期望、个性化支持、智力激励和核心变革行为四个维度。结果显示,四维度结构具有较好的区分效度和拟合度,各项指标结果均较好。

将Podsakoff等(1990)与Bass和Avolio(1995)划分的维度进行对比可知,个性化支持和智力激励是一致维度的,高绩效期望与动机激励有相似的内涵,而核心变革中包括阐明愿景、提供适当的模范和促进接受团队目标,对应于理想化的影响力。因此,这两种维度划分方式并无本质上的差异。

(4)李超平和时勘(2005)提出的变革型领导维度。

李超平和时勘(2005)探讨了中国情境下变革型领导所包含的维度,并制定了量表。他们依据Bass(1985)对变革型领导的定义,请企业高管列出变革型领导的特征,然后将得到的答案归纳为八个类别:愿景激励、领导魅力、个性化关怀、智能激发、奉献精神、榜样示范、品德高尚以及寄予厚望。经进一步统计分析后,最终将变革型领导分解为愿景激励、领导魅力、德行垂范和个性化关怀四个维度。

将李超平和时勘(2005)与Bass和Avolio(1995)划分的维度进行对比可知,领导魅力、愿景激励和个性化关怀是一致的维度,德行垂范是新增加的基于中国思想和文化情境的维度。

Podsakoff等(1990)、Rafferty和Griffin(2004)以及李超平和时勘(2005)都是在Bass和Avolio(1990,1995)的MLQ基础

上分解变革型领导维度,从以上对比分析可知,四种维度划分方式均无本质差异。

变革型领导的维度划分如表 2.7 所示。

表 2.7 变革型领导的维度划分列表

作者	Avolio 和 Bass,2002	Rafferty 和 Griffin,2004	Podsakoff 等,1990	李超平和时勘,2005
维度	理想化的影响力 动机激励 智力激发 个性化关怀	愿景 激励沟通 支持性领导 智力激励 个人认知	高绩效期望 个性化支持 智力激励 核心变革	领导魅力 愿景激励 个性化关怀 德行垂范

2. 变革型领导的测量

Podsakoff 等(1990)的变革型领导量表共 28 个题项,其中高绩效期望 3 个题项、个性化支持 4 个题项、智力激励 4 个题项、核心变革 12 个题项(包括阐明愿景 5 个题项、提供适当的模范 3 个题项、促进接受团队目标 4 个题项)。

Rafferty 和 Griffin(2004)的变革型领导量表共 15 个题项,愿景、激励沟通、支持性领导、智力激励和个人认知分别包含 3 个题项。

Bass 的 MLQ 量表经过多次修订,发展出了不同的版本,MLQ5X 中的变革型领导量表共包含 47 个题项,其中理想化的影响力 18 个题项、动机激励和智力激发各 10 个题项、个性化关怀 9 个题项。Bass 和 Avolio(1995)提出了简化的 MLQ5X-short 量表,Avolio 等(1999)验证了收敛效度和判别效度,该量表中共包含 20 个题项测量变革型领导,但理想化的影响力和动机激励被合并为一个魅力维度。Avolio 和 Bass(2002)提出了 MLQ-Form 5X 量表,共包含 20 个题项测量变革型领导,其中,理想化的影响力 8 个题项,动机激励、智力激发和个性化关怀各 4 个题项。

李超平和时勘(2005)的变革型领导量表共包含 26 个题项,其中领导魅力、愿景激励和个性化关怀各 6 个题项,德行垂范 8 个题项。

综上,现有关于变革型领导的测量量表较为详尽,测量题项较多。因本研究中的变量数量较多,为了避免被调查者因题项过多而产生消极的情绪,影响测量效果,本研究在 Avolio 和 Bass(2002)、Podsakoff 等(1990)的变革型领导测量量表的基础上,改编了包含理想化的影响力、动机激励、智力激发和个性化关怀四个方面的测量量表。

2.5.3 变革型领导的研究现状

1. 变革型领导与组织绩效

变革型领导能够使追随者认同组织愿景,激励追随者将集体利益置于个人利益之上,激发其潜能,使其超预期完成既定目标,实现超额绩效(Bass,1985)。Wang 等(2011)通过元分析发现,变革型领导对个体层次、团队层次和组织层次的绩效均有促进作用。在个人层次上,变革型领导将工作任务与组织愿景相联系,向追随者灌输实现既定目标的信念,并且作为教练和导师为追随者完成工作提供有力支持(Bass,1985),因此,变革型领导对任务绩效具有促进作用;变革型领导激励追随者认同组织愿景和工作目标,并以自身作为榜样激励追随者,增强追随者的社会认同度和归属感,自愿为组织工作(Bass,1985),因此,变革型领导对情境绩效具有促进作用;此外,变革型领导激励追随者挑战现状、质疑假设和提出创新想法(Bass,1985),因此,变革型领导对创造性绩效具有促进作用。在团队层次上,变革型领导激励团队成员向着集体愿景努力,对团队给予充分的信任,激发团队凝聚力(Bass等,2003),有助于团队成员之间的协调合作,因此,变革型领导对团队绩效具有促进作用。在组织层次上,变革型领导能够通过沟通愿景激励追随者努力工作,通过对高层管理团队的直接领导增加团队凝聚力以及动机和目标的一致性(Colbert等,2008),此外,变革型领导还能够直接影响组织氛围和组织战略(Jung等,2003),使其有利于组织目标的实现,因此,变革型领导对组织绩效具有促进作用。

Braun等(2013)研究了跨层次的变革型领导对组织绩效和工作满意度的作用,发现变革型领导与个体层次的工作满意度和团队层次的绩效均正相关,且将管理者信任和团队信任作为中介变量,但团队信任在变革型领导与团队绩效之间的中介作用没有得到验证。具体如图 2.15 所示。

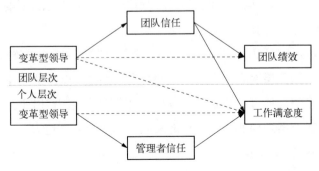

图 2.15 变革型领导对工作满意度、团队绩效作用模型

2. 变革型领导与创造力

领导者是追随者创造力的推动者(Mainemelis 等,2015)。变革型领导是复杂的领导形式,在多个层次上发挥作用,以个人为中心的变革型领导倾向于激励追随者发展个人技能(Li 等,2016b),以团队为中心的变革型领导倾向于激励团队成员提供有利于集体的信息,且支持传播和共享知识(Zhang 等,2011)。一些研究验证了在个人层次上变革型领导与员工创造力之间的关系。Wang 等(2014)研究了酒店行业的变革型领导对员工创造力的影响,结果表明,变革型领导通过创造性角色认同和创造性自我效能感作用于员工创造力。Gong(2009)也验证了变革型领导对员工创造力的促进作用,且指出员工创造性自我效能感在变革型领导与员工创造力之间具有中介作用。Gumusluoglu 和 Ilsev(2009)指出在个人层次上,变革型领导与追随者创造力正相关,且验证了追随者心理授权在变革型领导与创造力之间的中介作用。还有研究验证了在团队层次上变革型领导对团队创造力的影响。陈璐等(2016)指出变革型领导显著正向影响团队创造力,团队学习在两者的关系中具有中介作用,且外部社会资本水平越高,团队学习的中介作用越强,但团队创造氛围的中介作用没有得到验证。

Dong 等(2017)建立了变革型领导和创造力的多层次模型,发现了团队层次和个人层次的不同作用路径,以团队为中心的变革型领导通过团队知识共享作用于团队创造力,以个人为中心的变革型领导通过个人技能发展作用于个人创造力。具体模型如图 2.16 所示。

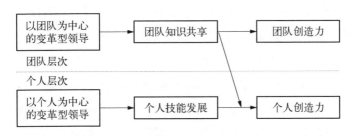

图 2.16 变革型领导团队、个人创造力作用模型

3. 变革型领导与 TMT 特征

依据高层梯队理论，TMT 特征不是孤立出现的，而是与 CEO 风格显著相关，CEO 对 TMT 有着较大的甚至是支配性的影响(Hambrick,1994)。Ling 等(2008)与 Hambrick(1994)的观点一致，认为 CEO 变革型领导通过塑造 TMT 特征和行为影响企业创业，他们选取了决策过程、结构、组成和激励四类 TMT 主要特征和行为，检验了 CEO 变革型领导对 TMT 行为整合、责任分散结构、风险倾向和长期薪酬激励的影响，以及进而对企业创业的影响。他们首次强调了 CEO-TMT 接口的重要作用。具体模型如图 2.17 所示。Lin 等(2016)也认为，CEO 变革型领导通过直接领导 TMT 成员来影响组织结果，他们检验了这一理

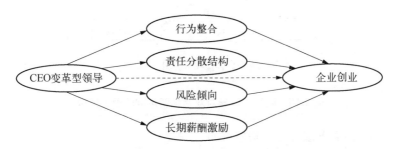

图 2.17 变革型领导与 TMT 特征、企业创业关系的理论模型

论,结果显示,CEO 变革型领导显著正向影响 TMT 信任氛围,并进而影响企业绩效。

4. 变革型领导与双元创新

领导风格被认为是影响组织创新最重要的因素之一(Jung 等,2003)。变革型领导追求自我超越,热衷于能够改变个人、团队和企业的需求(Bass,1985),从而影响企业的创新和适应能力。前文已经提到,领导风格和战略领导力影响双元创新。有研究认为变革型领导对双元创新有积极的影响(Zheng 等,2016),能够促使双元创新在组织中的实现,但对探索式创新和利用式创新具有异质性的作用(王灿昊和段宇锋,2018)。Jansen 等(2009)认为变革型领导乐于接受挑战、勇于承担风险,且激励下属用新颖思路解决问题,支持探索式创新,同时也会通过渐进的变革促进利用式创新,但高水平的变革型领导行为有可能会带来过多激进的想法而抑制基于现有基础的利用式创新。研究发现,变革型领导促进探索式创新,但对利用式创新的影响没有得到验证。具体理论模型如图 2.18 所示。

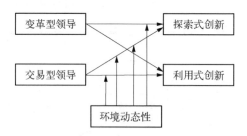

图 2.18 变革型领导对双元创新影响的理论模型

5. 变革型领导的调节作用

在组织的日常战略决策中,企业的高层领导具有较大的话语权,有时甚至起到决定性的作用(彭小宝等,2018),在一定程度上决定企业是否进行创新、进行何种创新以及如何进行创新。前文已经提到,变革型领导积极影响组织学习、双元创新,而组织学习又对双元创新具有正向影响作用,但对于变革型领导对两者之间的调节作用的研究极少。奚雷等(2016)研究了变革型领导对双元学习与双元创新关系的调节作用,他们认为,变革型领导阐述未来组织愿景,提倡革新,鼓励下属尝试新思路、打破常规、积极创新,同时通过营造良好的氛围促进双元学习,进而有助于双元创新协同水平的提高。换句话说,变革型领导行为水平越高,双元学习对双元创新协同性(包括平衡性、互补性)的作用越强。研究结果显示,变革型领导风格正向调节双元学习与双元创新平衡性之间的关系,但对双元学习与双元创新互补性的调节作用未得到证实。具体理论模型如图2.19所示。

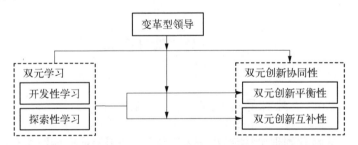

图 2.19 变革型领导对双元学习与双元创新关系的调节作用

2.5.4 研究评述

变革型领导作为一种特殊的领导风格,对个人层次、团队层次和组织层次的结果均有显著影响。现有的对变革型领导与作用结果之间的关系所进行的广泛研究表明：变革型领导对任务绩效、情境绩效、工作绩效、团队绩效和组织绩效均有显著正向影响；变革型领导有助于员工创造力和团队创造力的发展；在CEO-TMT接口中，CEO变革型领导直接影响TMT的特征；变革型领导是对组织创新作用最大的一种领导风格（Gumusluogluh和Ilsev，2009），且变革型领导对双元创新有显著促进作用，但对探索式创新和利用式创新具有异质性的作用。还有学者研究了变革型领导的调节作用，但相关研究极少，对组织学习、TMT行为整合与双元创新关系的调节作用的研究更为少见。最高领导者对企业的方方面面都具有较大的把控作用，变革型领导不仅对组织结果有直接的或间接的作用，而且在不同组织因素的相互作用中同样起到至关重要的作用。因此，本研究意在探究变革型领导对组织因素作用关系的调节作用。

2.6 外部环境

2.6.1 外部环境概念界定及内涵

战略管理理论认为，组织要想生存，必须要适应他们所在的环境。Duncan在1972年发表的《组织环境的特征和环境不确定性的感知》一文中指出，环境是组织中个人决策行为直接考虑的物理和社会因素的总和，包括内部环境和外部环境。内部环境是指组织或特定决策单元边界内的相关物理和社会因素，包括员工个人、职能单位和组织三个组成部分；外部环境是指组织或特定决策单元边界外的相关物理和社会因素,包括供应商、顾客、竞争者、技术和社会政治五个组成部分。Duncan 确定了环境不确定性的概念,即环境不确定性是指与给定决策相关的环境因素的缺乏、既定决策带来的组织结果的未知性,以及对于环境因素如何影响决策的成功或失败无法以任何程度的信心来分配概率。他还详细阐述了组织在决策过程中所面临的环境特征以及决策者对于环境不确定性的感知(Duncan,1972)。

早期的许多学者对外部环境和环境不确定性的概念进行了较为系统的分析,因此,除 Duncan(1972)这一代表性的研究外,其他学者也对外部环境和环境不确定性的概念和内涵进行了阐述。Dill(1958)是最早对环境领域进行研究的学者之一,他将环境分为任务环境和一般环境,认为任务环境(task environment)由与组织目标设定相关的部门组成,而一般环境(general environment)由对企业影响较小的且与目标设定较远的部门组成。Dess 和 Beard(1984)也使用了任务环境的概念,认为任务环境是指与焦点组织积极且直接合作和竞争的相关因素,包括行业任务环境,即在资源的输入和输出中与给定行业的成员(包括协调组织)进行交易的所有组织的集合。

Milliken(1987)进一步扩展了 Duncan(1972)的观点,认为高管通过状态不确定性、效应不确定性和响应不确定性三个特定的方面来感知环境不确定性。状态不确定性是指环境当前状态的不可预测性;效应不确定性是指高管无法预测环境变化对组织的影响;响应不确定性是指高管无法确定企业应选择的反应或者给定反应的潜在后果。此外,Garner 和 William(1962)定义环境不确定性为环境中可能产生结果的数量的对数。Luce 和

Raiffa(1957)将不确定性定义为事件的概率结果未知的情况,而不是事件的结果具有已知概率的风险情况。Lawrence 和 Lorsch(1967)指出不确定性包括信息缺乏明确性、明确反馈的时间跨度长和因果关系的模糊性三个组成部分。Priem 等(2002)将不确定性定义为不可预测的变化,包括风险性和模糊性,他们还指出不确定性受到环境特征的影响,即相关活动变化的频率、变化的差异化程度以及变化的不规律程度。

外部环境特征和环境不确定性的概念很容易混淆,这里需要确定的是,在早期的研究中,外部环境的概念用来描述组织所处环境的特征,而不确定性的概念是组织中的主体对环境特征的感知,也被学者称为感知不确定性(perceived environmental uncertainty)。事实上,一些研究认为环境不确定性受环境特征影响。Duncan(1972)将环境特征与感知不确定性相联系,理论和实证结果均显示,在动态复杂环境下,个体感知到的不确定性最大,且环境的静态-动态维度比简单-复杂维度对不确定性的影响更大。Tung(1979)将外部环境的变化率、常规性、复杂性三个维度按照高-低水平组合成八种外部环境类型,并指出了不同外部环境类型与感知不确定性的关系。

综上,现有研究中的环境通常指的是组织所处的外部环境,包括各种与组织日常经营运作相关的物理和社会因素的总和。环境不能够单独概念化,而是必须与焦点组织相关联(Terreberry,1968)。环境不确定性主要是指对即将发生事情的不可预测性,强调外界环境变化给组织带来的未知性。但现有研究对环境特征和环境不确定性并没有十分明确的区分,常用环境特征来表示环境的不确定性,或者将环境不确定性作为环境特征。

2.6.2 外部环境的维度和测量

1. 早期研究中外部环境的维度划分

外部环境具有多个维度,与这些维度相关的不同类型的信息可以影响潜在的战略决策的管理过程(McCarthy 等,2010)。对外部环境的研究主要集中在 20 世纪 60—90 年代,在此期间学者们进行了丰富的、系统的外部环境研究。依据外部环境的特征,许多学者对外部环境的维度进行了分析。这些早期的经典研究通常将外部环境的维度划分为丰富性、动态性、复杂性、敌对性和异质性等。

Emery 和 Trist(1965)提出了四种理想类型的环境因果结构,且依据环境各组成部分之间的连通性进行了排序。第一种是平静、随机的环境,指事物本身是相对不变和随机分布的;第二种是平静的、聚集的环境,指事物本身相对不变,但更复杂,且以确定的方式聚集在一起;第三种是干扰-反应的环境,指类似组织的存在对其他组织形成干扰,从而形成了重大质变的环境;第四种是动荡的环境,指更为复杂的环境,动态过程源于领域本身而不只是组成部分的相互作用。

Thompson(1967)将外部环境按照同质-异质、稳定-动态两个维度划分为四种类型,即同质-稳定环境、同质-动态环境、异质-稳定环境、异质-动态环境。与此类似,Lawrence 和 Lorsch(1967)将外部环境按照动态性、多样性两个维度划分为低多样性-低动态性环境、低多样性-高动态性环境、高多样性-低动态性环境、高多样性-高动态性环境四种类型。

Duncan(1972)认为,环境包括简单-复杂维度和静态-动态维度。简单-复杂维度是指需要考虑的外部环境因素的数量,数量越多,复杂程度越大。静态-动态维度是指外部环境因素随着时间的推移而保持不变或持续变动的程度,变动的频率越快,动态性越强。

Child(1972)识别了三种重要的环境条件,分别为环境复杂性、环境变异性和环境严苛性。环境复杂性是指与组织运作相关的环境活动的异质性和范围;环境变异性是指与组织运作相关的环境活动的变化程度;环境严苛性是指组织决策者在实现其目标时所面临的来自外部竞争、敌对甚至冷漠的威胁程度。

Tung(1979)将外部环境进行了系统的维度和类型划分,认为外部环境包括变化率、复杂性和常规性三个维度。环境变化率是指环境因素和组成部分普遍存在的动荡性的频率和大小;环境复杂性是指焦点单位在决策过程中必须处理的环境因素和组成部分的数量和多样性;环境常规性是指组织单位面对的刺激的变异性和易分析性。

Dess和Beard(1984)认为任务环境包括丰富性、动态性和复杂性三个维度。环境丰富性是指环境能够支持可持续增长的程度;环境动态性是指环境变化的速率和不可预测性;环境复杂性是指组织活动的异质性和范围。

Miller(1987)认为环境包括动态性、敌对性和异质性三个维度,这三个维度能够代表企业所面临的关键环境挑战。动态性是指顾客、竞争对手和市场趋势的变化率,以及行业研发和创新的不可预测性;敌对性是指竞争的强度、竞争者的规模和法规限制；异质性是指不同细分市场的营销和生产需求的差异。

Wholey 和 Brittain(1989)认为传统的不稳定性无法涵盖环境变化的所有方面，因而提出了纵向环境变化模式的特征，指出环境变化包括频率、幅度和可预测性三个维度。频率是指环境变化的频率；幅度是指环境变化的差异化程度；可预测性是指变化总体的不规律程度。

2. 近期研究中外部环境的维度划分

自 20 世纪 90 年代以来，随着科技的进步和经济的发展，外部环境的特征发生了较大的变化，变得更加复杂和动荡，一些环境特质也更加凸显，学术用语更加清晰明确。因而，与早期研究相比，这一阶段的实证研究主要将外部环境维度划分为动荡性、竞争性等维度进行探讨，更加强调环境中的动荡程度和竞争的激烈程度。

Jaworski 和 Kohli(1993)认为外部环境包括技术动荡性、市场动荡性和竞争强度三个维度。技术动荡性是指一个行业中技术处于流动状态的程度；市场动荡性是指组织客户的组成和偏好随时间变化的程度；竞争强度是指与竞争者之间的行为、资源和能力的差异化程度。

Alexiev 等(2015)将外部环境划分为环境动态性、市场异质性和竞争强度三个维度。环境动态性是指高层管理者在市场中观察到的不稳定和变化的程度；市场异质性是指企业在顾客需求、顾客群体和部门竞争等方面的差异化程度；竞争强度是指企业与竞争者在产品、价格和能力等方面竞争的激烈程度。

各学者对外部环境的维度划分如表 2.8 所示。

表 2.8 外部环境的维度

作 者	构 念	维 度
Emery 和 Trist,1965	环境	平静随机、平静聚集、干扰-反应、动荡
Thompson,1967	环境	同质-异质、稳定-动态
Lawrence 和 Lorsch,1967	环境	动态性、多样性
Duncan,1972	环境	简单-复杂维度、静态-动态维度
Child,1972	环境	变异性、复杂性、严苛性
Tung,1979	环境	变化率、常规性、复杂性
Dess 和 Beard,1984	任务环境	丰富性、动态性、复杂性
Miller,1987	环境	动态性、异质性、敌对性
Wholey 和 Brittain,1989	环境变化	频率、幅度、可预测性
Jaworski 和 Kohli,1993	环境	市场动荡性、技术动荡性、竞争强度
Alexiev 等,2015	环境	环境动态性、市场异质性、竞争强度

3. 外部环境的测量

上述学者在提出外部环境的维度划分时,也分别制定和改编了相应的测量量表,为与当前外部环境特征匹配,本研究中选取外部环境的动态性和竞争性两个维度特征进行研究,在 Alexiev 等(2015)、Jaworski 和 Kohli(1993)使用的量表的基础上,改编了包括动态性和竞争性两个维度的外部环境量表。

2.6.3 外部环境的研究现状

1. 外部环境与企业创新

组织变革是由外部环境因素引起的,组织适应性是一种根据不断变化的环境因素进行学习和执行的能力(Terreberry, 1968)。外部环境的变化影响企业对策略的选择和对创新的投入,而不同的环境特征对企业创新具有不同的影响。李妹和高山行(2014)研究了环境不确定性的不同维度对渐进性创新和突破性创新的异质性影响。结果显示,技术不确定性抑制渐进性创新,促进突破性创新;竞争强度抑制突破性创新,对渐进性创新无显著影响;而需求不确定性对两种创新方式均无显著影响。冯军政(2013)从产业环境和制度环境两个方面研究了环境特征对破坏性创新、突破性创新的驱动作用。研究发现,技术动态性、竞争敌对性对企业破坏性创新、突破性创新均具有显著促进作用;而市场动态性、政策敌对性仅对破坏性创新具有显著促进作用。Zhou等(2005)实证研究发现,技术动荡性促进基于技术的创新,但对基于市场的创新没有影响;需求不确定性促进基于技术的创新和基于市场的创新;竞争强度促进基于市场的创新,但与基于技术的创新之间的负向关系不显著。

Alexiev等(2015)认为环境的不同特征与企业创新和组织间协作相关,且具有异质性的关系,建立了环境特征、组织间协作和企业创新关系模型,认为环境动态性、市场异质性对企业创新具有促进作用,而竞争强度对企业创新具有抑制作用,组织间协作在环境动态性、市场异质性和竞争强度与企业创新的关系中具有中介作用。最终的实证结果显示,组织间协作在环境动态性与企业创新关系中具有部分中介作用,在市场异质性与企业创新关系中具有完全中介作用,在竞争强度与企业创新关系中的中介作用未得到证实。具体模型如图2.20所示。

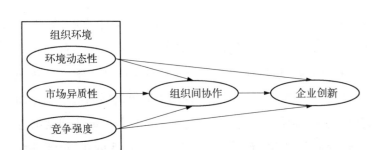

图 2.20　外部环境与企业创新关系模型

2. 外部环境与动态能力

动态能力直接对抗环境变动,且产生于变动的外部环境之中(Teece 等,1997),外部环境中的变动因素促进企业动态能力的形成。Eisenhardth 和 Martin(2000)认为市场动态性影响动态能力的形成模式,当处于适度动态性的市场中时,动态能力依赖于现有知识和稳定的过程;当处于高度动态性的市场中时,动态能力依赖于新知识的创建和不稳定的过程。Li 和 Liu(2014)的实证研究证实了环境动态性对动态能力的驱动作用。李大元等(2008)的研究指出环境不确定性不是动态能力的调节因素,而是动态能力形成的重要驱动因素,且环境动态性显著正向影响企业持续优势,而敌对性显著负向影响企业持续优势。曾萍等(2011)认为外部环境决定企业战略选择,进而影响企业动态能力的形成,他们构建了环境不确定性对企业战略反应和动态能力的影响的理论模型,实证研究了环境动态性、环境复杂性、创业导向、组织学习与动态能力之间的作用关系。发现环境动态性能够通过组织学习和创业导向间接促进企业动态能力的形成,而环境复杂性对动态能力的影响没有得到验证。具体模型如图 2.21 所示。

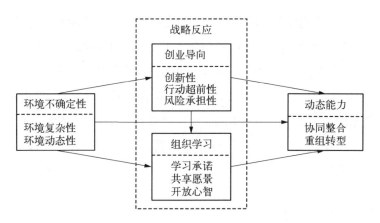

图 2.21　环境不确定性与创业导向、组织学习和动态能力关系

3. 外部环境与高管行为

外部环境具有多个维度,与这些维度相关的不同类型的信息可以影响潜在的战略决策的管理过程(McCarthy 等,2010),环境对组织结构、内部过程和管理决策的影响可能比任何因素都大(Duncan,1972)。外部环境给高层管理者带来了不确定性,而高层管理者必须从环境中发现并解决问题,同时识别机会。Nadkarni 和 Barr(2008)认为行业速度影响高层管理者的管理认知,进而影响战略响应速度,具体来说:行业速度正向影响高管的任务环境关注度和前瞻性因果逻辑,负向影响高管的一般环境关注度和确定性因果逻辑;高管的环境关注度、因果逻辑在行业速度和环境变化响应速度关系中具有中介作用。Daft 等(1988)研究了外部环境对高层管理者行为的影响,认为环境的复杂性和变化速度导致感知不确定性,而环境的不确定性和重要性共同给高层管理者带来战略不确定性,战略不确定性进一步影响高层管理者的信息扫描频率和扫描模式。他们建立了关于外部环境(重要性、复杂性、变化速度)、感知环境不确定性、感知战略不确定性、CEO 扫描频率和 CEO 扫描模式(个人信息源、非个人信息源、外部信息源、内部信息源)的关系模型,具体如图 2.22 所示。实证结果显示,环境不确定性越高,高管更加频繁地使用个人信息源扫描,且高绩效企业的高层管理者比低绩效企业的高层管理者扫描得更频繁且更广泛,从而响应战略不确定性。

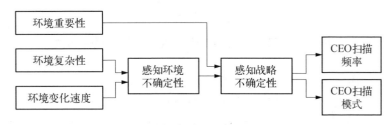

图 2.22　外部环境、感知不确定性和 CEO 扫描关系理论模型

4. 战略导向视角下外部环境的调节作用

战略导向是组织对外部环境信息的响应,影响着组织结果,而战略导向的有效性取决于市场的性质(Kohli 和 Jaworski,1990)。Pekovic 等(2016)认为顾客导向的情感(价值观和规范)、认知(顾客信息处理)和响应(响应能力)维度与企业环境管理实践的关系受到环境竞争性、丰富性和不确定性的影响,而实证结果显示,顾客信息处理的效果取决于市场竞争水平的高低。Atuahene-Gima(2005)发现顾客导向和竞争者导向对探索能力和利用能力的促进作用受到感知市场机会的调节。Gatignon 和 Xuereb(1997)认为企业战略导向对创新特征和创新绩效有重大影响,不同战略导向导致不同的创新特征,而市场增长、竞

争强度和需求不确定性三种市场特征影响战略导向对创新特征的作用。他们据此建立了理论模型,并进行了实证研究,研究结果显示:当市场高增长时,竞争者导向促使企业用更低的成本进行创新;当市场需求相对不确定时,企业应以技术导向和顾客导向为主,从而产生更好的产品绩效并进行市场创新;当需求不是很不确定时,竞争者导向对市场创新是有用的,但在高度不确定的市场中应该被弱化。具体模型如图 2.23 所示。

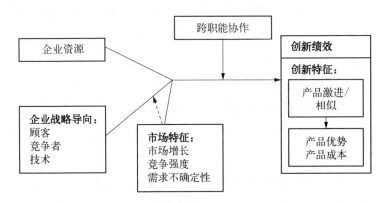

图 2.23　市场特征对战略导向与创新特征关系调节作用模型

2.6.4　研究评述

企业对外部环境变化的适应是现代战略管理领域重要的研究命题,外部环境直接影响企业创新的进行、动态能力的构建以及 TMT 的行为等。此外,外部环境和环境不确定性是战略管理研究中的重要调节变量,影响战略导向对组织的作用效果。

环境的动荡性、竞争性、不确定性等环境的特征受到了众多学者的关注。最初,环境不确定性与外部环境是不同的概念,外部环境被认为是环境不确定性的影响因素,这时的环境不确定性强调的是管理者的感知。在后来的研究中,环境不确定性被认为是外部环境的一个特征,环境不确定性与市场动荡的概念直接相关(Gatignon 和 Xuereb,1997),这时的环境不确定性是环境动态性的反映。术语的选择容易造成混淆,但本质上,学者们强调的还是环境中的各种变动因素,以及这种变动因素对各组织变量的直接影响和对变量关系之间的权变影响。

在如今以乌卡(Volatile,Uncertain,Complex,Ambiguous,即 VUCA)为特征的环境中,外部环境对组织运作以及决策的影响将更加凸显,为了强调外部环境中的变动特性和竞争特性,且避免术语的混淆,本研究认为,环境动态性和环境竞争性是外部环境最为重要的两个维度。环境动态性是指顾客需求、技术种类等变动因素随着时间不断变化的程度。因为新技术的出现会带来顾客需求的变化,顾客需求的变化也会激发新技术的出现,技术动荡性和顾客需求动荡性在理论上具有紧密的联系。因此,可以用环境动态性这一综合概念来衡量技术动荡和顾客需求动荡。环境竞争性是指竞争者之间在产品、市场、资源等方面竞争的激烈程度。

第3章 理论分析与研究假设

本章分析动态能力理论、组织双元性理论和高层梯队理论的概念、内涵、理论发展和主要研究框架等,同时对各理论提出了新的见解。在此基础上,构建本研究的双元创新形成机制理论模型,并进行假设推演。

3.1 理论分析

3.1.1 动态能力理论

1. 动态能力理论的发展

动态能力理论的发展是围绕着企业竞争优势展开的。动态能力理论最初起源于企业行为理论,企业行为理论认为企业是具有标准操作程序的静态存在,标准操作程序中蕴藏着大量隐性知识,而这些隐性知识具有异质性和不易模仿性,因而能为企业带来竞争优势(Cyert 和 March,1963)。随后,演化理论扩展了企业行为理论,将环境引入了对企业能力的理解中,认为企业的标准操作程序和日常例程是企业的"基因",环境作为不确定的随机变动因素与"基因"共同作用,推动企业发展(Nelson 和 Winter,1982)。本质上,演化理论强调的是组织记忆的存在,企业为了适应外部环境的变化而在现有基础上不断修正例程。资源基础观进一步延伸了演化理论,认为企业由一组随着时间的推移和外部环境的变动而不断变化的资源组成,当企业的资源具有不可模仿性、稀缺性、价值性和不可替代性时,能够更好地创造价值并获得竞争优势(Barney,1991)。演化理论和资源基础观认识到外部环境的动态性对企业竞争优势构建的作用,但仍然认为企业能力是静态的组织记忆和特有资源,并且从根本上还是路径依赖的,而没有涉及路径突破,不足以解释企业在不断变化的环境中的竞争优势构建问题。因此,Teece 和 Pisano(1994)提出了动态能力理论来填补这一空白,强调了企业能力随着外部环境的变动而不断变化的动态性。此后,Teece 等(1997)发表的《动态能力和战略管理》一文,成为动态能力领域最有影响力的开创性文章。

2. 动态能力的概念与内涵

自动态能力概念提出以来,受到了众多学者的关注,Teece 发表了一系列与动态能力相关的文章。此外,许多学者从不同视角对其进行了概念界定,将动态能力定义为能力、过程、例程和行为导向。但由于动态能力的抽象性和模糊性(Danneels,2008),至今仍未形成一致的概念。Teece 等(1997)基于资源的视角首次完整界定了企业动态能力的概念,指出动态能力是企业通过整合、构建和重置企业内外部才能,从而适应动荡多变的外部环境的能力。Eisenhardt 和 Martin(2000)基于过程视角定义动态能力为一组可识别的、具体的过程,并将动态能力的应用范围从变化的环境扩展到了静态环境,即动态能力在静态环境中也能发挥作用。Zollo 和 Winter(2002)基于例程视角认为动态能力是一种习得的、稳定的集体活动模式,通过这种模式,组织系统地生成和修改其操作例程,以提高效率。Winter(2003)基于能力层级视角将能力分为高阶能力和常规能力,认为动态能力是能够修改、扩展和创造常规能力的高阶能力。Zahra等(2006)基于企业家精神视角将动态能力定义为采用主要决策者设想的和认为合适的方式重新配置公司资源和常规的能力。Wang和Ahmed(2007)从行为导向视角出发,认为动态能力是企业持续整合、重新配置、更新和再造其资源和能力的行为导向,依据变动的环境重构和升级其核心能力,以获得可持续竞争优势。依据Teece等(1997)的经典定义,Helfat等(2007)将动态能力定义为组织有目的地创建、扩展或修改其资源基础的能力。Barreto(2010)认为动态能力是企业通过感知机会和威胁、以市场为导向且及时做出决策并改变资源基础而形成的系统解决问题的能力。此外,随着技术和经济的发展,以及外部环境动态性的增强,创新被引入了对动态能力的理解中。Teece(2014;2016)提出,动态能力与创新和有效性有关,而普通能力与效率相关,进一步区分了动态能力与普通能力的差异,突出了创新与动态能力的紧密联系。

对于动态能力与环境情境的关系,有研究认为,动态能力与快速变化的动荡环境存在必然的联系,但是在相对稳定的环境中仍然是重要的,只是动态能力的有效模式会随着环境动荡程度的不同而改变(Eisenhardt和Martin,2000)。Zollo和Winter(2002)也证实动态能力在稳定的环境中仍然存在。但Zahra等(2006)则认为,动荡的和变化的外部环境并不是动态能力存在的必然条件。从上述不同学者对动态能力的定义来看,也有一些研究没有关注外部环境因素,本质上默认了动态能力不受环境的影响。已有研究对于动态能力是否与动荡的外部环境存在必然联系仍然存在分歧。但从动态能力的发展过程和内涵来看,动态能力本质上是为适应外部环境而重新将资源配置在需要的地方,从而能够应对不同挑战。因此,无论是稳定的环境还是动荡的环境,都是动态能力存在的基础,但动荡环境与动态能力的关系更为紧密和直接。

对于动态能力的两级层次结构,Zollo 和 Winter(2002)、Winter(2003)和 Teece(2014;2016)均认为动态能力是建立在一般操作例程、普通能力或者低阶能力之上的更为高阶的能力。但是,从动态能力是通过不断的"变动"来达到对外部环境的适应这一最本质内涵来看,无论是高阶能力还是低阶能力都是适应外部环境所必需的。外部环境本身是在不断变化的,但就暂时的一段时间来看,可能是快速变动的,也可能是静止的。从悖论的角度,企业应该既有高阶能力又有低阶能力,高阶能力与低阶能力共同作用,才能实现灵活应对环境变化的目的。但总体来看,动态能力与高阶能力的关系更为紧密和直接。

3. 动态能力的维度划分

动态能力是一个多维度概念,虽然主流学者多数认同动态能力包括整合能力、建构能力和重构能力(Teece 等,1997),但对于动态能力维度的具体划分仍存在诸多的争议与分歧。动态能力是一组特定的、可识别的战略和组织过程,因此,动态能力的维度划分是依据动态能力的形成过程展开的。Eisenhardt 和 Martin(2000)认为动态能力由整合能力、重新配置能力、获取资源和释放资源四个过程组成。Wang 和 Ahmed(2007)认为动态能力包括创新能力、吸收能力和适应能力。Wang等(2015)又进一步将动态能力划分为吸收能力与转化能力。Teece(2007;2016)将认知维度加入动态能力中,认为动态能力包括感知(sensing)、抓住(seizing)和重新配置(transforming)三个维度。认知维度的引入打开了动态能力与外部环境的联系。还有一些学者认为战略决策是动态能力的重要组成部分。因此,将决策作为动态能力的一个维度。例如,Barreto(2010)认为动态能力包括感知机会和威胁、及时决策、以市场为导向决策和改变资源基础四个维度。Li和Liu(2014)将动态能力划分为战略感知能力、及时决策能力和变革执行能力三个维度。战略决策对于资源的有效配置起到至关重要的作用,在战略决策过程中,高层管理者们将业务、职能和专业知识汇集到一起,做出塑造企业主要战略措施的选择。此外,Eisenhardt和Martin(2000)提出的整合过程和Teece(2007)提出的抓住过程都体现出战略决策这一动态能力组成部分。

不同学者对动态能力的维度划分存在较多的重叠部分。因此,综合考虑各维度的内涵,动态能力主要包括感知/搜索、抓住/决策、整合/重构/转化、创新/变革四个组成部分。

4. 动态能力的形成机制

动态能力的形成机制尚未得到清晰的解答。现有的动态能力形成机制框架有"过程-地位-路径"(Teece等,1997),以及"感知-抓住-重新配置"(Teece,2007)。但仅仅是提出简单框架,并未细分动态能力的具体微观基础,也没有深入研究动态能力的具体形成机制。综合以往的研究和前文的叙述,动态能力的形成主要包括以下四个关键过程:第一,关注外部环境的变化,搜索顾客需求、竞争者行动和技术变化等相关信息,感知市场中的机会和威胁。第二,依据感知到的机会和威胁进行分析和决策,形成一致的意见并实施决策,以抓住机遇、抵御威胁。第三,重新将更多的资源配置到对组织有益的地方,不断学习以积累知识,形成独特优势。第四,进行创新以适应环境中的变化,建立新的竞争优势。因此,动态能力的形成包括感知、抓住、整合和创新四个环节。

感知是认知和意识范畴的概念。在未来的趋势还未清晰明朗之前,对外部环境中正在发生的事情保持敏锐警觉,快速判断其对企业未来产生的影响,发现新的机会和潜在威胁(Li 和 Liu,2014),并及时做出响应,这对处于技术变革时代的企业来说至关重要。Lawson 和 Samson(2001)认为搜索外界信息的情报系统对动态能力的构建具有重要作用。焦豪等(2008)的研究提出环境洞察力是动态能力的关键要素,具有环境洞察力的企业能够及时发现外界的变动并预测其对未来的影响。但情报系统和环境洞察力都是单向的信息搜集行为,不能说明察觉并响应这一双向行为。而战略导向是通过观察企业与外部环境的相互作用来开展业务的,如技术、顾客和竞争对手。战略导向是企业对外部环境中变化的响应,因而可以感知外部环境中的市场变动和技术变动,并对与企业息息相关的信息快速做出响应性行为。

抓住可以描述为企业将感知到的与企业息息相关的外部信息引入企业,并进行具体决策和实施的过程。针对那些对企业有利或有弊的重要信息,以及企业未来可能发展的方向,企业的高层管理团队需要对相关信息进行交流、梳理、判断和决策,高层管理者对机会和威胁的商讨和把握是企业动态能力的关键

(Teece,2016)。动态能力在很大程度上取决于企业的高层管理团队(Teece,2007)。Pablo 等(2007)和 Salvato(2003)也发现,高层管理者的决策作用对于实现资源基础的变化至关重要。但在 TMT 中,不同成员之间的认知存在差异,在对感知到的信息进行解读、判断和决策时难免会产生冲突。因此,需要更复杂的 TMT 行为模式——TMT 行为整合,来减少团队冲突,从而共同做出对企业有利的决策。TMT 行为整合会对机会和威胁产生更深刻和多样化的理解,增加信息交换并增进理解,进而做出正确的决策,将新技术和新知识引入企业并与企业现有的知识基础关联和整合。

整合建立在感知和抓住的基础之上,是指对企业资产、资源和知识重新组合、部署和配置。具有重构能力的企业能够满足企业对于进化的适应性要求。进化要求企业打破路径依赖,采用新的路径和方式运行企业和解决问题,以达到最大限度地适应动荡环境的目的。为此,企业需要通过加强组织学习来发展动态能力(Eisenhardt 和 Martin,2000)。Zollo 和 Winter(2002)认为动态能力是由经验积累、知识衔接和知识编码等学习机制的共同进化形成的。通过组织学习,企业有机会和能力选择与外部环境相适应的革新,以重构知识基础。在这一层次上,不再是只有在原有基础上的改进,而是要有本质上的变化。

创新建立在感知、抓住和整合过程的基础上,不仅是指开发新产品,而且包括重塑业务流程、建立全新的尚未开发的市场和研发新技术,以满足不同的客户需求(Teece,2007)。双元创新与动态能力有着紧密的联系。一些研究认为,动态能力来源于探索和利用活动(Benner 和 Tushman,2003),根植于探索式创新和利用式创新(Ancona等,2001)。还有一些研究认为双元创新是一种特殊的动态能力,O'Reilly和Tushman(2008)认为如果双元能够整合探索与利用,促使组织感知并抓住机会,减轻路径依赖,适应环境的快速变动,那么双元可以被视为一种核心动态能力。在高度动态的环境中,企业需要突破已有的范式抓住新的机会,同时也需要将已获得的知识和技术常规化和规范化。双元创新使企业既能在现有基础上稳定运营,又能着眼于未来,灵活应对外部环境的变化。双元创新作为一种特殊的动态能力,能够通过探索式创新与利用式创新来实现高阶能力与低阶能力的共存。企业建立动态能力的最终目的是实现可持续的竞争优势,而探索式创新与利用式创新交互作用的最终结果是使企业生生不息。

基于以上的理论叙述,本研究构建了动态能力形成过程的理论框架。具体理论框架如图3.1所示。

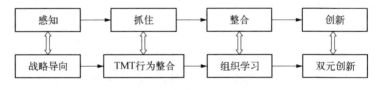

图3.1 动态能力形成过程的理论框架

5. 动态能力理论评述

动态能力理论经由企业行为理论、演化理论和资源基础观发展而来。从根本上来说,这些理论都是对企业竞争优势的研究。随着企业所赖以生存的外部环境的动荡性逐渐增大,学者们对于企业竞争优势的获取途径和方式有了越来越多的认知。现有研究认为,动态能力能够使企业有效应对外部环境的变动。

许多学者从不同视角对动态能力的概念、内涵和维度进行了探讨,研究了动态能力与外部环境的关系,并区分了低阶能力和高阶能力两级层次结构。但由于动态能力的复杂性、抽象性和模糊性,学者们对动态能力的认识并未形成一致的意见。他们对于动态能力的维度从不同视角进行了各种划分。

综合现有研究,本研究认为,由于动态能力本身具有的复杂特性,难以进行完整的概念界定以及清晰的维度划分,因而不易在企业中实施,也难以采用实证的方式加以验证。但可以依据动态能力理论建立动态能力的形成过程框架,并为每一过程寻找到可以在企业实践中实现的微观基础,从而实现企业对外部环境变动的响应。遗憾的是,很少有研究从这一视角探讨企业的动态响应能力。因此,本研究扩展了Teece等(1997)的动态能力形成过程框架,并探寻每一过程的微观基础,以便在动态能力理论形成框架下研究企业的动态响应机制。

3.1.2 组织双元性理论

1. 双元的概念及内涵

双元的概念是由Duncan在1976年首次提出的,他将双元定义为企业面对探索-利用张力的管理能力,即企业必须具有同时兼顾探索和利用的能力。从广义来说,双元是指企业追求一组相互矛盾又相互依存的目标或需求的能力。例如,创新与效率(Sarkees和Hulland,2009)、适应性与一致性(Gibson和Birkinshaw,2004)、突破性创新与渐进性创新(Tushman和O'Reilly,1996)、利用式创新与探索式创新(Benner和Tushman,2003)、响应性与可控性(Graetz和Smith,2005),以及利用与探索(March,1991;Levinthal 和 March,1993)等。尽管双元一般被认为是企业同时追求两种不同路径的能力,但仍没有一致的定义(Cao 等,2009;Gupta 等,2006)。

许多学者在研究中阐述了双元的概念和内涵,但仍没有一致的定义,组织双元性仍然是一个未被理论化和概念化的术语(Simsek,2009)。沈颂东和亢秀秋(2019)在研究中梳理了不同学者对于双元概念的阐述。依据梳理,一些研究认为,双元是指企业能够建立利用性活动(一致性)与探索性活动(适应性)共存的情境的能力(Gibson 和 Birkinshaw,2004;Benner 和 Tushman,2003)。双元是指企业管理矛盾知识、协调冲突需求,以及平衡矛盾的能力(Lubatkin 等,2006;Jansen 等,2008;Tushman 和 O'Reilly,2004),强调了企业中矛盾要素的平衡和共存能力。也有研究认为,双元是企业通过不连续的和渐进的创新管理革命性变化和缓慢进化的能力(Tushman 和 O'Reilly,1996),强化了企业对外部环境变化的适应能力。此外,还有研究指出,双元是企业将探索与利用在较高水平上的平衡和同时实现(Andriopoulos 和 Lewis,2009;Simsek,2009)。双元是一种更为灵活的企业状态。越来越多的学者关注到,双元反映了组织管理探索与利用矛盾关系的能力,这种能力是基于企业对探索与利用正交关系的认识,更进一步来说,矛盾是普遍存在的,应善于利用矛盾创造价值(Turner 等,2015;Turner 等,2013)。

总体来说,双元的内涵主要有以下两点:一是双元是企业使探索与利用在较高水平上共存的能力;二是双元使企业更具灵活性。双元的本质在于管理探索与利用之间的张力,对于双元的探讨也是围绕着探索与利用的冲突和交互关系进行的。

第3章 理论分析与研究假设

2. 双元的类型

依据双元形成的不同机制,存在多种不同的双元类型:时序型双元、结构型双元、情境型双元、领导型双元和嵌套型双元等(亢秀秋等,2019)。

时序型双元和结构型双元建立在探索和利用对立冲突观的基础上。对立冲突观认为,由于探索和利用在路径、策略目标、结构、文化、学习过程、知识基础以及结果等诸多方面存在差异,因而需要采取分隔的方式将探索和利用隔离,才能使企业既能进行探索又能进行利用。Tushman 和 O'Reilly(1996)提出可以在一段时间内交替进行渐进的和不连续的创新,当外部环境相对稳定时,采取渐进的创新方式;当外部环境相对动荡时,采取不连续的创新方式。这种以时间分隔来实现探索和利用在同一企业中共存的方式被称为时序型双元。Benner 和 Tushman(2003)提出可以在组织内建立多个子单元,在不同的子单元中建立差异化的文化、架构和任务,但在统一子单元内保持一致的文化、架构和任务,子单元内部紧密耦合,子单元之间松散耦合,形成既独立运作又相互联系的运营模式。这种多重结构的设计使得探索和利用能够分别在不同的子单元中同时进行,这种以结构分隔来实现探索和利用同时实现的方式被称为结构型双元。

情境型双元建立在探索和利用的平衡交互观的基础上。Gibson 和 Birkinshaw(2004)提出可以在组织中建立特定的情境,促使个人灵活地将时间分配在一致性(利用)和适应性(探索)中,从而在任何时间、任何结构的业务单元中都能实现双元,这种方式被称为情境型双元。

领导型双元建立在整合分化观的基础上。一些学者研究了高层领导在建立双元组织中的作用,有研究认为,TMT行为整合(Lubatkin等,2006)、双元领导(Smith,2006)能够有效整合分化的任务目标、业务单元结构,或者通过合理化来解决探索与利用的冲突和差异,整合两者优势,从而直接促进双元的形成,这种在高层领导作用下形成的双元被称为领导型双元。

嵌套型双元建立在包含转化观的基础上。这一观点强调了探索和利用相互交织的特性,弱化了探索和利用之间的冲突对立的特性。Andriopoulos和Lewis(2009)注意到了时序型双元、结构型双元、领导型双元和情境型双元的殊途同归性,不同的双元实现方式并不是孤立存在的,在复杂的组织管理中,各种不同的双元实现方式可以同时存在并相互嵌套。可以在组织层次实现结构型双元、在团队层次实现领导型双元、在个人层次实现情境型双元,从而使双元贯穿于组织的各个层次中,这种方式被称为嵌套型双元。

现有研究基本都只选用一种视角和双元类型探讨双元的实现路径,缺少对双元整体上的认识,因而本研究意在综合对立冲突观、整合分化观、平衡交互观和包含转化观四种不同的理论观点基础,以及时序型双元、结构型双元、情境型双元、领导型双元和嵌套型双元五种双元实现路径,从整体上建立切实可行的双元实现路径。

3. 组织双元性的研究现状

(1) 组织双元性的TMT行为整合前因模型。

双元在很大程度上是由TMT成员的内部过程驱动的,这些内部过程使他们能够处理大量信息和进行决策选择,以及处理模糊的和冲突的问题(Tushman 和 O'Reilly,1997)。TMT 行为整合可以管理结构分离产生的矛盾(Smith 和 Tushman,2005),促使分离的结构单元结合在一起,有效促进结构型双元(Tushman 和 O'Reilly,1996)。建立一种绩效管理和社会支持的情境,也需要 TMT 行为整合的指导,促进情境的有效性,使资源更加透明,从而促使个人自主、公平和公正地采取行动(Birkinshaw 和 Gibson,2004)。此外,TMT 行为整合通常被认为是促进双元实现的直接前因。Lubatkin 等(2006)认为 TMT 行为整合能够管理相互矛盾的知识,而矛盾知识的管理是双元的前提。一方面,通过相互的协作与合作,行为整合促进了 TMT 对现有知识库的更深层次和更多样化的理解,通过反馈和校正促进了利用的发展;另一方面,通过高质量信息的交换,行为整合促使 TMT 产生了信任和互惠的机制,通过刺激隐性知识的分享,促进了探索的发展。他们首次实证证实了 TMT 行为整合在实现双元导向机制中的关键作用,具体说明了 TMT 行为整合对双元导向的促进作用,以及对企业绩效的影响。此外,发现闲置资源的匮乏和缺少等级制度管理系统,使中小企业无法创造独立的业务单元来管理矛盾的知识,因此它们比大企业更多地依赖于 TMT 行为整合来达到双元。具体模型如图 3.2 所示。

综上,TMT 行为整合是成功建立组织双元的不可忽视的前因。TMT 作为企业的中坚力量,对企业中的资源分配、企业的发展方向等具有一定的决定性作用。一个行为整合的 TMT 说明高管之间是相互协作的、良好沟通的和共同商议矛盾问题的,在这种融洽、和谐的、信任的氛围中,隐性知识的传播和不同

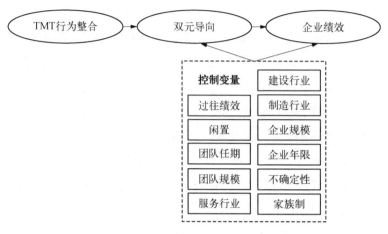

图 3.2　TMT 行为整合、双元导向和企业绩效关系模型

思想的碰撞更加容易,能够有效地促进矛盾知识的管理,从而达到同时进行探索与利用的目的。

(2)组织双元性的组织情境前因模型。

Gibson 和 Birkinshaw(2004)首次在业务单元层次上研究了企业同时获得一致性和适应性的能力,提出了情境型双元的概念以及实现情境型双元的理论模型。组织情境通常体现为一组复杂的组织变量之间的组合,他们将组织情境概念化为纪律、延伸、支持和信任四种情境属性,这四种情境属性是互补的、互相之间不可替代的。纪律和延伸组成一组"硬"元素,称为绩效管理;支持和信任组成一组"软"元素,称为社会情境。绩效管理和社会情境两个因素交互作用,促进情境型双元的形成,并且能够进一步提升业务单元绩效。具体模型如图 3.3 所示。

随后,Chandrasekaran 等(2012)将绩效管理和社会情境称为情境一致性,并进一步做了验证,结果显示,情境一致性提高

第 3 章 理论分析与研究假设

图 3.3 组织情境、双元和业务单元绩效关系模型

了探索与利用的交互作用。Kauppila(2010)描述了一种多因素交互的组织情境,包括员工和领导者特征、人力资源实践、组织结构、组织文化以及社会关系,并发现这种复杂的组织情境支持企业层面的双元。但 Chang 和 Hughes(2012)的研究并没有得到这一情境因素的支持性结果,相关研究结果并不一致。因此,可能需要更复杂的多维度的变量,将这些变量组合为一个整体,紧密配合与协作,共同作为情境型双元的前因。

(3) 组织双元性的双重结构模型。

Benner 和 Tushman(2003)建立了一个关于过程管理对技术创新和组织适应性的影响的权变关系模型,他们认为动态能力的根源在于探索和利用活动,而双元的组织形式为探索和利用的不一致过程提供了复杂的情境。双元组织形式建立在既紧耦合又松耦合的组织架构中,由多个紧密耦合的子单元组成,而各子单元之间松散耦合,通过建立不一致的体系结构来协调矛盾的需求,但为了驱动创新流,这些不一致的单元必须由 TMT 进行战略集成。由于过程管理技术关注于例程的持续改进和减少变异,从而影响探索式创新和利用式创新之间的平衡。他们提出过程管理实践的增加促进渐进性创新、现有顾客群体创新和架构创新,但抑制突破性创新和潜在顾客群体创新;在双元组织形式中,过程管理实践会增加技术变化稳定时期的绩效和组织响应能力。具体模型如图 3.4 所示。

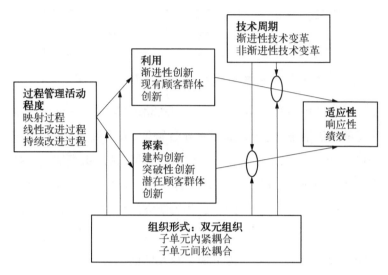

图 3.4 过程管理、双元创新、环境和组织适应性关系模型

(4) 组织双元性的嵌套模型。

探索和利用的良性循环源自拥抱张力,重视它们的协同效应和相互之间的差异(Lewis,2000)。Andriopoulos 和 Lewis (2009)注意到了不同的双元实现机制的殊途同归性,指出存在相互交织的多重双元机制,不同的双元机制是相互嵌套的,并探索了双元在跨组织层面上的实现。他们进一步提出了创新的嵌套悖论,建立了管理双元创新的嵌套模型,围绕着战略目标(利润-突破)、顾客导向(紧-松耦合)和个人驱动(纪律-激情)三组张力关系,采用整合和差异化策略帮助管理这些相互交织的悖论,整合策略使悖论要素相互协作和协同,差异化策略使组织专注于单个悖论要素中,整合和差异化策略的交织存在促进了双元的良性循环。具体模型如图 3.5 所示。

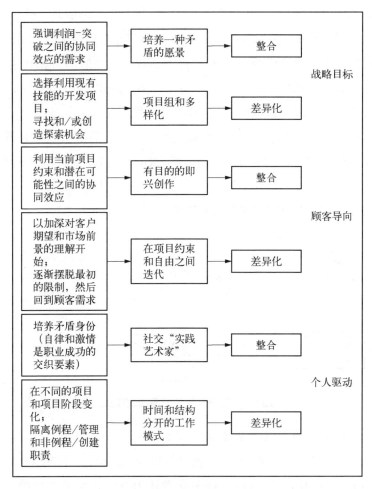

图 3.5　组织双元性的嵌套模型

(5) 组织双元性的多层次模型。

在现有研究中,通常只使用组织情境(Gibson 和 Birkinshaw, 2004)、TMT 行为整合(Lubatkin 等, 2006)和双重结构(Benner 和 Tushman, 2003)等单一的前因变量来解释组织双元性,但组织双元性是复杂的现象,单一的前因变量很难解释清楚。此外,情境型双元在业务单元内起作用,结构型双元在更高级别的组织层次起作用,组织双元性是在整体上实现高水平的探索和利用,而不是在任何层次上平衡或周期性转换。因此,Simsek(2009)建立了一个多层次的分析模型,综合了组织层次和组织间层次的前因,以更全面地解释组织双元性。该模型假定组织双元性是由组织层次、组织间层次和环境层次的因素共同影响的,不同层次的变量相互作用,共同影响了组织双元性的实现,进而影响组织绩效。具体模型如图 3.6 所示。

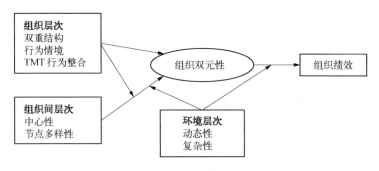

图 3.6　组织双元性的多层次模型

4. 组织双元性理论评述

虽然 Duncan 在 1976 年就已提出双元的概念,但近些年才引起学者们的普遍关注。许多学者认为双元是企业成功的关键。组织双元性的本质是通过一定的管理手段使两个相悖的要素在组织中同时实现。许多学者研究了组织双元性的实现路径,建立了基于 TMT 行为整合、组织情境、组织结构、整合和差异化相互嵌套以及多层次的实现方式。但现有研究仍停留在对于单一前因要素的探讨,对于组织双元性在组织层次上的具体实现机制鲜有相关研究。因此,本研究意在基于组织双元性理论,建立双元的具体实现机制,以弥补这一研究缺口。

3.1.3 高层梯队理论

1. TMT 的界定

早在 1963 年,Cyer 和 March 在《企业行为理论》中曾提到"组织当权者联盟(dominant coalition)"的概念,关注到了上层领导团体在企业中的作用,但并未对其进行明确的界定,在学术界也未引起大家的重视(Cyert 和 March,1963)。直到 1984 年,Hambrick 和 Manson 在《高层梯队理论:组织作为高层管理者的反映》一文中提出了高层梯队理论,且明确界定高管团队(Top Management Team,TMT)是指由企业高层管理者组成的小组或小团体,具体包括副总经理级别或以上的直接向企业领导者汇报工作的所有高层管理人员(Hambrick 和 Manson,1984)。TMT 成员是在企业战略和实际发展方向中发挥关键作用的个人。

此后,学者依据不同的研究视角和研究目的,对 TMT 的概念和内涵进行了界定。Fredrickson(1984)认为 TMT 是经 CEO 讨论确定的一支在重要经营决策中发挥关键作用的经理人团队。Hambrick 等(1996)具体指出 TMT 包括董事会中的所有高层管理人员,即正副主席、CEO、COO、总裁、副总裁、执行副总裁。Amason 和 Mooney(1999)也指出 TMT 包括 CEO 本身以及 CEO 直接负责的参与战略决策制定的所有高层管理人员。赵峥和井润田(2005)认为 TMT 包括 CEO、总经理,以及直接向 CEO 和总经理汇报任务的所有高层管理人员,通常有 3~10 名成员。孙俊华和贾良定(2009)认为 TMT 是企业战略决策的关键主导者和发起者,他们的行为对企业的管理和生产活动具有重大影响。Carmeli 和 Halevi(2009)认为 TMT 通常是指副总裁及以上的管理者,包括 CFO 和 COO 等,TMT 成员直接向 CEO 汇报任务。还有一些学者提出了与上述不一致的界定方式,将中层管理者纳入了 TMT。Krishnan 等(1997)认为 TMT 包括总裁、CEO、CFO、COO 以及低一级别的高管人员。Dwyer 等(2003)、Wei 和 Wu(2013)认为除了 CEO、总经理和副总经理以上级别的高层管理人员,部门主管等中层管理人员在企业战略决策制定中也发挥着重要作用。

上述学者对 TMT 的定义主要有以下几层含义:TMT 直接向 CEO 汇报工作;TMT 在重要决策中发挥关键作用;TMT 包括 CEO、COO、总裁、副总裁、总经理、副总经理等职位的高层管理人员。

综合以上研究成果,且结合企业实际情况,本研究认为,TMT 包括企业中所有高层和中层副总经理以上级别的在战略决策中发挥关键作用的管理者,这些管理者直接向 CEO 汇报任务。

2. 高层梯队理论内涵

高层梯队理论摒弃了古典决策理论中的经济人和理性人假设,采用与实际更加接近的有限理性假设。经济人和理性人假设认为人是绝对理性的,决策主体有足够的智慧做出合理的判断和评估,不会盲从也不会感情用事,利益最大化是其决策的唯一目标。而 Hambrick 和 Mason(1984)认为,企业管理者作为决策的主体是有复杂情感和认知局限的,这导致他们无法每次都做出智慧的决策。随着外部环境中动荡性、复杂性和不确定性程度的逐渐增加,个体管理者对顾客需求的变化、技术的变革、竞争者的行动方向和市场的发展趋势等外部信息的掌握和判断极其容易出现偏见和扭曲。个性化的洞察和诠释导致了认知局限,无法准确评估整体局势且做出合理决策。而团体的决策能够弥补个人认知水平和能力水平的不足和缺陷,将决策中的误差风险降到最低。

基于此,Hambrick 和 Mason(1984)提出了高层梯队理论,强调了团队的重要性,主要探讨的是战略决策者团体对组织结果的影响。与以往研究不同的是,高层梯队理论将 TMT 作为研究对象和分析单位。因此,高层梯队理论是为了破解企业适应多变的外部环境的困境而发展出来的核心决策团体形态,这一理论的提出与企业所处的外部环境息息相关。

Hambrick 和 Mason(1984)提出的高层梯队理论的核心内涵是高层管理者会依据组织情境做出个性化的抉择和诠释,他们的行为是认知、价值观和经验等自身个性特征的反映;高层管理者依据自身心理特质进行决策,并决定组织战略的形成;高层管理者之间相互影响,因而高层管理者整体上比单个成员更能预测组织的产出;企业高层管理团队的人口统计学特征可以有效替代认知和心理属性。因此,他们主张组织是 TMT 特征的反映,并将 TMT 人口统计学特征与企业战略和企业绩效等组织行为和结果相联系(Hambric 和 Mason,1984;陶建宏等,2013)。

3. 高层梯队理论的研究框架

(1) Hambrick 和 Mason(1984)高层梯队模型。

Hambrick 和 Mason(1984)提出了高层梯队理论模型,这一模型清晰地阐释了客观环境、TMT 特征、战略选择和企业绩效之间的密切关系。高层梯队理论的核心前提是高层管理者的价值观、个性和经验会极大地影响他们对情境的解释,从而影响他们的选择(Hambrick,2007)。

该模型显示,企业管理者们嵌入内外部客观环境之中,面对复杂多变的内外部环境,依据自身的认知基础和价值观来感知客观环境中的复杂信息,并据此进行评估和判断,做出合理的战略选择和决策,而战略选择和决策又进一步作用于企业绩效。但在实际操作中,心理学上的感知概念无法进行测量,因而该模型假定可观测到的年龄、职能轨迹和职业经历等人口统计学特征能有效反映管理者的认知。因此,TMT 的人口统计学特征成为研究重点,战略选择和企业绩效是 TMT 人口统计学特征的反映,TMT 人口统计学特征通过战略选择影响企业绩效。具体模型如图 3.7 所示。

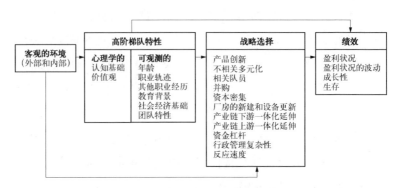

图 3.7　高层梯队理论模型

(2) Finkelstein 等(2008)高层梯队模型。

Finkelstein 和 Hambrick(1996)、Finkelstein 等(2008)对 Hambrick 和 Mason(1984)的模型进行了优化和扩展,认为 TMT 包括团队过程、团队结构和团队组成三个核心要素,团队过程表现为社会互动和意见一致性,指 TMT 成员在进行战略决策时的互动参与,其中,冲突研究和团队凝聚力是团队过程的主要研究要素。团队结构表现为团队成员的相互依赖性和规模,是从团队成员的角色和关系来定义的。团队组成表现为均值和异质性,是指 TMT 成员的教育、经验、年龄和职能等人口统计学特征,以及认知基础和价值观等心理因素,其中,团队组成的多样性特征,即异质性是团队组成的主要研究要素。该模型认为 TMT 成员的组成、结构和过程影响战略决策过程的制定,进而影响战略选择和企业绩效等组织结果。此外,TMT 特征、战略决策过程和组织结果也受到情境因素的影响。这一模型强调 TMT 团队成员的内部互动过程。具体模型如图 3.8 所示。

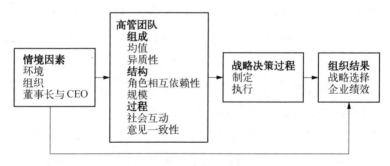

图 3.8　高层梯队理论优化模型

4. 高层梯队理论研究进展及理论缺口评述

高层梯队理论长期聚焦于 TMT 人口统计学特征与战略选择和企业绩效等组织结果的关系,是处于静态层面的分析,无法直接检验 TMT 认知、彼此之间的关系和价值观等心理层面的要素,缺乏动态层面的分析,且忽略了环境因素与 TMT 的直接联系,受到了诸多学者的质疑与批评(Lawrence,1997)。

高层梯队理论经过众多学者的研究与发展,逐渐打开 TMT

影响组织的"黑箱"。Hambrick（1994）扩展了高层梯队理论的架构，引入了TMT的团队属性，提出了行为整合的概念，打开了高层梯队理论运作过程的"黑箱"，使TMT的静态研究转为动态过程研究。Hambrick（1994）指出，TMT有组成、过程、构成、激励和团队领导者五个核心要素，并认为TMT行为整合有个人、团队和企业三个层次的决定因素。

此后很长一段时间，学者们专注于TMT研究，但这些研究都将领导者和高层管理者合并在一起共同作为TMT，忽视CEO与TMT的区别，以及CEO对企业的主导作用。Peterson等（2003）首次将领导者个性特征与TMT运作过程联系起来，阐释并检验了CEO五种人格特征（尽责性、情绪不稳定性、亲和性、外向性和开放性）与TMT动态性（法律主义、权力集中、控制环境；风险厌恶、思维僵化、派系林立；凝聚力、分散性；领导优势知觉；智力灵活性、冒险性）之间的关系，开启了CEO-TMT接口的研究。最新的研究又进一步验证了变革型CEO（Ling等，2008）、CEO授权型领导力（Carmeli等，2011）、谦逊型CEO（Ou等，2018）对TMT行为整合的影响，以及进一步对企业绩效和战略选择等组织结果的影响，研究多聚焦于CEO-TMT接口、TMT行为整合以及其对组织结果的影响。

综合本研究对高层梯队理论和TMT行为整合的评述，具体而言，高层梯队理论的发展主要经历两个阶段，第一阶段聚焦于TMT静态特征对组织结果的直接影响；第二阶段引入了TMT行为整合等运作过程动态要素，区分了CEO和TMT的不同作用，聚焦于CEO-TMT接口，以及进而对组织结果的影响。

研究有以下缺口：客观环境、情境因素被视为高层梯队理论的一个重要前置因素(Hambrick 和 Mason,1984;Finkelstein 等,2008;Carpenter 等,2004),TMT 的提出也是基于管理者个体无法全面了解和掌握外部环境的变动,而 TMT 作为一个团队能够降低个人认知不足而带来的决策偏差风险。但环境因素一直以来都被忽视,极少有研究考察 TMT 与客观环境之间的直接联系。CEO 和 TMT 成员在日常工作中不断与外部环境接触,感知并接受外部的信息,据此形成对于行业整体现状和发展趋势的认知,他们将这些信息传入企业内部,并据此进行决策,影响组织运营。因而,本研究旨在建立 TMT 对外部环境的响应机制,分析这一机制对组织结果的影响,以弥补这一研究空缺。

3.2 理论框架

互联网、人工智能、大数据、5G 网络和云计算等现代新兴技术的兴起,给众多行业带来了革命性的变化,使企业所生存的环境比以往任何时候都具有更多的不确定性。面对外部环境中已知的和未知的冲击,企业面临着"不创新等死,创新找死"的困境。如何在动荡的外部环境中生存是现代企业亟待破解的难题。

通过前文对战略导向、TMT 行为整合、组织学习、双元创新、变革型领导和外部环境相关研究的梳理,以及对动态能力理论、高层梯队理论和组织双元性理论的深入分析,本研究发现了现有理论和实证研究的不足,为了弥补这些不足,构建了理论模型。

企业动态能力理论指出,为了适应外部环境变动,企业必须重新配置资源,且调整运作流程、重塑商业模式、开发新市场、商业化新产品和研发新技术等,以满足顾客需求的变化并抵挡竞争者的对抗。动态能力理论为企业适应外部环境提供了良好的理论基础。但是,如前文所述,动态能力的概念是抽象的、模糊的,只有将其概念化为例程、过程、能力和行为导向时,才具有可操作性。因此,本研究将动态能力分解为感知、抓住、整合和创新四个依次递进的具体过程,据此说明企业动态能力的构建路径。

组织双元性理论指出成功的企业必须是双元的,一方面企业通过探索式创新寻找新机会、开发新市场和研制新产品,着眼于未来的发展;另一方面企业通过利用式创新把握已有机会、改进已有产品并满足已有顾客的需求,着眼于当前的稳定发展。相比于动态能力理论,组织双元性理论对企业的灵活性提出了更高和更具体的要求。因此,本研究综合了组织双元性理论和动态能力理论,将双元创新作为动态能力的拓展和更高级别的形式,在动态能力框架下,研究双元创新的形成机制。

双元创新包括探索式创新和利用式创新两个悖论要素,这使得其难以在企业中实现。现有研究提出了组织情境、TMT行为整合和过程管理前因,但这些研究仅专注于双元创新的单一前因要素,很少有研究聚焦于双元创新的具体形成机制,且相关研究结果并不一致。一些学者提出了双元创新的多层次模型和嵌套模型,但相关研究仅停留在理论层次,几乎无法进行实证检验。由于双元创新概念的复杂性和难以实现性,单一的前因要素无法充分说明其形成机制。因此,本研究综合双元创新的不同影响因素,尤其是对于探索式创新和利用式创新具有相同促进作用的前因要素,建立了实现双元创新的链式中介机制。

在"感知-抓住-整合-创新"框架下,建立了"战略导向→

第 3 章 理论分析与研究假设

TMT 行为整合→组织学习→双元创新"的双元创新形成机制，并探讨变革型领导和外部环境两个权变因素对变量关系的影响。企业通过战略导向与外界环境建立紧密的联系，通过 TMT 行为整合对信息进行过滤并做出准确的决策，通过组织学习对企业进行知识的积累和更新，最终形成灵活应对变革的双元创新。

具体的理论框架为：第一，变量设置。本研究的解释变量为战略导向，被解释变量为双元创新、探索式创新和利用式创新，中介变量为 TMT 行为整合和组织学习，调节变量为变革型领导和外部环境。第二，维度划分。本研究将战略导向划分为技术导向、市场导向和创业导向三个维度，分别代表战略导向的不同方向。此外，虽然 TMT 行为整合、组织学习和变革型领导也是多维度概念，但依据前文叙述，不同维度之间的关联性较强，现有研究也多从整体构念上进行分析，因此，本研究将这三个变量作为单维度变量，在整体上进行分析和衡量。同时，本研究将外部环境划分为动态性和竞争性两个维度，分别代表外部环境的两个特征。最后，本研究将双元创新、探索式创新和利用式创新作为三个单独的解释变量进行分析。

第三，直接效应。本研究将战略导向作为解释变量，将双元创新、探索式创新和利用式创新作为因变量，分析战略导向对双元创新、探索式创新和利用式创新的直接效应。

第四，间接效应。本研究将 TMT 行为整合和组织学习作为中介变量，分别研究两者在战略导向与双元创新、探索式创新和利用式创新关系中的中介效应，以及 TMT 行为整合和组织学习在战略导向与双元创新、探索式创新和利用式创新关系中的链式中介效应。

第五,本研究将变革型领导和外部环境作为调节变量,分析变革型领导在 TMT 行为整合与双元创新、探索式创新和利用式创新关系中的调节作用,以及外部环境在战略导向与 TMT 行为整合、双元创新、探索式创新和利用式创新关系中的调节作用。具体模型如图 3.9 所示。

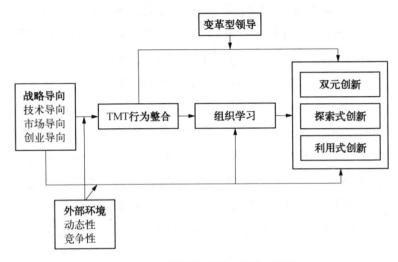

图 3.9　双元创新形成机制理论框架

3.3　研 究 假 设

3.3.1　战略导向对双元创新、探索式创新和利用式创新的直接作用

战略导向能够响应环境变动,引领企业未来发展趋势,决定

企业行动决策的战略方向。随着环境变动和市场竞争的加剧，战略导向在企业创新中的作用日益凸显。市场导向、技术导向和创业导向使企业从不同的方向建立起与外部环境的联系，识别新兴的和潜在的发展趋势，将资源重新配置在企业的创新活动中。

1. 市场导向与双元创新、探索式创新和利用式创新

市场导向是指全组织范围的市场情报生成、跨部门情报传播以及与顾客当前和未来需求偏好相关的适当响应能力（Kohli 和 Jaworski,1990），通常包括顾客导向和竞争者导向两个组成部分（Narver 和 Slater,1990）。顾客和竞争者是企业在市场中关注的两个重要主体。顾客导向是指企业重视顾客群体的利益，主动了解顾客需求，并为顾客创造价值。以顾客为导向的企业关注顾客需求的变化，并及时采取与之对应的策略。竞争者导向是指企业重视竞争者的行为，并关注竞争者的策略行动。以竞争者为导向的企业会依据竞争者的行动采取相应策略。通过竞争者导向，企业监测竞争对手的行为并了解市场动态（Day 和 Wensley,1988），发现企业在战略地位中的优势和劣势，调整产品生产策略和创新方向。通过顾客导向，企业能够追踪顾客需求的变化，改进必要资源的分配、重构生产流程或开发出满足顾客需求、迎合顾客偏好的产品，持续为顾客创造更多的价值（Narver 和 Slater,1990）。但在实际市场运作中，满足顾客需求和与竞争对手较量是紧密相连且难以分割的两部分（Hong 和 Chen,1998）。因此，通常采用市场导向维度来说明以顾客和竞争者的变动为主要决策依据的企业。

现有研究对市场导向与创新的关系存在两种相反的观点。

一种观点认为市场导向会使企业过度关注市场和营销,从而阻碍创新(Christensen,1997);另一种观点认为市场导向会给企业带来新的信息和知识,从而有助于创新(Paladino,2007)。Jaworski和Kohli(1993)认为因为市场导向本质上是依据市场条件做一些新的或不同的事情,它可以被看作是一种创新行为,并在接下来的研究中指出市场导向是创新的前因。本研究认同Jaworski和Kohli(1993)的观点。此外,之所以会出现相悖的观点,还可能是因为以往研究对创新的了解不够全面,没有细致分析创新的不同方面,如探索式创新、利用式创新和双元创新。

进行探索式创新需要新的知识、信息和情报,从而开发新产品或开拓新市场;进行利用式创新需要现有知识的支撑,但也需要新的信息,从而改进现有产品或深化现有市场;进行双元创新需要复杂的情报和信息,从而实现利用和探索的平衡。有研究发现,市场导向显著促进探索式创新和利用式创新(Atuahene-Gima,2005)。一方面,顾客需求的变化通常是缓慢的,当企业感知到细微的变化时,会在现有基础上改进产品和服务,从而有助于利用式创新;另一方面,当企业感知到顾客需求的空白点或有竞争者推出新产品时,会重新开发适合于顾客需求的新产品或提供新服务,从而有助于探索式创新。此外,企业依据获取到的市场信息,及时将资源配置在需要的地方,灵活应对市场变化。因此,市场导向有助于双元创新。

综上,提出以下假设:

H1a1:市场导向对双元创新有正向影响。

H1a2:市场导向对探索式创新有正向影响。

H1a3:市场导向对利用式创新有正向影响。

2. 技术导向与双元创新、探索式创新和利用式创新

技术导向是指企业重视行业中新技术的变动,关注新技术的出现和新技术在新产品中的应用,并以此制定决策来响应技术的变动。市场导向是"顾客拉动",而技术导向是"技术推动",以技术为导向的企业默认顾客偏好技术领先的产品和服务(Zhou 和 Li,2007)。通过技术导向,企业密切关注技术变革动向,调整投资进行技术追赶,将先进的技术应用在企业中,同时积累丰富的知识和技术储备,用技术知识来构建解决方案(Zhou 和 Li,2010)。因此,技术导向可以视为企业创新的起点(Sainio 等,2012)。

由于技术导向并不是市场营销中的概念,关于技术导向对企业创新的研究较少,但仍有一些研究验证了技术导向对创新的促进作用(Jeong 等,2006),尤其是基于技术的创新和突破式创新(Zhou 等,2005;Kocak 等,2017)。以技术为导向的企业会将大量的资金和资源投入产品或技术研发中,擅长用新技术获得先发优势,而这是影响探索式创新的关键因素(Atuahene-Gima,2005)。同时,以技术为导向的企业重视员工的创造力和发明,鼓励他们以新思路解决问题,从而有助于开发全新的东西(Gibson 和 Birkinshaw,2004)。此外,以技术为导向的企业通过过去的经验积累了丰富的技术知识储备,这不仅有助于企业利用现有的能力和技术改进产品来应对市场变化(Gatignon 和 Xuereb,1997),还使他们能够识别出新兴或潜在的技术趋势,并重新配置资源,以利用这些机会(Zhou 等,2005)。因而,技术导向增强了企业应对环境变化的灵活性,促使企业同时进行利用式创新和探索式创新。

综上,提出以下假设:

H1b1:技术导向对双元创新有正向影响。

H1b2:技术导向对探索式创新有正向影响。

H1b3:技术导向对利用式创新有正向影响。

3. 创业导向与双元创新、探索式创新和利用式创新

创业导向是指企业进行技术创新、风险尝试和主动寻求新机会的活动(Miller 和 Friesen,1982)。以创业为导向的企业具有前瞻性,专注于产品创新,勇于尝试新方案,且通常承担着较大的风险(Lumpkin 和 Dess,1996)。创业导向促使企业积极主动地寻求新的机会、开发新技术,使企业不仅能够创造出超前的产品,而且能够先于竞争者商业化新产品,从而拉动顾客需求(Slater 和 Narver,995)。因此,在创业导向下,探索式创新必然会发生。Zhou 等(2005)证明了创业导向对打破框架的真正创新行为的促进作用。

但现有研究关于创业导向对利用式创新的影响存在不一致的观点。一些研究发现了创业导向对利用式创新的正向促进作用(Spanjol 等,2012;Kollmann 和 Stockmann,2014),而另一些研究认为创业导向对利用式创新没有显著影响(Abebe 和 Angriawan,2014)。Spanjol 等(2012)指出创业导向会增加企业对未来趋势的关注,这不仅有助于识别外部环境中的新机会,还有助于在现有市场和产品中找到新的机会,从而促进利用式创新。最新的研究认为,创业导向促进了利用式创新和探索式创新的发生(Kraft 和 Bausch,2016;Kocak 等,2017)。Hult 等(2005)通过实证研究证实,创业导向与创新性呈正相关关系。加之,探索式创新和利用式创新具有相互促进作用(Colbert,

2004),探索式创新的增加可能会驱动利用式创新行为的发生。因此,本研究认为创业导向对利用式创新具有促进作用。

此外,多数学者认为创业导向具有创新性、冒险性和先动性三个核心特征(Miller,1983),不同特征从不同层面作用于企业的创新行为。创新性驱动企业寻求试验、技术领导和研发以产生新的产品、服务和流程。有研究表明,创新性不仅促进企业进入新的领域,还体现了具有实现任何类型的新机会的能力,从而也有助于企业改进和更新现有市场和企业中存在的事物(Cho和Pucik,2005)。Dess和Lumpkin(2005)认为,创新性促进了新产品和新服务的发展,同时增强了企业价值链中改动较小的活动,不仅促进探索式创新,同时促进利用式创新。

冒险性加快企业决策速度,使企业及时抓住转瞬即逝的机会。此外,为了获得超额回报,冒险性促使企业进行风险较大的创新(Dess和Lumpkin,2005)。因而,冒险性与探索式创新有极强的联系。Kollmann和Stockmann(2014)认为冒险性会使企业放弃被过去经验证明有效的方法、现有的产品和市场,因而冒险性对利用式创新有抑制作用,但他们随后的实证研究结果却显示,冒险性对利用式创新的影响不显著。然而,他们的研究建立在探索式创新和利用式创新相互争夺资源的逻辑上,忽视了探索和利用之间的相互促进作用。因此,虽然冒险性对探索式创新有较强的偏向性,但对现有产品的改进和现有市场的深耕,也是一种渐进的改变,仍然需要一定程度的试探和冒险。而且,对未来的探索和冒险也需要过往经验作为支撑,企业通常不会完全抛弃现有知识而重新开始。

先动性促使企业依据预测,在竞争对手之前开发新产品和新技术,拉动顾客需求,超前占领市场,塑造竞争环境。具有先动性特征的企业,注重未来需求的预测,并依据预测结果先于竞争对手制定决策,以确保先发优势(Lumpkin 和 Dess,1996)。Lumpkin 和 Dess(2001)认为先动性促使企业创造全新的资源,因而影响探索式创新。此外,先动性提高了企业对客户需求的认识程度和对市场情报的接受能力,在竞争对手之前改进产品或流程,从而有助于利用式创新(Kollmann 和 Stockmann,2014)。

综上,提出以下假设:

H1c1:创业导向对双元创新有正向影响。

H1c2:创业导向对探索式创新有正向影响。

H1c3:创业导向对利用式创新有正向影响。

H1:战略导向对双元创新、探索式创新和利用式创新有正向影响。

3.3.2 组织学习的中介作用

1. 战略导向与组织学习

面对多变的外部环境,企业需要持续积累知识、更新知识、创新并获取新的竞争优势。因此,越来越体现出组织学习的重要性(陈国权和马萌,2000)。组织学习通常被认为是通过更好的知识纠错以改进组织行动或者结果(Argyris 和 Schon,1978)。组织学习是组织的自适应行为,通过组织学习能够使知识、经验、认知和行为不断改进以更好地适应环境的变化(Cyert 和 March,1963)。Lee 等(1992)认为组织学习发生在组织与环境互动的过程中。因此,为了获得有效和有价值的组织学习,需要有持续的外界信息流入,企业需要通过感知外界的信息来获得一个方向性的指引,促进知识的更新和知识体系的重构。而战略导向作为外界市场和技术信息感知和搜集的机制,及时地将新的知识反馈给企业。这为组织学习提供了必要的新知识来源。

依据 Kohli 和 Jaworski(1990)对市场导向的阐述,以市场为导向的企业重视顾客的实际需求,关注竞争者在市场中的细微举动,设立专门的部门时刻关注顾客需求的变化,搜集与顾客和竞争者相关的情报,这些情报信息被反馈给企业高层领导者,而领导者将有用的信息在组织内传递和共享。顾客和竞争者情报信息的搜集、传播和共享本身可被视为组织学习的过程。Slater 和 Narver(1995)、Baker 和 Sinkula(1999)也认为,市场导向与组织学习密切相关。一些研究证实了市场导向对组织学习的直接促进作用(谢洪明等,2006a;田庆锋等,2018)。

依据 Gatignon 和 Xuereb(1997)对技术导向内涵的理解,以技术为导向的企业重视新技术的引入,关注新技术在新产品中的使用,搜集相关技术信息,并将其应用在新的技术解决方案中。技术导向能够激发组织学习,并且以技术为导向的企业通常拥有丰富的技术知识储备(Zhou 和 Li,2010),这为组织学习提供了良好的基础。Lichtenthaler(2016)指出技术导向促进吸收能力中的知识探索、知识利用和知识保留。Zhou 等(2005)发现技术导向通过组织学习作用于突破性创新。

依据 Slater 和 Narver(1995)对创业导向内涵的理解,以创业为导向的企业关注未来的趋势,积极主动寻求新机会,这些特性使其不仅能够在竞争对手之前创造产品,而且能够在当前顾客的认可之前创造超前产品,从而拉动顾客需求。创业导向使企业不断接触新的信息和事物,走在其他企业的前面,创业导向的特性迫使企业不断学习和积累新知识。Dess等(2009)指出创业对组织学习有直接的影响。Fernández-Mesa和Alegre(2015)认为创业导向是一种管理态度,也可以被认为是组织学习的基本方法,他们通过实证研究发现,创业导向正向影响组织学习能力。田庆锋等(2018)研究发现创业导向各维度均正向影响探索式学习和利用式学习。在深入研究创业导向与组织结果(包括企业绩效、创新和动态能力等)之间的关系时发现,组织学习是这类研究的共同主线,许多研究认为创业导向通过组织学习作用于组织结果(Wang,2008;Zhou等,2005;焦豪等,2008)。

综上,提出以下假设:

H2:战略导向对组织学习有正向影响。

H2a:市场导向对组织学习有正向影响。

H2b:技术导向对组织学习有正向影响。

H2c:创业导向对组织学习有正向影响。

2. 组织学习与双元创新、探索式创新和利用式创新

组织学习与创新有着密切的联系。组织学习能够在动荡的外部环境中,通过寻找新机会和维持现有经营提高组织的创新能力(Dodgson,1993),通过发展和应用新的知识、能力和技术来提高企业的竞争优势(Fiol和Lyles,1985)。从某种程度上,组织学习可以被视为组织创新的一个过程,技术创新是组织学习的一个结果(Benner和Tushman,2003)。还有学者认为组织学习等同于创新(Hurley和Hult,1998),或者认为技术创新是组织学习的一个子集(He和Wong,2004)。但从组织学习的内

涵来看,组织学习使企业不断积累和更新知识,而知识是创新的基础(Hall 和 Andriani,2003)。此外,知识在生成、扩散、共享和记忆过程中会产生新的想法和见解,从而引发创新(Nonaka,1994)。因此,组织学习会促进创新的产生,这一观点得到了绝大多数学者的认同(Hall 和 Andriani,2003)。

Crossan 等(1999)在 4I 框架中将组织学习与探索和利用活动联系在一起,认为探索与支持新颖性的前馈学习过程相关,是吸收新知识的过程,而利用与支持连续性的反馈学习过程相关,是应用已学到的知识,组织学习需要平衡探索与利用之间的张力。有研究认为,组织学习能够促进员工个体获取新知识和发展新思想,有助于员工个体层次的探索和利用行为(Hahn 等,2015)。Benner 和 Tushman(2003)研究发现组织学习的两个维度,即利用性学习和探索性学习,分别正向作用于渐进性创新和突破性创新。Wei 等(2011)明确提出,组织学习为探索式创新和利用式创新提供了基础。一方面,组织学习促使企业深入了解现有的知识,推动现有知识的利用,有利于利用式创新;另一方面,组织学习促使企业从外部获取新知识,将外部的新知识与现有知识结合,形成企业知识库并推动新知识基础的形成,有利于探索式创新。

综上,提出以下假设:

H3:组织学习对双元创新、探索式创新和利用式创新有正向影响。

H3a:组织学习对双元创新有正向影响。

H3b:组织学习对探索式创新有正向影响。

H3c:组织学习对利用式创新有正向影响。

3. 组织学习在战略导向与双元创新、探索式创新和利用式创新关系中的中介作用

组织学习为企业带来新知识和新见解(Slater 和 Narver, 1995)。Dickson(1992)强调学习知识的重要性,他认为在动态和动荡的市场中拥有比竞争对手更快的学习能力可能是可持续竞争优势的唯一来源。从信息处理视角,组织学习包括信息获取、信息传播、共享解释和组织记忆四个过程(Sinkula, 1994)。战略导向是企业外部变动信息的来源,能够为企业提供组织学习和创新所必需的新知识。以市场信息处理、技术信息关注和主动寻求市场机会为导向,会为企业带来丰富的外部信息,极大地增强企业的学习能力。因而,战略导向会促使组织学习的发生。而知识经过组织记忆后,将先前的经验存储在组织中,形成知识积累和知识更新,而这将有助于新见解的产生,从而触发企业创新。在丰富的知识积累的基础上,组织学习能够使组织重新配置资源在探索式创新或利用式创新中,从而保持较高的灵活性。

现有研究表明,组织学习是战略导向与组织结果关系中的重要中介要素,战略导向通过组织学习间接作用于企业绩效(谢洪明, 2005; Noble 等, 2002)、组织创新(谢洪明等, 2006a)、出口强度(Fernández-Mesa 和 Alegre, 2015)、动态能力(焦豪等, 2008)。Zhou 等(2005)研究了市场导向、技术导向和创业导向通过组织学习对突破性创新的作用机制,结果显示,组织学习在战略导向与突破性创新关系中具有部分中介作用。因而,组织学习可能是战略导向与双元创新、探索式创新和利用式创新关系中的重要媒介。

战略导向是企业响应外部环境变动的有效策略,能够为企

业带来关于市场、技术和新的创业机会等方面的丰富信息。作为新知识、新消息和新见解的来源提升企业知识的积累和更新水平,具有促进组织学习的作用,通过组织学习又进一步将知识存储在组织中,而丰富的知识储备是触发企业探索式创新和利用式创新的基础。

综上,提出以下假设:

H4:组织学习在战略导向与双元创新之间具有中介作用。

H4a:组织学习在市场导向与双元创新之间具有中介作用。

H4b:组织学习在技术导向与双元创新之间具有中介作用。

H4c:组织学习在创业导向与双元创新之间具有中介作用。

H5:组织学习在战略导向与探索式创新之间具有中介作用。

H5a:组织学习在市场导向与探索式创新之间具有中介作用。

H5b:组织学习在技术导向与探索式创新之间具有中介作用。

H5c:组织学习在创业导向与探索式创新之间具有中介作用。

H6:组织学习在战略导向与利用式创新之间具有中介作用。

H6a:组织学习在市场导向与利用式创新之间具有中介作用。

H6b:组织学习在技术导向与利用式创新之间具有中介作用。

H6c:组织学习在创业导向与利用式创新之间具有中介作用。

3.3.3　TMT 行为整合的中介作用

1. 战略导向与 TMT 行为整合

TMT 行为整合是指 TMT 在认知理念、价值观、思想上和行动上的集体互动的复杂行为模式,通过行为整合,相互关联的社会和任务过程共同决定了"群体参与互动和集体互动的程度"(Hambrick,1994)。一个行为整合的 TMT 将同时实施与协作行为、信息交换和联合决策相关的社会和任务过程(Simsek 等,2005)。

高层梯队理论认为个体的认知局限导致其无法全面地洞察和诠释外部环境中的变动因素和趋势,而 TMT 整体的决策和评估能够弥补个体的不足。TMT 依据组织情境和自身心理特质做出个性化的诠释和抉择,TMT 成员之间相互交流和协作,从而共同做出准确的预测(Hambrick 和 Mason,1984)。在 Hambrick 和 Mason(1984)、Finkelstein 等(2008)提出的高层梯队理论模型中,都将客观的外部情境视为驱动 TMT 心理感知和行为过程的重要因素。企业的高层管理者们嵌入复杂多变的外部环境中,他们依据自身的价值观和心理特性等认知基础感知环境中的复杂信息,识别机会和威胁,并据此做出评估和判断。因此,环境信息对 TMT 的决策和评估有着直接的影响。

依据战略导向和 TMT 行为整合的内涵,战略导向能够为 TMT 提供更丰富的外部信息和更清晰的决策方向,提高 TMT 成员的感知能力,丰富的信息也使 TMT 成员的意见更加多样化,进而需要通过沟通和协作做出一致的决策。有研究指出,客观的行业环境和市场环境会影响团队的理解力和团队成员之间的行为整合水平,行业的高增长性和高度的市场化增强创业团队对市场和行业的理解能力(Li 和 Zhang,2002),产业增长和市场化与团队理解和行为整合正相关(Li 和 Zhang,2002)。据此,技术导向使企业搜索新技术信息,开发新技术或将新技术应用在新产品中,这促使了 TMT 对技术发展有更深入的理解,技术的变动信息激励高管成员作为一个团队进行决策,预测未来发展趋势;市场导向使企业搜索与顾客需求、竞争企业的产品和竞争者行动相关的信息,这些信息迫使 TMT 成员"坐下来"商谈和探讨,以决定下一步的行动;创业导向使企业寻求新的市场机会、不断尝试新的可能性并主动占领市场,这迫使 TMT 不得不加强沟通并及时做出响应决策。因而,战略导向对 TMT 行为整合具有驱动作用。

综上,提出以下假设:

H7:战略导向对 TMT 行为整合有正向影响。

H7a:市场导向对 TMT 行为整合有正向影响。

H7b:技术导向对 TMT 行为整合有正向影响。

H7c:创业导向对 TMT 行为整合有正向影响。

2. TMT 行为整合与双元创新、探索式创新和利用式创新

TMT 行为整合体现了 TMT 整体的团结和努力水平,一个行为整合的 TMT 能够更好地协调团队的社会和任务过程,包括信息交换、合作行为和联合决策制定(Hambrick,1994),TMT 行为整合的水平将直接影响团队成员对矛盾知识的处理,而这些知识处理的过程影响组织对探索性活动和利用性活动的权衡,行为整合水平越高,同时追求两者的可能性越大(Lucbatkin 等,2006)。正如 Tushman 和 O'Reilly(1997)所说,双元在很大程度上是由 TMT 成员的内部过程驱动的,这些内部过程使他们能够处理大量信息和进行一致的决策,以及处理模糊的问题和冲突。利用性活动涉及明确的知识基础,目的是通过改造现有的技术,进一步满足现有客户的需求来应对当前的环境状况。与此不同的是,探索性活动涉及隐性的知识基础,目的是通过创造新的技术和新的市场来响应和驱动潜在的环境发展趋势。从这一层面上说,探索性活动和利用性活动的知识

过程是相互矛盾的。而一个行为整合的TMT具有行为复杂性,能够做出复杂的战略决策,因而擅长管理这些矛盾的知识过程,从而促进双元组织的构建(Carmeli和Halevi,2009)。

Lucbatkin等(2006)认为行为整合的TMT就像一个论坛,高层管理人员可以公开和自由地交换相互矛盾的知识,解决冲突,并创造一套共同的看法,这样就可以整合和行动起来,从而促进企业发展更加双元的导向。一些研究发现,TMT行为整合有助于双元的构建(Lucbatkin等,2006;Halevi等,2015)。还有研究发现,TMT任务相关多样性通过作用于TMT决策过程,进而影响双元创新(Li等,2016)。

一个缺乏行为整合的TMT,团队成员之间缺少沟通和协作,倾向于只关注自己所在意的地方,容易用独断的方式解决矛盾的问题(Hambrick,1994),这样将无法有效处理探索性活动和利用性活动之间的复杂关系。此外,TMT行为整合本身包含的多样、复杂的特性能够促进利用性活动和探索性活动的发展。一方面,通过相互的协作与合作,行为整合促进了TMT对现有知识库的更深层次和更多样化的理解,通过反馈和校正促进了利用的发展;另一方面,通过高质量信息的交换,行为整合促使TMT产生了信任和互惠的机制,通过刺激隐性知识的分享,促进了探索的发展。TMT行为整合能够同时促进探索式创新和利用式创新的发展。

综上,提出以下假设:

H8:TMT行为整合对双元创新、探索式创新和利用式创新有正向影响。

H8a:TMT行为整合对双元创新有正向影响。

H8b：TMT 行为整合对探索式创新有正向影响。

H8c：TMT 行为整合对利用式创新有正向影响。

3. TMT 行为整合在战略导向与双元创新、探索式创新和利用式创新关系中的中介作用

如前文所述,有较多的研究认为 TMT 行为整合是双元创新的一个重要前因(Lucbatkin 等,2006;Hlevi 等,2015;曲小瑜,2017;Jansen 等人,2008)。此外,前文还建立了战略导向与 TMT 行为整合之间的联系。在动荡的外部环境中,由于信息更新较快,企业不得不设置专门的部门或调研小组去搜集相关的市场和技术信息,快速的信息更迭和模糊的未来前景,迫使企业 TMT 不得不加强沟通和讨论,识别机会和威胁,从而尽快做出对企业有利的决策。这种情况下,比竞争对手更快地采取行动是企业获得竞争优势的关键。即使在稳定的环境中,明确的战略导向也会指引 TMT 交换意见。行为整合的 TMT 依据复杂的情境,各抒己见,全面考虑各种因素,灵活地将资源分配在探索式创新和利用式创新中。此外,战略导向能够通过增强 TMT 成员识别新机会的能力从而促进探索式创新,同时,能够通过增强 TMT 成员对当前情境的深入认知从而促进利用式创新。

综上,提出以下假设：

H9：TMT 行为整合在战略导向与双元创新关系中具有中介作用。

H9a：TMT 行为整合在市场导向与双元创新关系中具有中介作用。

H9b：TMT 行为整合在技术导向与双元创新关系中具有中介作用。

H9c：TMT行为整合在创业导向与双元创新关系中具有中介作用。

H10：TMT行为整合在战略导向与探索式创新关系中具有中介作用。

H10a：TMT行为整合在市场导向与探索式创新关系中具有中介作用。

H10b：TMT行为整合在技术导向与探索式创新关系中具有中介作用。

H10c：TMT行为整合在创业导向与探索式创新关系中具有中介作用。

H11：TMT行为整合在战略导向与利用式创新关系中具有中介作用。

H11a：TMT行为整合在市场导向与利用式创新关系中具有中介作用。

H11b：TMT行为整合在技术导向与利用式创新关系中具有中介作用。

H11c：TMT行为整合在创业导向与利用式创新关系中具有中介作用。

3.3.4　TMT行为整合与组织学习的链式中介作用

1. TMT行为整合与组织学习

一方面，TMT行为整合通过知识分享和知识生成两个过程与组织学习相联系。依据TMT行为整合的内涵，TMT行为整合中的信息交换维度蕴含着知识分享的含义，行为整合的TMT成员互相呈现、交换和讨论信息、观点和知识，在某种程度上就是TMT的知识分享过程(Hambrick,1994)。此外,还可以将这一层含义理解为行为整合的TMT通过相互之间的沟通、交流、意见交换和讨论,促进了信息和知识的分享、传播、解释和生成,而这是组织学习过程的一部分(Slater 和 Narver,1995)。Siegel 和 Hambrick(1996)认为,TMT行为整合水平越高,进行知识交流和分享的机会越多。团队成员之间的合作和交流情况反映了团队整体的运作现状,像一面镜子及时反馈组织运作中的偏差,促进开放沟通并抑制知识隐藏行为(Tushman 和 Nadler,1978)。杨为勇(2015)研究发现,TMT行为整合促进知识分享,TMT行为整合水平越高,成员越愿意分享知识,越不容易发生知识隐藏行为,进而增强组织学习和创新的能力。

另一方面,TMT行为整合通过良好的组织氛围和组织文化与组织学习相联系。行为整合的TMT拥有相似的价值观、信念和态度,TMT成员之间和谐的互动促使产生支持、开放和积极响应的良好氛围和共享、合作的组织文化,而这样的组织氛围和组织文化有助于组织学习的进行(Pérez López 等,2004)。此外,高水平的TMT行为整合促进人际交往中的信任(Carmeli 和 Schaubroeck,2006),自由地交换想法并接纳新变化(Alexiev 等,2010),改变不好的行为习惯,持续进行检测和修正,这为组织学习提供良好的环境氛围。

综上,提出以下假设:

H12:TMT行为整合对组织学习有正向影响。

2. TMT行为整合和组织学习在战略导向与双元创新、探索式创新和利用式创新关系中的链式中介作用

前文提出了"感知-抓住-整合-创新"动态能力形成过程框

架,在这一框架下,构建了"战略导向→TMT行为整合→组织学习→双元创新"理论路径。前文已经阐述了两两变量之间的直接关系,以及TMT行为整合和组织学习在战略导向与双元创新关系中的中介关系。战略导向作为企业与外部环境的响应机制以及企业发展方向的指引标志,灵敏地感知和识别新技术的出现、顾客需求的变化、竞争对手的行动以及新机会的显现,将相关信息反馈给企业,促使企业高层管理者及时做出决策,及时响应,把握机会并采取超前行动(Hambrick,1994)。TMT接收到相关信息和指引后,对企业识别到的外部信息进行判别,将关键信息和有用的知识整合到企业的内部,使其在企业中传播和共享,并营造出开放和共享的氛围,促使员工发表新的见解和想法,从而进一步生成新的知识,促进组织学习(Slater和Narver,1995)。组织学习使组织能够及时更新企业知识库,生成新的知识,加深对已有知识的理解,脱离过时的技术和知识,重构知识体系,而新的知识和技术以及在现有基础上深化的知识和技术是企业进行双元创新的基础(Hall和Andriani,2003)。利用式创新使企业在现有领域和市场中稳固扎根,获得稳定的收益,有助于满足企业成长的需求。探索式创新使企业开拓新的领域和新的市场,寻求新的机会,有助于企业未来的成长。双元创新使企业同时关注现在和未来,灵活应对环境中的各种变动,可以被视为更高级别的动态能力(O'Reilly和Tushman,2008)。战略导向、TMT行为整合、组织学习和双元创新相互作用且环环相扣。因此,战略导向可能通过TMT行为整合和组织学习作用于双元创新。

综上,提出以下假设:

H13：TMT 行为整合与组织学习在战略导向与双元创新、探索式创新和利用式创新关系中具有链式中介作用。

H13a：TMT 行为整合与组织学习在战略导向与双元创新关系中具有链式中介作用。

H13b：TMT 行为整合与组织学习在战略导向与探索式创新关系中具有链式中介作用。

H13c：TMT 行为整合与组织学习在战略导向与利用式创新关系中具有链式中介作用。

3.3.5 变革型领导的调节作用

变革型领导通过建立相互信任的氛围，激发追随者产生高层次需求，使追随者认识到在工作中所承担任务的意义，促使其产生组织利益高于个人利益的信念，从而获得超过预期的结果(Bass,1985)。变革型领导由理想的领导力、智力激发、动机激励和个性化关怀四个属性组成。

Hambrick(1994)在提出的高层梯队理论框架中指出，变革型领导影响 TMT 的行为特征，具体来说，变革型领导促进 TMT 行为整合的社会和任务过程的实现(Ling 等,2008)。首先，变革型领导者通过阐明和传播一个强烈的愿景和使命，提升追随者的社会认同，激励他们将自我概念和自尊建立在所属群体基础上(Burns,1978)，激发他们的自豪感、尊重、信任和忠诚，便于更充分的合作和交流(Shamir 等,1993)。其次，变革型领导激励追随者从不同角度看待问题(Bass,1985)，提高了观点的多样性和复杂性，从而提升了沟通和信息交换的质量，迫使他们做出共同决策。因此，变革型领导能够提高 TMT 行为整合的水平。

变革型领导者引导组织成员不断地预测和适应环境的变化,追求超越现状,热衷于能够改变个人、团队和企业的需求(Bass,1985),从而影响企业的创新和适应能力(Ling等,2008)。变革型领导乐于接受挑战、勇于承担风险,激励下属用新颖思路解决问题,支持探索式创新,同时也通过渐进的变革促进利用式创新(Jansen,2009)。

此外,领导者风格可能会通过影响追随者的探索和利用行为(Zacher等,2016),从而影响组织的探索式创新和利用式创新水平(Huang等,2014;王灿昊和段宇锋,2018),以及双元创新的实现(Zheng等,2016)。变革型领导能够促进TMT的行为整合,激励他们超越自我,在开放、信任、支持的氛围中不断进行探索和利用,灵活应对工作中存在的挑战和困难,从而增强TMT行为整合对双元创新、探索式创新和利用式创新的促进作用。因此,企业的变革型领导水平越高,TMT行为整合对双元创新、探索式创新和利用式创新的作用可能越强。

综上,提出以下假设:

H14:变革型领导正向调节TMT行为整合对双元创新、探索式创新和利用式创新的影响。

H14a:变革型领导正向调节TMT行为整合对双元创新的影响。

H14b:变革型领导正向调节TMT行为整合对探索式创新的影响。

H14c:变革型领导正向调节TMT行为整合对利用式创新的影响。

3.3.6 外部环境的调节作用

1. 外部环境对战略导向与 TMT 行为整合的调节作用

战略管理理论认为,组织要想生存,必须要适应他们所在的环境,因而,外部环境影响企业的战略决策(McCarthy 等,2010;曾萍等,2011)。环境动态性和竞争性是两类重要的外部环境特征(Miller,1987)。动态性反映市场中的不稳定性和变化的程度。竞争性反映的是与竞争者之间的竞争强度,如产品差异化程度、能力差异化程度和低价竞争程度等(Alexiev 等,2015)。有研究认为,环境对组织结构、内部过程和管理决策的影响可能比任何因素都大,甚至具有决定性作用(Duncan,1972)。

首先,环境的动荡性程度越高,给管理者带来的感知不确定性越大,而高层管理者对企业环境的反思和理解在塑造关键的组织选择中起着至关重要的作用(Alexiev 等,2015)。在这种情况下,如果管理者和 TMT 难以进行快速抉择,将会影响战略响应和决策的速度(Nadkarni 和 Barr,2008)。因此,这迫使管理者通过不同的渠道不停地搜寻更多的信息(Daft 等,1988),丰富而繁杂的信息会增加 TMT 之间的交流和沟通,以便更快地商讨出一致的决策。环境的竞争程度越高,管理者越难以预测竞争者行动和未来的发展趋势,这将驱动管理者和 TMT 更关注竞争者行动和竞争产品的相关信息,从而提高管理者之间信息交换的质量和频率,以便更快地做出抉择。Daft 等(1988)认为环境的复杂性和变化速度导致感知的不确定性,而感知的不确定性和重要性共同为高层管理者带来战略不确定性,战略不确定性进一步影响高层管理者的信息扫描频率和扫描模式。

其次,环境的动荡性程度越高,市场需求的不确定性越高,新技术的开发和应用速度越快,环境中隐含的机会越多(Duncan,1972),在这种情况下,企业需要快速感知环境中的变动因素,因而促进企业战略导向水平的增加,以便为企业带来更多的市场、技术和新机会信息。曾萍等(2011)的研究证实了环境不确定性(环境复杂性和动态性)的程度越高,企业创业导向越强,进而影响组织学习和动态能力的水平。因此,环境动态性和竞争性程度越高,战略导向对TMT行为整合的作用可能越强。

综上,提出以下假设:

H15:外部环境正向调节战略导向对TMT行为整合的影响。

H15a:动态性正向调节战略导向对TMT行为整合的影响。

H15b:竞争性正向调节战略导向对TMT行为整合的影响。

2. 外部环境对战略导向与双元创新关系的调节

企业战略管理理论认为,战略管理的本质是企业对外部环境的适应,企业制定战略要依据外部环境的特征进行分析,组织结构的变化和调整要与外部环境特征相匹配。外部环境的动态性和竞争性是战略管理中重要的权变因素。

首先,战略导向是组织对外部环境信息的响应。前文提到,战略导向影响组织的探索式创新、利用式创新和双元创新的水平,而战略导向的有效性取决于市场的性质(Kohli和Jaworski,1990)。企业所处环境的动态性和竞争性水平越高,越需要战略导向来获取精确的信息和指引未来的发展方向。有研究发现,对市场机会的感知越强,顾客导向和竞争者导向对探索性能力和利用性能力的正向作用就越强(Atuahene-Gima,2005)。而Gatignon和Xuereb(1997)认为在不同的环境特征中,企业应采

第3章 理论分析与研究假设

取不同的战略导向,并进行与之对应的创新。具体来说,当市场高增长时,应采用竞争者导向以进行低成本创新;当市场需求相对不确定性时,应采用顾客导向和技术导向以进行市场创新。

其次,探索式创新、利用式创新和双元创新的有效性受到环境动态性和竞争性的影响。Tushman 和 O'Reilly(1996)认为,当外部环境相对稳定时企业应专注于利用式创新,但外部环境相对动荡时企业应专注于探索式创新。还有研究指出,在高动态性的环境中企业应追求探索式创新(Huang 等,2014)和双元创新(奚雷等,2018),在高竞争性的环境中企业应追求利用式创新和双元创新(Jansen 等,2006)。但无论在高动态性还是高竞争性的环境中,只采用一种创新方式都会使企业陷入麻烦。因而,在动态性和竞争性较高的环境中,企业应进行双元创新来灵活应对环境中的不确定性,同时可以配置更多的资源进行探索式创新来寻求更多的新机会。在动态性和竞争性较低的环境中,企业应配置相对更多的资源进行利用式创新来实现稳定的增长,同时也需要配置一些资源在探索式创新上,以寻找更多的获得超额利润的新机会。但在这种情况下,企业的探索式创新和利用式创新的水平均比在高动态性和高竞争性的环境中的相应水平低(王凤彬等,2012)。因此,环境动态性和竞争性程度越高,战略导向对双元创新、探索式创新和利用式创新的作用可能越强。

综上,提出以下假设:

H16:外部环境正向调节战略导向对双元创新、探索式创新和利用式创新的影响。

H16a:外部环境正向调节战略导向对双元创新的影响。

H16a1:动态性正向调节战略导向对双元创新的影响。

H16a2：竞争性正向调节战略导向对双元创新的影响。

H16b：外部环境正向调节战略导向对探索式创新的影响。

H16b1：动态性正向调节战略导向对探索式创新的影响。

H16b2：竞争性正向调节战略导向对探索式创新的影响。

H16c：外部环境正向调节战略导向对利用式创新的影响。

H16c1：动态性正向调节战略导向对利用式创新的影响。

H16c2：竞争性正向调节战略导向对利用式创新的影响。

3.4 本章总结

本章建立了动态能力视角下双元创新形成机制的链式中介模型，同时对战略导向（市场导向、技术导向、创业导向）、TMT行为整合、组织学习、双元创新、利用式创新、探索式创新、变革型领导和外部环境（环境动态性、环境竞争性）之间的关系进行了假设论证，共有16个主要假设。所有假设的关系如表3.1所示。

表3.1　16个主要假设的关系表

作用关系类型	具 体 假 设
1. 直接作用	H1：战略导向对双元创新、探索式创新和利用式创新有正向影响 H1a1：市场导向对双元创新有正向影响 H1a2：市场导向对探索式创新有正向影响 H1a3：市场导向对利用式创新有正向影响 H1b1：技术导向对双元创新有正向影响 H1b2：技术导向对探索式创新有正向影响 H1b3：技术导向对利用式创新有正向影响 H1c1：创业导向对双元创新有正向影响

续 表

作用关系类型	具 体 假 设
1. 直接作用	H1c2：创业导向对探索式创新有正向影响 H1c3：创业导向对利用式创新有正向影响
2. 组织学习的中介作用	H2：战略导向对组织学习有正向影响 H2a：市场导向对组织学习有正向影响 H2b：技术导向对组织学习有正向影响 H2c：创业导向对组织学习有正向影响 H3：组织学习对双元创新、探索式创新和利用式创新有正向影响 H3a：组织学习对双元创新有正向影响 H3b：组织学习对探索式创新有正向影响 H3c：组织学习对利用式创新有正向影响 H4：组织学习在战略导向与双元创新之间具有中介作用 H4a：组织学习在市场导向与双元创新之间具有中介作用 H4b：组织学习在技术导向与双元创新之间具有中介作用 H4c：组织学习在创业导向与双元创新之间具有中介作用 H5：组织学习在战略导向与探索式创新之间具有中介作用 H5a：组织学习在市场导向与探索式创新之间具有中介作用 H5b：组织学习在技术导向与探索式创新之间具有中介作用 H5c：组织学习在创业导向与探索式创新之间具有中介作用 H6：组织学习在战略导向与利用式创新之间具有中介作用 H6a：组织学习在市场导向与利用式创新之间具有中介作用 H6b：组织学习在技术导向与利用式创新之间具有中介作用 H6c：组织学习在创业导向与利用式创新之间具有中介作用
3. TMT 行为整合的中介作用	H7：战略导向对 TMT 行为整合有正向影响 H7a：市场导向对 TMT 行为整合有正向影响 H7b：技术导向对 TMT 行为整合有正向影响 H7c：创业导向对 TMT 行为整合有正向影响 H8：TMT 行为整合对双元创新、探索式创新和利用式创新有正向影响 H8a：TMT 行为整合对双元创新有正向影响 H8b：TMT 行为整合对探索式创新有正向影响 H8c：TMT 行为整合对利用式创新有正向影响 H9：TMT 行为整合在战略导向与双元创新关系中具有中介作用 H9a：TMT 行为整合在市场导向与双元创新关系中具有中介作用

续 表

作用关系类型	具 体 假 设
3. TMT行为整合的中介作用	H9b：TMT行为整合在技术导向与双元创新关系中具有中介作用 H9c：TMT行为整合在创业导向与双元创新关系中具有中介作用 H10：TMT行为整合在战略导向与探索式创新关系中具有中介作用 H10a：TMT行为整合在市场导向与探索式创新关系中具有中介作用 H10b：TMT行为整合在技术导向与探索式创新关系中具有中介作用 H10c：TMT行为整合在创业导向与探索式创新关系中具有中介作用 H11：TMT行为整合在战略导向与利用式创新关系中具有中介作用 H11a：TMT行为整合在市场导向与利用式创新关系中具有中介作用 H11b：TMT行为整合在技术导向与利用式创新关系中具有中介作用 H11c：TMT行为整合在创业导向与利用式创新关系中具有中介作用
4. 链式中介作用	H12：TMT行为整合对组织学习有正向影响 H13：TMT行为整合与组织学习在战略导向与双元创新、探索式创新和利用式创新关系中具有链式中介作用 H13a：TMT行为整合与组织学习在战略导向与双元创新关系中具有链式中介作用 H13b：TMT行为整合与组织学习在战略导向与探索式创新关系中具有链式中介作用 H13c：TMT行为整合与组织学习在战略导向与利用式创新关系中具有链式中介作用
5. 变革型领导的调节作用	H14：变革型领导正向调节TMT行为整合对双元创新、探索式创新和利用式创新的影响 H14a：变革型领导正向调节TMT行为整合对双元创新的影响 H14b：变革型领导正向调节TMT行为整合对探索式创新的影响 H14c：变革型领导正向调节TMT行为整合对利用式创新的影响

续　表

作用关系类型	具　体　假　设
6. 外部环境的调节作用	H15：外部环境正向调节战略导向对 TMT 行为整合的影响 H15a：动态性正向调节战略导向对 TMT 行为整合的影响 H15b：竞争性正向调节战略导向对 TMT 行为整合的影响 H16：外部环境正向调节战略导向对双元创新、探索式创新和利用式创新的影响 H16a：外部环境正向调节战略导向对双元创新的影响 H16a1：动态性正向调节战略导向对双元创新的影响 H16a2：竞争性正向调节战略导向对双元创新的影响 H16b：外部环境正向调节战略导向对探索式创新的影响 H16b1：动态性正向调节战略导向对探索式创新的影响 H16b2：竞争性正向调节战略导向对探索式创新的影响 H16c：外部环境正向调节战略导向对利用式创新的影响 H16c1：动态性正向调节战略导向对利用式创新的影响 H16c2：竞争性正向调节战略导向对利用式创新的影响

第4章 研究方法

本研究通过对战略导向、TMT行为整合、组织学习、双元创新、变革型领导和外部环境六个主要研究变量的概念、内涵、维度和相关研究的梳理,发现了现有研究的不足和空白点,在综合运用动态能力理论、高层梯队理论和组织双元性理论的基础上,紧密结合企业的实际经营现状,建立了双元创新形成机制的理论框架,并推导了具体的研究假设。在本章内容中,将进一步分析研究的访谈设计、问卷设计、调研样本的选取、变量设计与测量、数据搜集、数据分析方法以及预调研和因子分析,为后续的假设检验和数据统计分析打下良好基础。

4.1 访谈设计

访谈法是管理学的主要研究方法之一,包括结构化访谈和半结构化访谈两种形式。结构化访谈是正式的标准访谈形式,有正式的问卷和标准的访谈过程,目的是进行定量研究。半结构化访谈是非正式的访谈形式,没有标准的访谈过程,而是按照粗略的访谈提纲自由交谈,访谈过程灵活,目的是通过定性分析深入了解研究问题。

为了了解企业实践中探索式创新、利用式创新和双元创新的水平和实现机制,以及战略导向、TMT 行为整合、组织学习、双元创新、变革型领导和外部环境六个主要变量在企业中的实施情况,以使本研究的理论框架更具合理性,测量量表更加符合企业实践,本研究采用半结构化访谈的形式。通过半结构化访谈法,能够深入了解企业的真实运作情况以及管理者对于研究问题的具体见解和想法,获得关于双元创新实现机制的第一手资料,为本研究理论框架的建立提供支持。

4.1.1 访谈的对象

为了详细、深入地了解战略导向、TMT 行为整合、组织学习、双元创新、变革型领导和外部环境之间的关系和双元创新形成机理,本研究选取就职于成立 3 年以上的企业、企业员工数量大于等于 50 人、高层管理人员大于 3 人以及具有创新行为的企业的 CEO、COO、CFO、总裁、副总裁、总经理和副总经理等高层管理团队成员作为访谈对象,依托在职 MBA 学员、EMBA 学员和项目团队成员等社会资源,按照所在地区、就职岗位、所属行业分布多样化的原则,在 2018 年 1—2 月,先后选取并联系了 10 名符合访谈要求的受访者。这 10 位受访者均在所属企业具有一定的工作年限和丰富的工作经验,对企业的运作情况有详细的了解。具体信息如表 4.1 所示。

表 4.1 半结构化访谈对象基本信息

受访者序号	职位	省(市)	工作年限	所属行业
A	CEO	广东	5	制造业
B	CEO	吉林	3	金融业

续 表

受访者序号	职位	省(市)	工作年限	所属行业
C	总裁	广东	6	制药
D	CFO	浙江	3	信息和通信技术
E	副总经理	上海	5	信息和通信技术
F	COO	上海	4	医疗设备
G	研发经理	江苏	3	软件开发
H	董事长	辽宁	8	生物技术
I	总经理	广西	4	服务业
J	总经理	辽宁	6	制造业

4.1.2 访谈的实施

本研究采用面对面、视频以及通过电话直接交谈的方式进行半结构化访谈,并采用录音笔记录信息,以方便在后续整理资料过程中补充访谈现场未捕捉到的信息。为了保证充分获得访谈资料,并避免时间过长导致受访者的排斥情绪和消极应答行为,本研究将每次访谈时间限定为 1 小时。下文将简要介绍访谈的实施过程,包括访谈前、访谈中和访谈后三部分内容。

访谈前。第一,紧密围绕研究问题设置访谈提纲,反复思考访谈提纲的合理性,同时避免访谈问题涉及企业的保密信息。第二,邀请战略管理领域内的 3 名学者对访谈提纲进行评议,并提出意见和建议,选取 1 名受访者进行预访谈,预估访谈时间和访谈效果,从而对调研提纲进行进一步的修订。第三,选取并联系愿意接受访谈的受访者,简要介绍访谈目的、访谈内容和访谈时长,与受访者约定访谈方式、地点和时间。第四,准备访谈资料,包括访谈提纲、笔记本、签字笔和录音笔等,并向有经验的学者请教访谈技巧。

访谈中。第一,向受访者详细介绍此次访谈目的、主要内容和研究意义,以及对此次访谈的保密性,并就录音事宜征得受访者同意。强调访谈信息仅用于学术研究,营造轻松的氛围,引导受访者真实、客观地回答访谈问题,争取受访者的积极合作,以保证访谈的有效性。第二,依据访谈提纲灵活地提出问题,给予受访者充分的思考时间,引导受访者多阐述见解,并深入交流观点。第三,根据调研对象反馈的信息,及时调整调研提纲和问题的提出方式,以尽可能获取详尽真实的信息。第四,对访谈内容做好详细记录,抓取关键信息,对于面对面的访谈,关注受访者通过动作、神态、行为、情绪和微表情等展现出的一切信息。

访谈后。第一,与受访者保持联系,在后续过程中及时补充模糊信息,归纳并分析关键信息。第二,及时拷贝和整理访谈资料,并妥善保存。第三,依据访谈现场记录的信息和录音内容细致分析访谈内容,从而及时调整变量间关系和理论框架。

4.1.3　访谈的结果

通过对 10 名企业高层管理者的半结构化访谈,充分了解企业管理者对于战略导向、TMT 行为整合、组织学习、双元创新、变革型领导和外部环境各变量的内涵和关系的看法和见解,初步确定各变量之间的作用关系,评估理论模型的合理性。此外,为之后的调研问卷设计提供了一定的参考。通过访谈,主要得到以下五点结果。

第一,初步了解了企业中双元创新的实施情况。通过访谈了解到,由于管理理论与企业实际经营脱节这一现实情况,企业中基本没有双元创新的概念,但在实际运作中,有探索性和利用性的行为,通过具体的解释后,受访者能够理解双元创新、探索式创新和利用式创新的概念,并将其与企业的实际经营情况进行联系。通过访谈发现,在日常运作中,多数企业会持续性地依据顾客的意见改进产品的功能、设计和包装等,不断进行产品的升级。同时,也会关注行业内新技术的发展情况。例如,大数据分析在市场营销中的应用,5G网络覆盖给企业带来的影响等。持续的改进和升级是企业的经常性活动,但由于近年来新技术的不断出现,对企业造成了或大或小的冲击。因而,多数管理者意识到了研发新产品和探索新技术的重要性,并尝试在企业中设立单独的部门或者激励现有部门中的员工进行探索式创新。在所有受访者中,有9名受访者认为在企业中实施双元创新是重要的,他们充分感知到了行业的变动给企业带来的危机;1名受访者表示,企业在研发上的资金投入较少,认为当前没有更多的经济实力和精力进行新技术的探索和新产品、新服务的研发,目前仍需维持基本运营,他们虽认同技术研发的重要性,但表示无法承受研发失败带来的风险,只能采用消极的方式应对技术的变革。

第二,初步明确了战略导向与双元创新之间的关系。有9名受访者表示,战略导向与企业的创新方式和创新水平密切相关。这类企业会依据市场中的变动信息调整创新方式,企业会时刻关注市场上新出现的受欢迎的产品,研究产品的特征,并随之调整创新方案进行开发和商业化。依据产品创新的程度,选择改进现有产品或者是进行一些研发和重新设计。另有1名受访者表示,企业创新几乎不会受到战略导向的影响。这一企业在领域内深耕多年,更多地依据现有的知识基础进行创新,不会特别受到市场和技术信息的影响,并且相信企业自身对未来发展趋势有比较准确的预测。

第三,初步明确了 TMT 行为整合和组织学习的中介作用。在 9 名认为双元创新受到战略导向影响的受访者中,有 8 名表示 TMT 行为整合和组织学习在战略导向与双元创新关系中具有中介作用。其中,5 名受访者表示,TMT 行为整合是必要的中介,高层管理者的决策在企业的双元创新中起到特别重要的作用,而组织学习是长期的积累,相比于 TMT 行为整合的作用要相对弱一些;3 名受访者表示,组织学习的中介作用更强,企业需要不断地积累知识才能应对外部变动对企业创新的需求。另有 1 名受访者表示,这些变量之间的作用关系是相互的,很难说清逻辑关系。在整个链式中介的访谈中,有 7 名受访者认为链式中介的逻辑关系是成立的。

第四,初步明确了外部环境特征和变革型领导的权变影响。10 名受访者均表示,外部环境的动态性和竞争性是战略导向作用效果的影响因素,且外部环境对企业战略决策具有较大的影响。对于变革型领导的权变影响,受到了 8 名受访者的赞同,认为企业 CEO 的领导风格会影响 TMT 的做事方式和决策倾向,而领导越喜欢改革和创新,越能增进管理者之间的交流,也会促进创新水平的提高。

第五,依据访谈获得的结果,更深入地了解了各变量的内涵及企业在实践中的具体操作。鉴于此,本研究对下一步调研问卷的题项设置有了初步的想法。在此之后,依据受访者在变量阐述中提到的具体操作事项,对调研问卷的题项进行了调整,以更贴合企业的实际情况。

4.2　问卷设计

陈晓萍等(2012)在《组织与管理研究的实证方法》一书中指出,问卷调查法是管理学研究中最常使用的方法。问卷调查法是指通过在问卷中设置测量变量的量表,选择调研对象进行填答,搜集研究数据,进而进行统计分析的一种方法。通过问卷调查法能够快速、准确、方便地获得第一手数据,数据来源真实可靠,有效反映企业的真实运作情况,是既实用又经济的研究方法。由于问卷调查法是通过调研对象直接填答的方式采集数据,因而,调研问卷的质量直接影响调研对象在填答时的态度和反应,影响获得数据的真实可靠性,以及假设检验和结论的准确性。因此,本研究依据第 3 章提出的理论框架和研究假设,在借鉴第 2 章文献梳理结果的基础上,采用科学合理的方法进行了问卷设计。采用问卷调查方法实证检验上文提出的研究假设,以使理论研究和实证研究相结合。

4.2.1　问卷的设计过程

问卷的设计内容主要包括变量的选择和测量量表的制定,本研究围绕这两部分内容,结合国内外学者的研究,通过以下四个过程设计问卷:第一,在充分进行文献研究的基础上,选取变量、界定变量内涵和维度,并依据现有研究的成熟量表制定初步的问卷。第二,依据中国情境以及半结构化访谈获得的信息,对初步形成的问卷题项内容和措辞进行调整,使其更加符合企业实际情况。

第三，邀请 2 名战略管理领域的专家对问卷进行评议，提出建议和意见，并进一步修改，以保证问卷的合理性和科学性。第四，选取在职 MBA 学生进行预调研，初步检验问卷的信度和效度，依据反映出的问题再次调整问卷的题项和措辞，并形成最终问卷。

4.2.2 问卷的结构

调研问卷共分为三个部分：第一，引导语。在正式问卷开始之前，设计了问卷的引导语。说明此次问卷的调研目的、主要调研内容、大概需要的时间、问卷的填答方式以及对问卷客观性的期待，使填答者对调研内容有基本的认识，引导调研对象客观真实作答，放下戒备，为正式填答问卷做准备，进而提高数据的真实性和可靠性。第二，变量测量。变量测量是整个问卷最核心的部分，包括战略导向、TMT 行为整合、组织学习、双元创新（探索式创新、利用式创新）、变革型领导和外部环境六个主要变量，所有变量均采用 Likert 5 点量表进行测量。第三，调研企业和调研对象的基本信息。由于本次调研问卷要说明企业的信息，包括 TMT 成员的行为情况，因此，选取企业高层管理者进行调研，调研的基本信息包括就职企业所处的行业、企业的性质、企业的成立年限、企业的员工数量、调研对象的年龄、在企业担任的职务、高层管理团队成员数量等。

4.3　调研样本的选取

在动态转型经济体中，各行各业都面临转型升级的挑战。

高新技术不仅应用在生物技术、互联网和智能设备等高端科技型企业之中,也应用在普通的制造业、服务业和金融业中。信息技术和互联网的发展给各行各业都带来前所未有的挑战与机遇。因此,本研究的样本并不局限于高新技术行业,同时也包括制造业、金融业和服务业等行业。调研地点定位于吉林省、辽宁省、河北省、天津市、北京市、上海市、广东省。

样本选择标准有以下几点:经营时间至少 3 年,用以说明企业已稳定运营,而不是处于初创期;企业员工人数大于等于 50 人,用以说明企业具有一定的规模,内部体制相对健全;企业在过去 3 年有探索式或利用式的创新行为,用于保证企业的双元创新;高层管理人员大于等于 3 人,用以保证 TMT 的行为整合。选取标准在发放问卷前予以说明,并在问卷的基本信息中设置选项,以确保样本符合标准。

4.4 变量设计与测量

依据前文的文献梳理和理论研究,针对战略导向、TMT 行为整合、组织学习、双元创新(探索式创新、利用式创新)、变革型领导和外部环境六个主要变量以及量表进行设计。所有量表均翻译和改编自国外成熟量表,在访谈、专家评审和预调研的基础上,经多次修订,形成最终测量量表。此外,所有变量均采用 Likert 5 点计分方法进行测量和评估("5"代表非常同意,"1"代表非常不同意)。

4.4.1 被解释变量

如前文所述,本研究中被解释变量是双元创新、探索式创新和利用式创新。双元创新由探索式创新和利用式创新两个变量的评分计算得出,计算公式为 $(5-|x-y|) \times \sqrt{x \times y}/5$(5 表示 Likert 量表的点数)。依据第 2 章的梳理,采用 Jansen 等(2006)开发的成熟量表测量探索式创新和利用式创新。探索式创新和利用式创新量表共包括 12 个题项,如表 4.2 所示。

表 4.2 探索式创新、利用式创新量表

变量	题项	来源
探索式创新	接受超越现有产品和服务的需求	Jansen 等,2006
	发明新的产品和服务	
	在本地市场试验新产品和服务	
	商业化全新的产品和服务	
	经常利用新市场中的新机会	
	经常使用新的销售渠道	
利用式创新	经常改进现有产品和服务	
	定期对现有产品和服务进行小规模调整	
	为本地市场引进改进的现有产品和服务	
	提高提供产品和服务的效率	
	增加现有市场的规模经济	
	为现有客户扩展服务	

4.4.2 解释变量

如前文所述,本研究的解释变量为战略导向,将战略导向划分为市场导向、技术导向和创业导向三个维度。对于市场导向,采用 Narver 和 Slater(1990)开发的量表,从顾客导向和竞争者导向两方面进行测量。对于技术导向,采用 Gatignon 和 Xuereb(1997)开发的量表测量。对于创业导向,在 Covin 和 Slevin(1989)、Naman 和 Slevin(1993)开发的量表的基础上,结合 Miller(1983)、Lumpkin 和 Dess(1996)对创业导向维度的划分和内涵界定,改编了包含创新性、冒险性和先动性三个方面内容的量表。战略导向量表共包括 17 个题项,如表 4.3 所示。

表 4.3 战略导向量表

维度	题项	来源
市场导向	竞争优势建立在理解顾客需求的基础上	Narver 和 Slater,1990
	业务目标主要由顾客满意度驱动	
	经常系统地评估顾客满意度	
	非常重视售后服务	
	销售人员经常分享竞争对手的信息	
	对威胁我们的竞争性行为反应迅速	
	高层管理人员经常讨论竞争对手的策略	
技术导向	在新产品开发中使用尖端的技术	Gatignon 和 Xuereb,1997
	新产品一直处于技术的最先进水平	

续 表

维　度	题　项	来　源
技术导向	基于研究成果的技术创新在我们的组织中很容易被接受	Gatignon 和 Xuereb,1997
	技术创新在我们的管理中很容易被接受	
创业导向	重视研发、技术领先和创新	Covin 和 Slevin, 1989; Naman 和 Slevin,1993
	开发新的产品和服务	
	采取的行动会激发竞争对手的响应	
	采取进取的姿态开发潜在机会	
	倾向于高风险、高回报的项目	
	积极应对环境变动带来的挑战	

4.4.3　中介变量

如前文所述,本研究有两个中介变量,分别为 TMT 行为整合和组织学习。

TMT 行为整合,依据第 2 章的梳理,采用 Simsek 等(2005)开发的成熟量表,从协作行为、信息交换和联合决策三个方面进行测量。TMT 行为整合量表共包括 9 个题项,如表 4.4 所示。

组织学习,依据第 2 章的梳理,采用 Zhou 等(2005)改编的量表,从信息获取、信息传递、共享解释和组织记忆四个方面进行测量。组织学习量表共 9 个题项,如表 4.5 所示。

表 4.4 TMT 行为整合量表

维 度	题 项	来 源
协作行为	当某个团队成员很忙时,其他团队成员会自愿帮助处理工作	Simsek 等,2005
	高管团队成员灵活地转换职责使彼此之间的事情更容易处理	
	高管团队成员自愿帮助彼此在规定时间内完成工作	
信息交换	高管团队成员经常交流新想法	
	高管团队成员会进行交流并提出更好的解决方案	
	高管团队成员会互相激发以提升创造力水平	
联合决策	高管团队成员会让彼此了解每个行动对他人的影响	
	高管团队成员对共同的问题和其他成员的需求有清晰的认知	
	高管团队成员了解彼此的要求和期望	

表 4.5 组织学习量表

维 度	题 项	来 源
信息获取	经常拜访其他企业	Zhou 等,2005
	经常参加专家报告	
	经常参加培训项目	
信息传递	经常交流关于学习知识的想法	
	经常与高层管理者分享学到的知识	
共享解释	鼓励团队合作、团队决策和内部沟通	
	善于解决员工之间的矛盾	
组织记忆	开发新产品方面拥有丰富的知识	
	在制定新生产工艺方面有丰富的知识	

4.4.4 调节变量

如前文所述,本研究中有两个调节变量,分别为变革型领导和外部环境。

关于变革型领导,由于现有变革型领导的测量量表较为详尽,测量题项较多,且本研究中的变量数量较多,因此,为了避免被调查者因题项过多而产生消极的情绪,影响测量效果,依据第2章的梳理,本研究在Avolio和Bass(2002)、Podsakoff等(1990)的变革型领导测量量表的基础上,改编了包含理想化的影响力、动机激励、智力激发和个性化关怀四个方面的测量量表。变革型领导量表共包括8个题项,如表4.6所示。

表4.6 变革型领导量表

维 度	题 项	来 源
理想化的影响力	领导者对组织愿景有清晰的认知	Avolio和Bass,2002;Podsakoff等,1990
	领导者是追随者学习的榜样	
动机激励	领导者激励追随者为了集体目标努力	
	领导者鼓励追随者参与组织规范的制定	
智力激发	领导者激励追随者快速适应不断更新的组织规范	
	领导者激励追随者超额完成工作任务	
个性化关怀	领导者积极为追随者提供专业指导和培训	
	领导者能够很快采纳追随者的建议	

外部环境,包括动态性和竞争性两个维度。本研究在Alexiev等(2015)、Jaworski和Kohli(1993)使用的量表的基础上,改编

了包括动态性和竞争性两个维度的外部环境量表。外部环境量表共包括 6 个题项,如表 4.7 所示。

表 4.7 外部环境量表

维　度	题　　项	来　　源
动态性	行业环境变化剧烈	Alexiev 等,2015; Jaworski 和 Kohli,1993
	顾客经常要求新的产品和服务	
	变革在行业中持续发生	
竞争性	有相对强大的竞争对手	
	行业竞争非常激烈	
	价格竞争是行业的一个标志	

4.4.5　控制变量

由于研究中的样本选择较为广泛,因此需要控制企业的一些特征。有研究认为,组织规模影响企业中探索式创新和利用式创新的水平(McDermott 和 Prajogo,2012)。同时,企业年限、企业性质和行业类别影响企业组织学习和创新的实施(Jiménez-Jiménez 和 Sanz-Valle,2011)。因此,本研究选取的控制变量包括企业规模、行业类型、企业成立年限和企业性质。企业的成立年限分为四个类别:3～5 年、6～10 年、11～15 年和16 年以上。本研究采用企业员工人数衡量企业规模的大小,并将其划分为五个类别:50～100 人、101～500 人、501～1 000人、1 001～2 000 人、2 001 人以上。所属行业划分为九个类别:制造业,服务业,金融业,房地产业,电子产品,生命科学(包括制药、生物技术和医疗设备)、信息和通信技术、新兴技术(包括软件开发、数据存储和显示、数据处理、传感器和成像技术)、其他。企业性质可分为私营、国有、合资和外资四个类别。

4.5 数据搜集

本研究的调研定位于吉林省、辽宁省、河北省、天津市、北京市、上海市、广东省的企业。采用问卷调研的方法,为了方便搜集数据,调研形式包括现场发放纸质问卷二维码(扫描二维码后在线填答)、网上发放在线问卷两种方式,均为在线填答。研究中涉及的构念来源于企业高管的感知,因此,调查对象为企业经理或以上级别的高层管理人员。从2018年3—6月,进行了为期3个月的调研。问卷的具体发放过程为,通过亲自前往以及委托朋友的方式,在上述地区的软件园区、高科技园区、产业园区、工业园区、服务业园区、物流园区等企业聚集区发放问卷700份,回收问卷597份,剔除不符合标准的无效问卷45份,最终获得552份有效问卷,有效回收率为78.9%,表明调研样本具有一定代表性。

4.6 数据分析方法

本研究主要采用SPSS 24.0和Amos 17.0两种软件对通过调研问卷获得的一手数据进行描述性统计分析、信度和效度分析、相关分析、回归分析和 Boorstrap 分析,以检验量表的可靠性、有效性以及数据的科学性和合理性,并对提出的假设进行验证。

第一,描述性统计分析主要是对样本企业的年限、行业、性质、所属区域和规模等基本信息的分布情况进行统计,统计指标包括不同分段或类别的频数、所占百分比和累计所占百分比,通过描述性统计分析,可以简要判断样本的覆盖面,即离散程度,并据此推测研究结果是否具有一般性,以及是否能广泛适用。样本企业在各方面的分布越均匀,说明样本越具有代表性,研究结果能够广泛适用。此外,本研究还通过描述性统计分析方法检测了量表所有题项的均值、方差、标准差、偏度和峰度,以检测量表中每一题项得分的分布情况。

第二,信度和效度是针对量表进行的检验,信度是指对量表可靠性的检验,效度是指对量表有效性的检验。通常采用 Cronbach α 系数(大于 0.7 表示量表具有较好的一致性)这一指标对量表的信度进行检测。对于效度,一般包括内容效度和建构效度,而建构效度又包括聚合效度和判别效度。首先,内容效度通常通过在量表设计中对题项的设置和措辞的仔细斟酌来进行控制。为了获得较好的内容效度,本研究采用文献研究、访谈、英汉互译、专家评估和预调研五个过程来设置量表。其次,聚合效度通常通过因子分析中的因子载荷、CR(组合信度)值、AVE(平均变异抽取量)值来判断。最后,对于判别效度,一方面可以通过将某个变量与其他变量的相关系数与该变量的 AVE 值平方根进行比较来判断,若所有变量的 AVE 平方根全部大于该变量与其他变量的相关系数,则认为具有较好的判别效度；另一方面，还可以通过验证性因子分析的拟合指数来判断，若 $\chi^2/\mathrm{d}f$ 低于 5，RMSEA 低于 0.08，CFI、NFI、RFI、IFI、TLI 均大于 0.9，则说明模型具有较好的拟合度，即量表判别效度较好。

第三，相关分析是指通过变量之间的相关系数来分析他们之间相关性的大小，通常采用 Pearson 系数值来衡量。Pearson 系数的取值范围为"−1"到"+1"，负值表示负相关，正值表示正相关，绝对值越大表明相关性越大，联系越紧密。通过相关性分析，可以初步了解变量之间的联系情况，为进一步的回归分析提供参考。

第四，回归分析是指通过构建回归模型来检验变量之间的因果关系。首先，通过 t 检验方法计算 p 值的大小，当 p 小于 0.05 时表示因果关系显著，当 p 小于 0.01 时表示因果关系极其显著。其次，通过 F 检验方法计算 F 值和调整后的 R^2（即 Adj.R^2）值来判别因果关系的大小，即自变量能够解释因变量的百分比。再次，通过回归系数判断因果关系的方向，若回归系数为正数，则说明正相关，若回归系数为负数，则说明负相关。此外，通过分层回归分析方法分析变量之间的中介效应，若将自变量和中介变量同时导入回归方程后，自变量与因变量之间的回归系数显著下降，则证明中介效应存在。最后，通过将自变量与调节变量的交互项引入回归方程来检验调节效应，若交互项与因变量的回归系数显著，且 R^2 变化值显著，则证明调节效应存在。但在这一过程中需要对各变量进行中心化处理。在所有的回归分析中，本研究都将控制变量进行了虚拟化后引入了回归方程以排除控制变量的影响。

第五，为了更准确地检验中介效应和链式中介效应，本研究还采用了 Bootstrap 方法，Bootstrap 方法的指标值，包括系数、标准误和 Bootstrap(95% 置信区间)的 C.I 值，若最低值与最高值之间不包括 0，则说明中介效应存在。

4.7 预调研和因子分析

在进行正式调研之前，进行了小范围的预调研。具体预调研过程为，首先，在非全日制 MBA 学员的课堂上实地发放纸质二维码问卷，问卷发放给在职的经理级别或以上的 MBA 学员，学员通过手机扫描二维码后在线填写；其次，在 2018 级 MBA 备考群中选取经理级别或以上的备考学员发放在线问卷；最后，在吉林大学上海、北京、广州校友群中选取经理级别或以上的校友发放在线问卷。共发放问卷 200 份，回收有效问卷 157 份，有效回收率为 78.5%。

针对回收到的预调研数据实施因子分析，以检验战略导向、TMT 行为整合、组织学习、双元创新、变革型领导和外部环境六个主要变量的信度和效度。采用了普遍使用的 Cronbach α 系数、CITC 进行信度分析，并且进行了 KMO 值、Bartlett 球形检验，检验测量量表的内部一致性程度。

4.7.1 探索式创新和利用式创新量表检验

本研究检验了探索式创新量表的信度，结果显示，Cronbach α 系数为 0.874(大于 0.7)，所有题项的 CITI 值都在 0.5 以上

(CITI最小值为0.596),项已删除的Cronbach α系数值均小于0.874,表明不需要删除题项,包含现有题项的探索式创新量表的内部一致性较好。具体指标值如表4.8所示。

表4.8 探索式创新的信度分析

变量	题项	校正的项与总计相关性(CITI)	项已删除的Cronbach α系数值	Cronbach α系数
探索式创新	EXR1	0.634	0.859	0.874
	EXR2	0.758	0.839	
	EXR3	0.745	0.841	
	EXR4	0.671	0.853	
	EXR5	0.666	0.855	
	EXR6	0.596	0.865	

本研究检验了利用式创新量表的信度,结果显示,Cronbach α系数为0.869(大于0.7),所有题项的CITI值都在0.5以上(CITI最小值为0.586),项已删除的Cronbach α系数值均小于0.869,表明不需要删除题项,包含现有题项的利用式创新量表的内部一致性较好。具体指标值如表4.9所示。

本研究分析了探索式创新的KMO值和Bartlett球形检验。结果显示,KMO值为0.851(大于0.7),Bartlett球形检验显著性均为0.000。指标值均在标准范围内,表明适合做探索性因子分析。具体指标值如表4.10所示。

本研究分析了利用式创新的KMO值和Bartlett球形检验。结果显示,KMO值为0.881(大于0.7),Bartlett球形检验显著性均为 0.000。指标值均在标准范围内，表明适合做探索性因子分析。具体指标值如表 4.11 所示。

表 4.9 利用式创新的信度分析

变量	题项	校正的项与总计相关性(CITI)	项已删除的 Cronbach α 系数值	Cronbach α 系数
利用式创新	EXI1	0.663	0.848	0.869
	EXI2	0.705	0.841	
	EXI3	0.693	0.843	
	EXI4	0.685	0.844	
	EXI5	0.680	0.845	
	EXI6	0.586	0.862	

表 4.10 探索式创新的 KMO 值和 Bartlett 检验结果

KMO 样本适切性量数		0.851
Bartlett 球形检验	近似卡方	612.359
	自由度	15
	显著性	0.000

表 4.11 利用式创新的 KMO 值和 Bartlett 检验结果

KMO 样本适切性量数		0.881
Bartlett 球形检验	近似卡方	543.222
	自由度	15
	显著性	0.000

本研究针对探索式创新量表进行了因子分析。结果显示，因子载荷均大于 0.5；特征根为 3.707，大于 1；解释方差为 61.788%，表明解释了 61.788% 的方差变异；累计解释方差为 61.788%。指标值均在可接受的范围内，说明该量表具有较好的效度。具体指标值如表 4.12 所示。

表 4.12　探索式创新的因子分析

变量	题项	因子载荷	特征根	解释方差(%)	累计解释方差(%)
探索式创新	EXR1	0.753	3.707	61.788	61.788
	EXR2	0.852			
	EXR3	0.843			
	EXR4	0.778			
	EXR5	0.771			
	EXR6	0.710			

本研究针对利用式创新量表进行了因子分析。结果显示，因子载荷均大于 0.5；特征根为 3.641，大于 1；解释方差为 60.682%，表明解释了 60.682% 的方差变异；累计解释方差为 60.682%。指标值均在可接受的范围内，说明该量表具有较好的效度。具体指标值如表 4.13 所示。

4.7.2　战略导向量表检验

本研究检验了战略导向量表的信度。结果显示，Cronbach α 系数为 0.962（大于 0.7），所有题项的 CITI 值都在 0.5 以上（CITI 最小值为 0.576），项已删除的 Cronbach α 系数值均小于

0.962，表明不需要删除题项，包含现有题项的战略导向量表的内部一致性较好。具体指标值如表 4.14 所示。

表 4.13 利用式创新的因子分析

变量	题项	因子载荷	特征根	解释方差(%)	累计解释方差(%)
利用式创新	EXI1	0.777	3.641	60.682	60.682
	EXI2	0.809			
	EXI3	0.799			
	EXI4	0.793			
	EXI5	0.785			
	EXI6	0.706			

表 4.14 战略导向的信度分析

维度	题项	校正的项与总计相关性(CITI)	项已删除的 Cronbach α 系数值	Cronbach α 系数
市场导向	MO1	0.688	0.959	0.962
	MO2	0.705	0.961	
	MO3	0.799	0.959	
	MO4	0.710	0.961	
	MO5	0.713	0.961	
	MO6	0.793	0.960	
	MO7	0.868	0.958	
技术导向	TO1	0.848	0.959	
	TO2	0.689	0.961	

续表

维度	题项	校正的项与总计相关性(CITI)	项已删除的 Cronbach α 系数值	Cronbach α 系数
技术导向	TO3	0.695	0.961	0.962
技术导向	TO4	0.726	0.961	0.962
创业导向	EO1	0.879	0.958	0.962
创业导向	EO2	0.803	0.960	0.962
创业导向	EO3	0.749	0.960	0.962
创业导向	EO4	0.855	0.959	0.962
创业导向	EO5	0.576	0.961	0.962
创业导向	EO6	0.919	0.958	0.962

本研究分析了战略导向的 KMO 值和 Bartlett 球形检验。结果显示,KMO 值为 0.805(大于 0.7),Bartlett 球形检验显著性均为 0.000,指标值均在标准范围内,表明适合做探索性因子分析。具体指标值如表 4.15 所示。

表 4.15 战略导向的 KMO 值和 Bartlett 检验结果

KMO 样本适切性量数		0.805
Bartlett 球形检验	近似卡方	569.533
Bartlett 球形检验	自由度	136
Bartlett 球形检验	显著性	0.000

本研究针对战略导向的量表进行了因子分析。结果显示,旋转后共得到 3 个因子,每个题项的因子载荷均大于 0.5;3 个因子的特征根分别为 5.309、3.610 和 3.154,均大于 1;解释方

差分别为 35.394%、24.070% 和 21.027%，表明分别解释了 35.394%、24.070% 和 21.027% 的方差变异；累计解释方差分别为 35.394%、59.464%、80.491%。指标值均在可接受的范围内，说明该量表具有较好的效度。具体指标值如表 4.16 所示。

表 4.16 战略导向的因子分析

变量	题项	因子载荷	特征根	解释方差(%)	累计解释方差(%)
市场导向	MO1	0.767	5.309	35.394	35.394
	MO2	0.774			
	MO3	0.892			
	MO4	0.818			
	MO5	0.919			
	MO6	0.775			
	MO7	0.620			
技术导向	TO1	0.685	3.610	24.070	59.464
	TO2	0.821			
	TO3	0.792			
	TO4	0.829			
创业导向	EO1	0.738	3.154	21.027	80.491
	EO2	0.815			
	EO3	0.664			
	EO4	0.668			
	EO5	0.804			
	EO6	0.618			

4.7.3 TMT 行为整合量表检验

本研究检验了 TMT 行为整合量表的信度。结果显示，Cronbach α 系数为 0.893（大于 0.7），所有题项的 CITI 值都在 0.5 以上（CITI 最小值为 0.571），项已删除的 Cronbach α 系数值均小于 0.893，表明不需要删除题项，包含现有题项的 TMT 行为整合量表的内部一致性较好。具体指标值如表 4.17 所示。

表 4.17 TMT 行为整合的信度分析

变量	题项	校正的项与总计相关性(CITI)	项已删除的 Cronbach α 系数值	Cronbach α 系数
TMT 行为整合	CB1	0.628	0.884	0.893
	CB2	0.571	0.890	
	CB3	0.697	0.878	
	IE1	0.653	0.882	
	IE2	0.652	0.882	
	IE3	0.657	0.882	
	JD1	0.700	0.878	
	JD2	0.670	0.880	
	JD3	0.693	0.879	

本研究分析了 TMT 行为整合的 KMO 值和 Bartlett 球形检验。结果显示，KMO 值为 0.890（大于 0.7），Bartlett 球形检验显著性均为 0.000，指标值均在标准范围内，表明适合做探索性因子分析。具体指标值如表 4.18 所示。

表 4.18　TMT 行为整合的 KMO 值和 Bartlett 检验结果

KMO 样本适切性量数		0.890
Bartlett 球形检验	近似卡方	1 012.986
	自由度	36
	显著性	0.000

本研究针对 TMT 行为整合量表进行了因子分析。结果显示，旋转后共得到 3 个因子，每个题项的因子载荷均大于 0.5；3 个因子的特征根分别为 2.456、2.393 和 1.975，均大于 1；解释方差分别为 27.285%、26.587% 和 21.950%，表明分别解释了 27.285%、26.587% 和 21.950% 的方差变异；累计解释方差为 75.822%。指标值均在可接受的范围内，说明该量表具有较好的效度。具体指标值如表 4.19 所示。

表 4.19　TMT 行为整合的因子分析

变量	题项	因子载荷	特征根	解释方差(%)	累计解释方差(%)
TMT 行为整合	CB1	0.823	2.456	27.285	27.285
	CB2	0.833			
	CB3	0.818			
	IE1	0.705	2.393	26.587	53.872
	IE2	0.830			
	IE3	0.608			
	JD1	0.706	1.975	21.950	75.822
	JD2	0.866			
	JD3	0.815			

4.7.4 组织学习量表检验

本研究检验了组织学习量表的信度。结果显示,Cronbach α 系数为 0.910(大于 0.7),所有题项的 CITI 值都在 0.5 以上(CITI 最小值为 0.599),项已删除的 Cronbach α 系数值均小于 0.910,表明不需要删除题项,包含现有题项的组织学习量表的内部一致性较好。具体指标值如表 4.20 所示。

表 4.20 组织学习的信度分析

变量	题项	校正的项与总计相关性(CITI)	项已删除的 Cronbach α 系数值	Cronbach α 系数
组织学习	IO1	0.599	0.907	0.910
	IO2	0.721	0.898	
	IO3	0.711	0.899	
	IT1	0.774	0.894	
	IT2	0.675	0.902	
	SI1	0.702	0.900	
	SI2	0.664	0.902	
	OM1	0.679	0.901	
	OM2	0.711	0.899	

本研究分析了组织学习的 KMO 值和 Bartlett 球形检验。结果显示,KMO 值为 0.893,Bartlett 球形检验显著性均为 0.000,指标值均在标准范围内,表明适合做探索性因子分析。具体指标值如表 4.21 所示。

表 4.21 组织学习的 KMO 值和 Bartlett 检验结果

KMO 样本适切性量数		0.893
Bartlett 球形检验	近似卡方	1 111.052
	自由度	36
	显著性	0.000

本研究针对组织学习量表进行了因子分析。结果显示，旋转后共得到 4 个因子，每个题项的因子载荷均大于 0.5；4 个因子的特征根分别为 2.148、1.844、1.769 和 1.665，均大于 1；解释方差分别为 23.862%、20.492%、19.653% 和 18.495%，表明分别解释了 23.862%、20.492%、19.653% 和 18.495% 的方差变异；累计解释方差为 82.503%。指标值均在可接受的范围内，说明该量表具有较好的效度。具体指标值如表 4.22 所示。

表 4.22 组织学习的因子分析

变量	题项	因子载荷	特征根	解释方差(%)	累计解释方差(%)
组织学习	IO1	0.806	2.148	23.862	23.862
	IO2	0.651			
	IO3	0.818			
	IT1	0.631	1.844	20.492	44.355
	IT2	0.633			
	SI1	0.741	1.769	19.653	64.008
	SI2	0.806			
	OM1	0.823	1.665	18.495	82.503
	OM2	0.859			

4.7.5 变革型领导量表检验

本研究检验了变革型领导量表的信度。结果显示,Cronbach α 系数为 0.876(大于 0.7),所有题项的 CITI 值都在 0.5 以上 (CITI 最小值为 0.554),项已删除的 Cronbach α 系数值均小于 0.876,表明不需要删除题项,包含现有题项的变革型领导量表的内部一致性较好。具体指标值如表 4.23 所示。

表 4.23 变革型领导的信度分析

变量	题项	校正的项与总计相关性(CITI)	项已删除的 Cronbach α 系数值	Cronbach α 系数
变革型领导	II1	0.601	0.865	0.876
	II2	0.613	0.863	
	IM1	0.645	0.860	
	IM2	0.658	0.859	
	IS1	0.571	0.867	
	IS2	0.554	0.870	
	IC1	0.726	0.851	
	IC2	0.728	0.851	

本研究分析了变革型领导的 KMO 值和 Bartlett 球形检验。结果显示,KMO 值为 0.840(大于 0.7),Bartlett 球形检验显著性均为 0.000,指标值均在标准范围内,表明适合做探索性因子分析。具体指标值如表 4.24 所示。

表 4.24 变革型领导的 KMO 值和 Bartlett 检验结果

KMO 样本适切性量数	0.840	
Bartlett 球形检验	近似卡方	818.344
	自由度	28
	显著性	0.000

本研究针对变革型领导量表进行了因子分析。结果显示，旋转后共得到 4 个因子，各题项的因子载荷均大于 0.5；4 个因子的特征根分别为 2.163、1.863、1.653 和 1.023，均大于 1；解释方差分别为 27.042%、23.292%、20.658% 和 12.368%，表明分别解释了 27.042%、23.292%、20.658% 和 12.368% 的方差变异；累计解释方差为 83.360%。指标值均在标准范围内，说明量表效度较好。具体指标值如表 4.25 所示。

表 4.25 变革型领导的因子分析

变量	题项	因子载荷	特征根	解释方差(%)	累计解释方差(%)
变革型领导	II1	0.881	2.163	27.042	27.042
	II2	0.856			
	IM1	0.823	1.863	23.292	50.333
	IM2	0.827			
	IS1	0.895	1.653	20.658	70.992
	IS2	0.803			
	IC1	0.800	1.023	12.368	83.360
	IC2	0.760			

4.7.6 外部环境量表检验

本研究检验了外部环境量表的信度。结果显示,Cronbach α 系数为 0.930(大于 0.7),所有题项的 CITI 值都在 0.5 以上(CITI 最小值为 0.637),项已删除的 Cronbach α 系数值均小于 0.930,表明不需要删除题项,包含现有题项的外部环境量表的内部一致性较好。具体指标值如表 4.26 所示。

表 4.26 外部环境的信度分析

维度	题项	校正的项与总计相关性(CITI)	项已删除的 Cronbach α 系数值	Cronbach α 系数
动态性	ED1	0.845	0.910	0.930
动态性	ED2	0.898	0.903	0.930
动态性	ED3	0.794	0.918	0.930
竞争性	EC1	0.845	0.910	0.930
竞争性	EC2	0.772	0.920	0.930
竞争性	EC3	0.637	0.928	0.930

本研究分析了外部环境的 KMO 值和 Bartlett 球形检验。结果显示,KMO 值为 0.845,Bartlett 球形检验显著性均为 0.000,指标值均在标准范围内,表明适合做探索性因子分析。具体指标值如表 4.27 所示。

本研究针对外部环境量表进行了因子分析。结果显示,旋转后共得到 2 个因子,各题项的因子载荷均大于 0.5;2 个因子的特征根分别为 3.577 和 1.469,均大于 1;解释方差分别为 59.610%

和 24.488%,表明分别解释了 59.610% 和 24.488% 的方差变异;累计解释方差为 84.098%。指标值均在可接受的范围内,说明该量表具有较好的效度。具体指标值如表 4.28 所示。

表 4.27 外部环境的 KMO 值和 Bartlett 检验结果

KMO 样本适切性量数		0.845
Bartlett 球形检验	近似卡方	244.284
	自由度	28
	显著性	0.000

表 4.28 外部环境的信度分析

维度	题项	因子载荷	特征根	解释方差(%)	累计解释方差(%)
动态性	ED1	0.892	3.577	59.610	59.610
	ED2	0.810			
	ED3	0.802			
竞争性	EC1	0.824	1.469	24.488	84.098
	EC2	0.840			
	EC3	0.944			

第 5 章 数据分析与假设检验

本章依据前文提出的研究假设,采用搜集到的调研数据,进行描述性统计分析、信度和效度分析,以及假设检验。采用分层回归方法和 Bootstrap 方法检验战略导向、TMT 行为整合、组织学习、双元创新、变革型领导和外部环境六个主要变量之间的关系,以便于进一步的分析与探讨。

5.1 描述性统计分析

5.1.1 所属行业分布

不同行业的企业,双元创新水平具有一定的差异。因此,本研究调研了企业行业的分布情况。从调研的结果来看,受访企业覆盖了制造业、服务业、金融业、房地产业、电子产品、生命科学(包括制药、生物技术和医疗设备)、信息和通信技术、新兴技术(包括软件开发、数据存储和显示、数据处理、传感器和成像技术)等行业,占比最高的为制造业,最低的为电子行业。具体分布情况如表 5.1 所示。

表 5.1 企业所属行业分布

所属行业	频数	占比(%)	累计占比(%)
制造业	150	27.2	27.2
服务业	117	21.2	48.4
金融业	114	20.7	69.0
房地产业	21	3.8	72.8
电子行业	3	0.5	73.4
生命科学	18	3.3	76.6
信息和通信技术	27	4.9	81.5
新兴技术	27	4.9	86.4
其他	75	13.6	100.0
总计	552	100.0	—

5.1.2 企业规模分布

企业规模影响企业的研发投入,从而影响创新水平。因此,本研究调研了企业规模的分布情况。从调研的结果来看,受访企业的规模覆盖了 50～100 人、101～500 人、501～1 000 人、1 001～2 000 人、2 001 人以上五个规模分段,占比最高的企业规模为 2 001 人以上,占比最低的企业规模为 101～500 人。具体分布情况如表 5.2 所示。

5.1.3 企业年限分布

企业年限影响企业的知识存储水平,从而影响双元创新。因此,本研究调研了企业年限的分布情况。从调研的结果来看,受访企业年限覆盖了 3~5 年、6~10 年、11~15 年和 16 年以上四个分段,占比最高的企业年限为 6~10 年,占比最低的企业年限为 3~5 年。具体分布情况如表 5.3 所示。

表 5.2 企业规模分布

企业规模	频 数	占比(%)	累计占比(%)
50~100 人	99	17.9	17.9
101~500 人	51	9.2	27.2
501~1 000 人	120	21.7	48.9
1 001~2 000 人	96	17.4	66.3
2 001 人以上	186	33.7	100.0
总计	552	100.0	—

表 5.3 企业年限分布

企业年限	频 数	占比(%)	累计占比(%)
3~5 年	85	15.4	15.4
6~10 年	173	31.3	46.7
11~15 年	165	29.9	76.6
16 年以上	129	23.4	100.0
总计	552	100.0	—

5.1.4 企业性质分布

本研究调研了企业性质的分布情况。从调研的结果来看,受访企业性质覆盖了私营、国有、合资和外资四类企业,占比最高的企业性质为国有,占比最低的企业性质为合资。具体分布情况如表 5.4 所示。

表 5.4 企业性质分布

企 业 性 质	频　数	占比(%)	累计占比(%)
私营	201	36.4	36.4
国有	282	51.1	87.5
合资	33	5.0	93.5
外资	36	6.5	100.0
总计	552	100.0	—

5.1.5　所属区域分布

本研究调研了企业区域的分布情况。从调研的结果来看,受访企业区域覆盖了吉林省、辽宁省、河北省、天津市、北京市、上海市和广东省七个省市,囊括了发达地区、欠发达地区和经济水平中等的地区,占比最高的省份为吉林省,占比最低的省份为河北省。具体分布情况如表 5.5 所示。

5.1.6　变量描述性统计

本研究对探索式创新、利用式创新、市场导向、技术导向、创业导向、TMT 行为组合、组织学习、变革型领导、环境动态性和环境竞争性各变量和维度的测量题项的均值、标准差和方差进行了分析。从统计结果可以看出,各题项的均值、标准差和方差均在合理范围内。因此,可以进行进一步的深入分析。具体统计分析结果如表 5.6 所示。

表 5.5 企业区域分布

企业所在省(市)	频 数	占比(%)	累计占比(%)
吉林省	109	19.7	19.7
辽宁省	68	12.3	32.1
河北省	54	9.8	41.8
天津市	79	14.3	56.2
北京市	61	11.1	67.2
上海市	96	17.4	84.6
广东省	85	15.4	100.0
总计	552	100.0	—

表 5.6 变量描述性统计

变量/维度	题 项	均 值	标准差	方 差
探索式创新	EXR1	4.33	0.803	0.645
	EXR2	3.93	0.861	0.741
	EXR3	3.79	0.912	0.832
	EXR4	4.12	0.877	0.770
	EXR5	3.76	0.943	0.890
	EXR6	3.85	0.909	0.826
利用式创新	EXI1	3.88	0.979	0.959
	EXI2	3.70	0.953	0.909
	EXI3	3.55	0.961	0.923
	EXI4	3.70	0.876	0.767
	EXI5	3.71	0.874	0.763
	EXI6	3.71	0.874	0.763

续表

变量/维度	题项	均值	标准差	方差
市场导向	MO1	3.70	0.894	0.800
	MO2	3.78	0.860	0.740
	MO3	3.72	0.888	0.789
	MO4	3.48	0.984	0.969
	MO5	3.54	0.961	0.923
	MO6	3.88	0.928	0.861
	MO7	3.84	0.843	0.710
技术导向	TO1	3.70	0.817	0.667
	TO2	3.68	0.873	0.763
	TO3	3.84	0.836	0.699
	TO4	3.97	0.860	0.739
创业导向	EO1	3.88	0.928	0.861
	EO2	3.84	0.843	0.710
	EO3	3.70	0.817	0.667
	EO4	3.68	0.873	0.763
	EO5	3.84	0.836	0.699
	EO6	3.97	0.860	0.739
TMT 行为整合	CB1	3.55	0.908	0.825
	CB2	3.40	0.939	0.882
	CB3	3.60	0.886	0.784
	IE1	3.74	0.820	0.672
	IE2	3.79	0.733	0.538
	IE3	3.64	0.783	0.613
	JD1	3.59	0.862	0.743
	JD2	3.71	0.853	0.728
	JD3	3.52	0.886	0.784
组织学习	IO1	3.51	0.820	0.672
	IO2	3.40	0.939	0.882
	IO3	3.77	0.919	0.844
	IT1	3.71	0.903	0.815
	IT2	3.45	1.016	1.032

续 表

变量/维度	题 项	均 值	标准差	方 差
组织学习	SI1	3.95	0.843	0.711
	SI2	3.76	0.884	0.781
	OM1	3.62	0.914	0.835
	OM2	3.54	0.926	0.858
变革型领导	II1	4.05	0.846	0.716
	II2	4.07	0.822	0.676
	IM1	3.93	0.873	0.763
	IM2	3.80	0.888	0.789
	IS1	3.82	0.872	0.761
	IS2	3.78	0.921	0.849
	IC1	3.13	0.926	0.858
	IC2	3.54	0.992	0.984
动态性	ED1	3.59	0.946	0.895
	ED2	3.50	0.916	0.838
	ED3	4.10	0.763	0.583
竞争性	EC1	4.15	0.766	0.587
	EC2	3.96	0.900	0.810
	EC3	3.64	0.912	0.831

5.2　信度与效度检验

5.2.1　信度分析

本研究选择 Cronbach α 系数来判别构念和维度的一致性。问卷总体的 Cronbach α 系数为 0.986，所有构念和维度的 Cronbach α 系数均大于 0.7，并且删除任何一个题项都不会显著提高 Cronbach α 系数,这表明变量和维度的量表均具有较好的可靠性,因此具有较好的信度。具体信度分析结果如表 5.7 所示。

表 5.7　量表信度分析

构念	维度	题项数	构念 Cronbach α	维度 Cronbach α
双元创新	探索式创新	6	0.954	0.940
	利用式创新	6		0.912
战略导向	市场导向	7	0.954	0.904
	技术导向	4		0.823
	创业导向	6		0.891
TMT 行为整合	协作行为	3	0.958	0.912
	信息交换	3		0.926
	联合决策	3		0.894
组织学习	信息获取	3	0.932	0.765
	信息传递	2		0.915
	共享解释	2		0.790
	组织记忆	2		0.841
变革型领导	理想化的影响力	2	0.955	0.824
	动机激励	2		0.921
	智力激发	2		0.858
	个性化关怀	2		0.911
外部环境	动态性	3	0.923	0.921
	竞争性	3		0.813

5.2.2　效度分析

在统计分析方法中,通常从建构效度、内容效度、判别效度和聚合效度四个方面分析量表的效度。

第一,为保证较好的内容效度,在制定问卷过程中,邀请专家和学者对问卷进行评估,对企业高层管理者进行深入的访谈。此外,还进行了小规模的预调研,采取英汉互译的方式保证内容的准确性。据此,能够使本研究具有较好的内容效度。

第二,采用 SPSS 24.0 计算 KMO 值并进行 Bartlett 球形检验。结果显示,所有变量的 KMO 值均大于 0.7,Bartlett 检验显著性均为 0.000,表明适合进行探索性因子分析。因此,采用主成分分析方法进行因子分析,双元创新析出 2 个因子,战略导向析出 3 个因子,TMT 行为整合析出 3 个因子,组织学习析出 4 个因子,变革型领导析出 4 个因子,外部环境析出 2 个因子。特征根、变异解释百分比和累计变异解释百分比均达到合理要求,因此各变量和维度对构念具有较好的解释度,表明量表具有较好的效度。具体指标结果如表 5.8 所示。

第三,对于聚合效度,本研究通过因子分析检测各题项在构念中的因子载荷。结果显示各题项因子载荷均大于 0.5。此外,依据因子载荷计算每个构念和维度的 AVE 值和 CR 值。AVE 值均大于 0.5,CR 值均大于 0.7,说明具有较好的聚合效度和组合信度。具体指标结果如表 5.9 所示。

第四,对于建构效度,本研究采用 Amos 17.0 进行验证性因子分析,对各构念的拟合指标进行检测,结果显示 χ^2/df、RMSEA、GFI、CFI、NFI、RFI、IFI 和 TLI 各拟合指标均达到了合理性要求($1<\chi^2/df<5$、RMSEA<0.08、GFI>0.9、CFI>0.9、NFI>0.9、RFI>0.9、IFI>0.9 和 TLI>0.9),表明量表的各构念拟合性较好,因此该量表的建构效度较好。具体指标结果如表 5.9 所示。

表 5.8 探索性因子分析

构　念	维　度	特征根	变异解释百分比(%)	累计变异解释百分比(%)	KMO	Bartlett检验显著性
双元创新	探索式创新	5.471	45.588	45.588	0.837	0.000
	利用式创新	3.824	31.869	77.457		
战略导向	市场导向	4.976	0.000	29.273	0.786	0.000
	技术导向	4.150	24.409	53.682		
	创业导向	2.742	16.127	69.809		
TMT行为整合	协作行为	2.983	33.146	33.146	0.877	0.000
	信息交换	2.807	31.189	64.336		
	联合决策	2.112	23.463	87.799		
组织学习	信息获取	2.506	27.841	27.841	0.863	0.000
	信息传递	2.377	26.409	54.250		
	共享解释	1.811	20.121	74.370		
	组织记忆	1.183	13.149	87.520		
变革型领导	理想化的影响力	2.487	31.086	31.086	0.852	0.000
	动机激励	2.403	30.032	61.118		
	智力激发	1.290	16.126	77.244		
	个性化关怀	1.281	16.019	93.263		
外部环境	动态性	3.469	57.811	57.811	0.890	0.000
	竞争性	1.516	25.273	83.084		

表 5.9　因子载荷、CR 值和 AVE 值分析

构念	维度	题项	因子载荷	维度 CR	维度 AVE	构念 CR	构念 AVE	拟合指标
双元创新	探索式创新	EXR1	0.832	0.922	0.667	0.95	0.617	$\chi^2/\mathrm{d}f=$2.078 RMSEA=0.076 GFI=0.961 CFI=0.986 NFI=0.983 RFI=0.951 IFI=0.986 TLI=0.959
		EXR2	0.912					
		EXR3	0.809					
		EXR4	0.861					
		EXR5	0.795					
		EXR6	0.671					
	利用式创新	EXI1	0.723	0.885	0.567			
		EXI2	0.638					
		EXI3	0.563					
		EXI4	0.804					
		EXI5	0.871					
		EXI6	0.866					
战略导向	市场导向	MO1	0.702	0.922	0.629	0.963	0.604	$\chi^2/\mathrm{d}f=$2.096 RMSEA=0.034 GFI=0.902 CFI=0.946 NFI=0.941 RFI=0.923 IFI=0.945 TLI=0.915
		MO2	0.702					
		MO3	0.917					
		MO4	0.793					
		MO5	0.806					
		MO6	0.834					
		MO7	0.775					
	技术导向	TO1	0.798	0.867	0.620			
		TO2	0.724					
		TO3	0.796					
		TO4	0.828					
	创业导向	EO1	0.741	0.886	0.565			
		EO2	0.798					
		EO3	0.708					
		EO4	0.739					
		EO5	0.775					
		EO6	0.744					

续　表

构念	维度	题项	因子载荷	维度CR	维度AVE	构念CR	构念AVE	拟合指标
TMT行为整合	协作行为	CB1 CB2 CB3	0.757 0.817 0.818	0.840	0.637	0.932	0.604	$\chi^2/\mathrm{d}f=$1.676 RMSEA=0.035 GFI=0.991 CFI=0.998 NFI=0.996 RFI=0.989 IFI=0.998 TLI=0.996
	信息交换	IE1 IE2 IE3	0.643 0.856 0.709	0.783	0.550			
	联合决策	JD1 JD2 JD3	0.789 0.836 0.745	0.833	0.626			
组织学习	信息获取	IO1 IO2 IO3	0.862 0.894 0.728	0.869	0.691	0.939	0.632	$\chi^2/\mathrm{d}f=$2.697 RMSEA=0.055 GFI=0.986 CFI=0.994 NFI=0.991 RFI=0.977 IFI=0.994 TLI=0.985
	信息传递	IT1 IT2	0.796 0.743	0.744	0.593			
	共享解释	SI1 SI2	0.870 0.724	0.780	0.641			
	组织记忆	OM1 OM2	0.723 0.789	0.728	0.573			
变革型领导	理想化的影响力	II1 II2	0.850 0.771	0.680	0.524	0.937	0.651	$\chi^2/\mathrm{d}f=$1.149 RMSEA=0.062 GFI=0.990 CFI=0.997 NFI=0.996 RFI=0.983 IFI=0.997 TLI=0.998
	动机激励	IM1 IM2	0.769 0.880	0.811	0.683			
	智力激发	IS1 IS2	0.795 0.726	0.733	0.580			
	个性化关怀	IC1 IC2	0.821 0.834	0.813	0.685			

续 表

构念	维度	题项	因子载荷	维度CR	维度AVE	构念CR	构念AVE	拟合指标
外部环境	动态性	ED1	0.875	0.853	0.660	0.937	0.712	$\chi^2/\mathrm{d}f=$ 2.419 RMSEA= 0.051 GFI=0.994 CFI=0.998 NFI=0.996 RFI=0.986 IFI=0.998 TLI=0.992
		ED2	0.780					
		ED3	0.779					
	竞争性	EC1	0.805	0.906	0.764			
		EC2	0.867					
		EC3	0.945					

第五,对于判别效度,本研究计算了各变量之间的相关系数,并将其与每个变量的 AVE 值的平方根进行比较。结果显示,各变量相关系数均小于 AVE 值的平方根,说明具有较好的判别效度。具体结果如表 5.10 所示。

5.2.3 共同方法偏差检验

共同方法偏差是指由变量的测量方法造成的变异,而不是由构念产生的变异。例如,由测量工具、调研对象和测量环境产生的变异。共同方法偏差的发生会对变量之间的关系分析带来很大影响。本研究对共同方法偏差进行了控制和检验。第一,在数据搜集过程中,选取分布在不同区域、不同规模、不同性质和不同行业的企业进行调研,整个调研持续了 3 个月。此外,在题项的设置中避免歧义,题项设置遵从简洁易懂的原则。第二,本研究使用 Harman 单因素检验进行指标的未旋转因素分析(Podsakoff 和 Organ,1986),将所有量表中的 61 个题项一起进

表 5.10 各变量之间的相关系数表

序号	变量	1	2	3	4	5	6	7	8	9	10	11	12	13	14	15	16	17
1	双元创新	—																
2	探索式创新	0.923**	0.817															
3	利用式创新	0.809**	0.75**	0.753														
4	TMT行为整合	0.652**	0.669**	0.713**	0.777													
5	组织学习	0.675**	0.688**	0.689**	0.722**	0.795												
6	变革型领导	0.520**	0.498**	0.498**	0.479**	0.467**	0.807											
7	市场导向	0.377**	0.389**	0.458**	0.506**	0.535**	0.240**	0.793										
8	技术导向	0.388**	0.407**	0.477**	0.570**	0.536**	0.309**	0.505**	0.787									
9	创业导向	0.586**	0.608**	0.586**	0.599**	0.531**	0.369**	0.489**	0.530**	0.751								
10	环境动态性	0.310**	0.304**	0.420**	0.302**	0.339**	0.267**	0.352**	0.241**	0.396**	0.813							
11	环境竞争性	0.565**	0.573**	0.657**	0.619**	0.644**	0.448**	0.472**	0.449**	0.541**	0.499**	0.874						
12	企业规模	−0.119**	−0.126**	−0.097*	−0.106*	−0.164**	−0.057	0.027	−0.023	−0.128**	0.202**	−0.014	—					
13	企业年限	0.105*	0.127**	0.056	−0.010	−0.044	−0.056	0.122**	0.047	0.045	0.248**	0.036	0.498**	—				
14	所属行业	0.027	0.056	0.021	0.154**	0.109**	−0.008	−0.042	0.011	0.132**	−0.035	0.032	−0.051	−0.024	—			
15	企业性质	−0.084*	−0.120**	−0.041	−0.153**	−0.120**	−0.060	−0.043	−0.103*	−0.079	0.204**	−0.001	0.430**	0.280**	—			
16	平均值	3.46	3.68	3.81	3.62	3.63	3.30	4.04	3.83	3.66	3.92	3.80	3.40	3.33	3.65			
17	标准差	0.685	0.724	0.664	0.631	0.701	0.854	0.690	0.810	0.752	0.728	0.725	1.476	0.970	2.854	0.895		

注: $n=552$; 矩阵对角线代表 AVE 平方根; * 代表 $p<0.05$, ** 代表 $p<0.01$。

行探索性因子分析。结果显示,析出的6个因子的特征根均大于1,单个因子的最大解释力为18.794%,所有解释力均小于50%,没有达到变量总解释率的一半。因此,本研究不存在严重的共同方法偏差。

5.3　假设检验

本研究采用统计分析方法建立回归模型,针对前文通过论证提出的假设进行检验,在检验过程中,将双元创新、探索式创新、利用式创新、战略导向、市场导向、技术导向、创业导向、TMT行为整合、组织学习、变革型领导、外部环境、环境动态性、环境竞争性等13个变量经统计分析后,带入回归模型进行检验,且将企业规模、企业年限、所属行业和企业性质4个控制变量进行虚拟处理后带入回归模型中进行分析。第一,检验战略导向及其各维度对双元创新、探索式创新和利用式创新的直接作用;第二,检验TMT行为整合在战略导向及其各维度与双元创新、探索式创新和利用式创新关系中的中介作用;第三,检验组织学习在战略导向及其各维度与双元创新、探索式创新和利用式创新关系中的中介作用;第四,检验TMT行为整合、组织学习在战略导向与双元创新、探索式创新和利用式创新关系中的链式中介作用;第五,检验变革型领导在TMT行为整合与双元创新、探索式创新和利用式创新关系中的调节作用;第六,检验环境动态性和竞争性在战略导向与TMT行为整合、双元创新、探索式创新和利用式创新关系中的调节作用。

本研究对控制变量进行虚拟处理。具体来说,企业规模以 50~100 人为参照,虚拟为 4 个变量;企业年限以 3~5 年为参照,虚拟为 3 个变量;所属行业以制造业为参照,虚拟为 8 个变量;企业性质以国有为参照,虚拟为 3 个变量。

5.3.1 战略导向对双元创新、探索式创新和利用式创新直接作用的检验

为了检验战略导向对双元创新的直接作用,本研究将战略导向、市场导向、技术导向和创业导向作为自变量,将双元创新、探索式创新和利用式创新作为因变量,并将企业规模、企业年限、所属行业和企业性质进行虚拟处理后作为控制变量带入回归模型进行分析。结果显示,第一,战略导向显著正向影响双元创新($\beta=0.500, p<0.01$)、探索式创新($\beta=0.523, p<0.01$)和利用式创新($\beta=0.598, p<0.01$),假设 H1 得到验证;第二,市场导向显著正向影响双元创新($\beta=0.304, p<0.01$)、探索式创新($\beta=0.318, p<0.01$)和利用式创新($\beta=0.449, p<0.01$),假设 H1a1、H1a2 和 Ha3 得到验证;第三,技术导向显著正向影响双元创新($\beta=0.340, p<0.01$)、探索式创新($\beta=0.363, p<0.01$)和利用式创新($\beta=0.467, p<0.01$),假设 H1b1、H1b2 和 H1b3 得到验证;第四,创业导向显著正向影响双元创新($\beta=0.523, p<0.01$)、探索式创新($\beta=0.542, p<0.01$)和利用式创新($\beta=0.562, p<0.01$),假设 H1c1、H1c2 和 H1c3 得到验证。具体统计分析结果如表 5.11 所示。

第5章 数据分析与假设检验

表 5.11 战略导向对双元创新、探索式创新和利用式创新的直接作用

	变 量	Model1	Model2	Model3	Model4	Model5	Model6	Model7	Model8	Model9	Model10	Model11	Model12
企业规模	101~500人	−0.013	−0.020	−0.009	0.010	0.004	0.016	0.025	0.020	0.039	−0.032	−0.040	−0.021
	501~1 000人	−0.113*	−0.163**	−0.030	−0.120*	−0.170**	−0.032	−0.181**	−0.234**	−0.119*	−0.072	−0.120*	0.008
	1 001~2 000人	−0.104*	−0.151**	−0.049	−0.120*	−0.167**	−0.065	−0.165**	−0.215**	−0.128*	−0.051	−0.095	0.003
	2 001人以上	−0.234**	−0.255**	−0.188**	−0.269**	−0.292**	−0.237**	−0.258**	−0.280**	−0.219**	−0.169**	−0.188**	−0.121*
企业年限	6~10年	0.014	0.066	0.064	0.013	0.065	0.074	0.018	0.071	0.075	−0.067	−0.018	−0.032
	11~15年	0.134*	0.196**	0.067	0.127*	0.188**	0.066	0.142*	0.205**	0.083	0.074	0.133*	−0.005
	16年以上	0.209**	0.288**	0.087	0.267**	0.348**	0.149	0.295**	0.377**	0.193**	0.162**	0.240**	0.054
所属行业	服务业	0.005	−0.004	−0.018	0.023	0.016	0.001	0.022	0.014	0.001	0.013	0.005	−0.002
	金融业	0.148**	0.139**	0.206**	0.175**	0.167**	0.240**	0.152**	0.143**	0.209**	0.140**	0.131**	0.203**
	房地产业	0.106**	0.065	0.128**	0.120**	0.079*	0.142**	0.140**	0.100**	0.171**	0.078*	0.036	0.102**
	电子产品	0.004	0.005	−0.023	0.023	0.025	0.004	−0.019	−0.019	−0.055	0.010	0.011	−0.016
	生命科学	0.132**	0.116**	0.072*	0.181**	0.167**	0.129**	0.181**	0.166**	0.131**	0.097**	0.079*	0.047
	信息和通信技术	−0.012	−0.003	−0.048	0.072	0.085*	0.043	0.040	0.049	0.005	0.010	0.022	0.002
	新兴技术	0.088*	0.066	0.049	0.137**	0.117**	0.100*	0.137**	0.116**	0.105**	0.090**	0.069	0.068
	其他	−0.044	−0.012	−0.016	−0.045	−0.014	−0.009	−0.063	−0.032	−0.037	−0.083*	−0.053	−0.066

255

续 表

变量		Model1	Model2	Model3	Model4	Model5	Model6	Model7	Model8	Model9	Model10	Model11	Model12
企业性质	国有	−0.023	−0.026	0.029	−0.079	−0.085	−0.027	−0.067	−0.070	−0.017	−0.063	−0.069	−0.037
	外资	0.111**	0.098*	0.127**	0.113*	0.100*	0.134**	0.114**	0.102*	0.134**	0.076	0.061	0.086*
	合资	−0.033	−0.080*	0.008	−0.048	−0.095*	−0.011	−0.019	−0.065	0.028	−0.043	−0.090*	−0.005
战略导向		0.500**	0.523**	0.598**									
市场导向					0.304**	0.318**	0.449**						
技术导向								0.340**	0.363**	0.467**			
创业导向											0.523**	0.542**	0.562**
R^2		0.400	0.432	0.470	0.278	0.264	0.322	0.301	0.320	0.345	0.423	0.444	0.413
$Adj.R^2$		0.378	0.403	0.451	0.252	0.289	0.298	0.276	0.296	0.322	0.403	0.425	0.392
F 值		18.655**	20.559**	24.822**	10.788**	11.407**	13.306**	12.078**	13.171**	14.745**	20.562**	22.396**	19.735**

注：* 代表 $p<0.05$，** 代表 $p<0.01$。

5.3.2 组织学习中介作用的检验

1. 战略导向对组织学习作用的检验

本研究将战略导向、市场导向、技术导向和创业导向作为自变量,将组织学习作为因变量,并将企业规模、企业年限、所属行业和企业性质进行虚拟处理后作为控制变量带入回归模型进行分析。结果显示,第一,战略导向显著正向影响组织学习($\beta=0.687,p<0.01$),假设 H2 得到验证;第二,市场导向($\beta=0.566,p<0.01$)、技术导向($\beta=0.536,p<0.01$)和创业导向($\beta=0.524,p<0.01$)分别显著正向影响组织学习,假设 H2a、H2b、H2c 得到验证。具体统计分析结果如表 5.12 所示。

表 5.12 战略导向对组织学习作用的直接作用

变量		Model13	Model14	Model15	Model16
企业规模	101~500 人	−0.104**	−0.082	−0.052	−0.107*
	501~1 000 人	−0.052	−0.047	−0.151**	−0.023
	1 001~2 000 人	−0.063	−0.076	−0.152**	−0.021
	2 001 人以上	−0.189**	−0.248**	−0.224**	−0.129*
企业年限	6~10 年	−0.053	−0.029	−0.037	−0.154**
	11~15 年	0.021	0.028	0.042	−0.055
	16 年以上	−0.118	−0.060	−0.003	−0.128
所属行业	服务业	−0.022	−0.007	−0.003	0.001
	金融业	0.065	0.102*	0.066	0.067
	房地产业	−0.009	0.004	0.039	−0.029

续 表

变量		Model13	Model14	Model15	Model16
所属行业	电子产品	−0.049	−0.016	−0.086*	−0.042
	生命科学	0.034	0.091*	0.096*	0.024
	信息和通信技术	−0.009	0.075	0.043	0.068
	新兴技术	0.035	0.080*	0.093*	0.072
	其他	0.085*	0.103*	0.064	0.029
企业性质	国有	0.072	0.028	0.028	−0.014
	外资	0.07	0.083*	0.080	0.028
	合资	−0.028	−0.050	−0.004	−0.043
战略导向		0.687**			
市场导向			0.566**		
技术导向				0.536**	
创业导向					0.524**
R^2		0.476	0.363	0.349	0.327
Adj.R^2		0.458	0.341	0.326	0.303
F 值		25.464**	15.984**	15.030**	13.591**

注：* 代表 $p<0.05$，** 代表 $p<0.01$。

2. 组织学习对双元创新、探索式创新和利用式创新直接作用的检验

为了检验组织学习对双元创新的作用，本研究将组织学习作为自变量，将双元创新、探索式创新和利用式创新作为因变量，并将企业规模、企业年限、所属行业和企业性质进行虚拟

处理后作为控制变量带入回归模型进行分析。结果显示,组织学习分别显著正向影响双元创新($\beta=0.625, p<0.01$)、探索式创新($\beta=0.638, p<0.01$)和利用式创新($\beta=0.668, p<0.01$),假设 H3、H3a、H3b、H3c 得到验证。具体统计分析结果如表 5.13 所示。

表 5.13 组织学习对双元创新、探索式创新和利用式创新的直接作用

变	量	Model17	Model18	Model19
企业规模	101~500 人	0.058	0.054	0.076*
	501~1 000 人	−0.086*	−0.136**	−0.008
	1 001~2 000 人	−0.069	−0.116**	−0.017
	2 001 人以上	−0.117*	−0.137**	−0.066
企业年限	6~10 年	0.040	0.091*	0.082
	11~15 年	0.116*	0.175**	0.039
	16 年以上	0.297**	0.380**	0.199**
所属行业	服务业	0.024	0.017	0.010
	金融业	0.111**	0.102**	0.172**
	房地产业	0.115**	0.075*	0.142**
	电子产品	0.035	0.038	0.012
	生命科学	0.121**	0.106**	0.073*
	信息和通信技术	0.015	0.028	0.007
	新兴技术	0.079*	0.060	0.057
	其他	−0.103**	−0.074*	−0.088**

续 表

变量		Model17	Model18	Model19
企业性质	国有	−0.085*	−0.093*	−0.061
	外资	0.064	0.050	0.073*
	合资	−0.017	−0.063*	0.023
组织学习		0.625**	0.638**	0.668**
R^2		0.553	0.572	0.559
Adj.R^2		0.537	0.557	0.543
F 值		34.691**	37.467**	35.483**

注：* 代表 $p<0.05$，** 代表 $p<0.01$。

3. 组织学习在战略导向与双元创新、探索式创新和利用式创新关系中的中介作用的检验

为了检验组织学习的中介作用，本研究分别将战略导向、市场导向、技术导向和创业导向，与组织学习同时作为自变量，将双元创新、探索式创新和利用式创新作为因变量，并将企业规模、企业年限、所属行业和企业性质进行虚拟处理后作为控制变量带入回归模型进行分析。结果显示，第一，战略导向对双元创新（$\beta=0.120$，$p<0.01$）、探索式创新（$\beta=0.146$，$p<0.01$）和利用式创新（$\beta=0.290$，$p<0.01$）仍然具有显著正向作用，但回归系数分别由 0.500、0.523、0.598 下降到 0.120、0.146、0.290，下降明显，因此，假设 H4、H5、H6 得到验证。第二，市场导向（$\beta=-0.070$，$p>0.05$）、技术导向（$\beta=0.006$，$p>0.05$）对双元创新的影响不再显著，说明组织学习在市场导向、技术导向与双元创新关系中具有完全中介作用。此外，创业导

向($\beta=0.259,p<0.01$)对双元创新仍然具有显著正向作用,但回归系数由 0.523 下降到 0.259,下降明显。因此,假设 H4a、H4b、H4c 得到验证。第三,市场导向($\beta=-0.061,p>0.05$)、技术导向($\beta=0.029,p>0.05$)对探索式创新的影响不再显著,说明组织学习在市场导向、技术导向与探索式创新关系中具有完全中介作用。此外,创业导向($\beta=0.276,p<0.01$)对探索式创新仍然具有显著正向作用,但回归系数由 0.542 下降到 0.276,下降明显。因此,假设 H5a、H5b、H5c 得到验证。第四,市场导向($\beta=0.100,p<0.01$)、技术导向($\beta=0.150,p<0.01$)和创业导向($\beta=0.281,p<0.01$)对利用式创新仍然具有显著正向作用,但回归系数分别由 0.449、0.467、0.562 下降到 0.100、0.150、0.281,下降明显。因此,假设 H6a、H6b、H6c 得到验证。具体统计分析结果如表 5.14 所示。

5.3.3　TMT 行为整合中介作用的检验

1. 战略导向对 TMT 行为整合作用的检验

为了检验战略导向对 TMT 行为整合的作用,本研究将战略导向、市场导向、技术导向和创业导向作为自变量,将 TMT 行为整合作为因变量,并将企业规模、企业年限、所属行业和企业性质进行虚拟处理后作为控制变量带入回归模型进行分析。结果显示,第一,战略导向显著正向影响 TMT 行为整合($\beta=0.605,p<0.01$),假设 H7 得到验证;第二,市场导向($\beta=0.530,p<0.01$)、技术导向($\beta=0.555,p<0.01$)和创业导向($\beta=0.579,p<0.01$)分别显著正向影响 TMT 行为整合。因此,假设 H7a、H7b、H7c 得到验证。具体统计分析结果如表 5.15 所示。

表 5.14 组织学习中介作用（因变量：双元创新、探索式创新、利用式创新）

变量		Model20	Model21	Model22	Model23	Model24	Model25	Model26	Model27	Model28	Model29	Model130	Model31
企业规模	101~500人	0.044	0.037	0.043	0.064	0.059	0.067	0.058	0.053	0.070*	0.021	0.015	0.036
	501~1 000人	−0.085	−0.134**	−0.005	−0.089*	−0.139**	−0.003	−0.087*	−0.140**	−0.029	−0.060	−0.108**	0.021
	1 001~2 000人	−0.070	−0.116**	−0.018	−0.069	−0.116**	−0.017	−0.070	−0.120**	−0.038	−0.040	−0.085*	0.014
	2 001人以上	−0.129*	−0.151**	−0.094	−0.105*	−0.126**	−0.084	−0.118**	−0.141*	−0.086	−0.104*	−0.122**	−0.051
企业年限	6~10年	0.044	0.095*	0.090*	0.033	0.085	0.092*	0.041	0.094*	0.097*	0.011	0.060	0.050
	11~15年	0.123*	0.184**	0.057	0.109*	0.170*	0.048	0.116*	0.179*	0.058	0.102*	0.161**	0.024
	16年以上	0.274**	0.353**	0.145*	0.306**	0.388**	0.186**	0.297**	0.379**	0.194**	0.226**	0.305**	0.123*
所属行业	服务业	0.017	0.008	−0.007	0.027	0.020	0.005	0.023	0.015	0.003	0.012	0.005	−0.003
	金融业	0.112**	0.103**	0.174**	0.107**	0.099**	0.177**	0.111**	0.101**	0.170**	0.106**	0.097**	0.167**
	房地产业	0.111**	0.070*	0.132**	0.117**	0.076*	0.140**	0.115**	0.076*	0.148**	0.092**	0.050	0.117**
	电子产品	0.031	0.032	0.001	0.034	0.036	0.014	0.035	0.035	−0.004	0.031	0.032	0.006
	生命科学	0.114**	0.097**	0.056	0.121**	0.106**	0.073*	0.121**	0.106**	0.074*	0.085**	0.067*	0.034
	信息和通信技术	−0.007	0.002	−0.044	0.022	0.035	−0.004	0.014	0.023	−0.020	−0.024	−0.013	−0.034
	新兴技术	0.069*	0.047	0.031	0.084*	0.064*	0.050	0.079*	0.058	0.050	0.054	0.033	0.029
	其他	−0.091**	−0.059	−0.058	−0.114**	−0.083*	−0.073*	−0.102**	−0.071*	−0.075*	−0.098**	−0.068*	−0.082*

续 表

变量		Model20	Model21	Model22	Model23	Model24	Model25	Model26	Model27	Model28	Model29	Model30	Model31
企业性质	国有	−0.063	−0.066	−0.007	−0.097**	−0.104**	−0.044	−0.0*84	−0.088*	−0.034	−0.056	−0.062	−0.029
	外资	0.072*	0.059	0.092**	0.058	0.044	0.082*	0.065	0.052	0.087*	0.062	0.047	0.071*
	合资	−0.017	−0.064*	0.022	−0.015	−0.061	0.020	−0.017	−0.062	0.031	−0.022	−0.069*	0.018
战略导向		0.120**	0.146**	0.290**									
市场导向					−0.070	−0.061	0.100**						
技术导向								0.006	0.029	0.150**			
创业导向											0.259**	0.276**	0.281**
组织学习		0.553**	0.550**	0.494**	0.661**	0.669**	0.617**	0.622**	0.623**	0.592**	0.503**	0.508**	0.536**
R^2		0.560	0.582	0.598	0.556	0.574	0.565	0.553	0.573	0.573	0.594	0.618	0.607
Adj.R^2		0.543	0.566	0.582	0.539	0.558	0.548	0.537	0.557	0.557	0.579	0.604	0.592
F 值		33.793**	36.973**	39.414**	33.265**	35.834**	34.439**	32.898**	35.602**	35.612**	38.852**	43.015**	40.963**

注：* 代表 $p<0.05$，** 代表 $p<0.01$。

表 5.15　战略导向对 TMT 行为整合的直接作用

变　量		Model32	Model33	Model34	Model35
企业规模	101～500 人	−0.043	−0.018	0.010	−0.052
	501～1 000 人	0.047	0.047	−0.055	0.082
	1 001～2 000 人	0.044	0.027	−0.048	0.094
	2 001 人以上	−0.057	−0.114	−0.093	0.010
企业年限	6～10 年	0.096*	0.112*	0.113*	−0.010
	11～15 年	0.112*	0.114	0.134*	0.033
	16 年以上	0.008	0.074	0.125	−0.015
所属行业	服务业	0.082*	0.101*	0.101*	0.102*
	金融业	0.147**	0.184**	0.148**	0.146**
	房地产业	0.041	0.057	0.091*	0.017
	电子产品	0.050	0.081*	0.011	0.057
	生命科学	0.145**	0.208**	0.209**	0.127**
	信息和通信技术	0.023	0.119**	0.074	0.091*
	新兴技术	0.080*	0.133**	0.138**	0.110**
	其他	0.118**	0.129**	0.097*	0.061
企业性质	国有	0.040	−0.017	−0.004	−0.042
	外资	0.046	0.056	0.056	0.002
	合资	−0.090**	−0.112**	−0.065	−0.105**
战略导向		0.605**			
市场导向			0.530**		

续 表

变量	Model32	Model33	Model34	Model35
技术导向			0.555**	
创业导向				0.579**
R^2	0.539	0.375	0.410	0.419
Adj.R^2	0.522	0.353	0.389	0.398
F 值	32.719**	16.789**	19.449**	20.176**

注：* 代表 $p<0.05$，** 代表 $p<0.01$。

2. TMT 行为整合对双元创新、探索式创新和利用式创新作用的检验

为了检验 TMT 行为整合对双元创新、探索式创新和利用式创新的作用，本研究将 TMT 行为整合作为自变量，将双元创新、探索式创新和利用式创新作为因变量，并将企业规模、企业年限、所属行业和企业性质进行虚拟处理后作为控制变量带入回归模型进行分析。结果显示，TMT 行为整合分别显著正向影响双元创新（$\beta=0.604, p<0.01$）、探索式创新（$\beta=0.619, p<0.01$）和利用式创新（$\beta=0.628, p<0.01$）。因此，假设 H8、H8a、H8b、H8c 得到验证。具体统计分析结果如表 5.16 所示。

3. TMT 行为整合在战略导向与双元创新、探索式创新和利用式创新关系中的中介作用的检验

为了检验 TMT 行为整合的中介作用，本研究分别将战略导向、市场导向、技术导向和创业导向，与 TMT 行为整合同时作为自变量，将双元创新、探索式创新和利用式创新作为因变量，

表 5.16 TMT 行为整合对双元创新、探索式创新和利用式创新的直接作用

变量		Model36	Model37	Model38
企业规模	101~500 人	0.020	0.014	0.033
	501~1 000 人	−0.147**	−0.198**	−0.072
	1 001~2 000 人	−0.135**	−0.183**	−0.088*
	2 001 人以上	−0.201**	−0.222**	−0.151**
企业年限	6~10 年	−0.052	−0.003	−0.017
	11~15 年	0.061	0.119*	−0.023
	16 年以上	0.220**	0.301**	0.108
所属行业	服务业	−0.039	−0.047	−0.065
	金融业	0.063	0.053	0.111**
	房地产业	0.085*	0.043	0.105**
	电子产品	−0.025	−0.024	−0.056
	生命科学	0.055	0.038	−0.011
	信息和通信技术	−0.003	0.009	−0.025
	新兴技术	0.054	0.033	0.018
	其他	−0.121**	−0.093**	−0.110**
企业性质	国有	−0.065	−0.072	−0.032
	外资	0.080*	0.066	0.089**
	合资	0.020	−0.026	0.069*
TMT 行为整合		0.604**	0.619**	0.628**
R^2		0.514	0.534	0.579
Adj.R^2		0.497	0.518	0.564
F 值		29.632**	32.149**	38.504**

注：* 代表 $p<0.05$，** 代表 $p<0.01$。

并将企业规模、企业年限、所属行业和企业性质进行虚拟处理后作为控制变量带入回归模型进行分析。结果显示：第一，战略导向对双元创新($\beta=0.137,p<0.01$)、探索式创新($\beta=0.161,p<0.01$)和利用式创新($\beta=0.247,p<0.01$)仍然具有显著正向作用，但回归系数分别由0.500、0.523、0.598下降到0.137、0.161、0.247，下降明显，假设H9、H10、H11得到验证。第二，市场导向($\beta=-0.022,p>0.05$)对双元创新的影响不再显著，说明TMT行为整合在市场导向和双元创新关系中具有完全中介作用。此外，技术导向($\beta=0.006,p<0.01$)和创业导向($\beta=0.253,p<0.01$)对双元创新仍然具有显著正向作用，但回归系数分别由0.340、0.523降到0.006、0.253，下降明显，假设H9a、H9b、H9c得到验证。第三，市场导向($\beta=-0.014,p>0.05$)对探索式创新的影响不再显著，说明TMT行为整合在市场导向和探索式创新关系中具有完全中介作用。此外，技术导向($\beta=0.028,p<0.01$)和创业导向($\beta=0.268,p<0.01$)对探索式创新仍然具有显著正向作用，但回归系数分别由0.363、0.542下降到0.028、0.268，下降明显，假设H10a、H10b、H10c得到验证。第四，市场导向($\beta=0.105,p<0.01$)、技术导向($\beta=0.112,p<0.01$)和创业导向($\beta=0.227,p<0.01$)对利用式创新仍然具有显著正向作用，但回归系数分别由0.449、0.467、0.562下降到0.105、0.112、0.227，下降明显，假设H11a、H11b、H11c得到验证。具体统计分析结果如表5.17所示。

表 5.17 TMT 行为整合中介作用（因变量：双元创新、探索式创新、利用式创新）

	变 量	Model39	Model40	Model41	Model42	Model43	Model44	Model45	Model46	Model47	Model48	Model149	Model50
企业规模	101~500 人	0.009	0.002	0.015	0.021	0.015	0.027	0.020	0.014	0.033	−0.008	−0.015	0.008
	501~1 000 人	−0.137**	−0.187**	−0.055	−0.149**	−0.199**	−0.063	−0.147**	−0.201**	−0.083*	−0.110**	−0.159**	−0.039
	1 001~2 000 人	−0.127**	−0.173**	−0.072	−0.137**	−0.184**	−0.082*	−0.136**	−0.186**	−0.098**	−0.095*	−0.140**	−0.051
	2 001 人以上	−0.204**	−0.226**	−0.157**	−0.199**	−0.221**	−0.163**	−0.202**	−0.224**	−0.159**	−0.174**	−0.193**	−0.127*
企业年限	6~10 年	−0.035	0.017	0.012	−0.056	−0.005	0.002	−0.050	0.002	0.003	−0.062	−0.014	−0.027
	11~15 年	0.077	0.138**	0.006	0.058	0.117*	−0.008	0.062	0.124*	−0.003	0.059	0.117*	−0.024
	16 年以上	0.205**	0.284**	0.083	0.221**	0.302**	0.101	0.220**	0.302**	0.113	0.169**	0.247**	0.063
所属行业	服务业	−0.037	−0.046	−0.062	−0.039	−0.047	−0.065	−0.039	−0.047	−0.064	−0.035	−0.043	−0.061
	金融业	0.073	0.063	0.127**	0.061	0.051	0.120**	0.064	0.054	0.115**	0.072	0.062	0.119**
	房地产业	0.085**	0.043	0.105**	0.084*	0.043	0.105**	0.085*	0.045	0.113**	0.070*	0.028	0.092**
	电子产品	−0.022	−0.020	−0.050	−0.027	−0.026	−0.048	−0.026	−0.026	−0.062*	−0.017	−0.016	−0.049
	生命科学	0.057	0.041	−0.006	0.053	0.037	−0.005	0.055	0.040	−0.003	0.038	0.020	−0.026
	信息和通信技术	−0.023	−0.014	−0.061	−0.001	0.010	−0.035	−0.004	0.004	−0.042	−0.032	−0.022	−0.051
	新兴技术	0.047	0.025	0.006	0.055	0.034	0.014	0.054	0.033	0.016	0.039	0.017	0.004
	其他	−0.104**	−0.073*	−0.080*	−0.125**	−0.095*	−0.093**	−0.121**	−0.090*	−0.099**	−0.111**	−0.082*	−0.101**

第5章 数据分析与假设检验

续 表

变量		Model39	Model40	Model41	Model42	Model43	Model44	Model45	Model46	Model47	Model48	Model49	Model50
企业性质	国有	−0.043	−0.047	0.007	−0.069	−0.075	−0.016	−0.064	−0.068	−0.014	−0.043	−0.049	−0.013
	外资	0.087*	0.074*	0.102**	0.078*	0.065	0.097**	0.081*	0.068	0.098**	0.075*	0.061	0.085**
	合资	0.013	−0.033	0.057	0.021	−0.025	0.062	0.020	−0.025	0.070*	0.005	−0.041	0.056
战略导向		0.137**	0.161**	0.247**									
市场导向					−0.022	−0.014	0.105**						
技术导向								0.006**	0.028**	0.112**			
创业导向											0.253**	0.268**	0.227**
TMT行为整合		0.515**	0.515**	0.541**	0.615**	0.626**	0.649**	0.601**	0.604**	0.640**	0.465**	0.472**	0.578**
R^2		0.522	0.545	0.605	0.514	0.535	0.585	0.514	0.535	0.586	0.549	0.574	0.607
Adj.R^2		0.504	0.528	0.590	0.496	0.517	0.570	0.496	0.517	0.571	0.532	0.558	0.592
F值		29.010**	31.864**	40.655**	28.129**	30.499**	37.501**	28.100**	30.540**	37.641**	32.364**	35.777**	41.053**

注：* 代表 $p<0.05$，** 代表 $p<0.01$。

5.3.4 TMT 行为整合和组织学习链式中介作用的检验

1. TMT 行为整合对组织学习作用的检验

为了检验 TMT 行为整合对组织学习的作用,本研究将 TMT 行为整合作为自变量,将组织学习作为因变量,并将企业规模、企业年限、所属行业和企业性质进行虚拟处理后作为控制变量带入回归模型进行分析。结果显示,TMT 行为整合显著正向影响组织学习($\beta=0.523, p<0.01$),假设 H12 得到验证。具体统计分析结果如表 5.18 所示。

2. TMT 行为整合和组织学习在战略导向与双元创新、探索式创新和利用式创新关系中的链式中介作用的检验

本研究采用 Bootstrap 方法检验 TMT 行为整合、组织学习在战略导向与双元创新、

表 5.18 TMT 行为整合对组织学习的直接作用

变量		Model51
企业规模	101~500 人	−0.057
	501~1 000 人	−0.098*
	1 001~2 000 人	−0.105*
	2 001 人以上	−0.153**
企业年限	6~10 年	−0.141**
	11~15 年	−0.075
	15 年以上	−0.087
所属行业	服务业	−0.067
	金融业	−0.032
	房地产业	−0.031
	电子产品	−0.083**
	生命科学	−0.047
	信息和通信技术	0.027
	新兴技术	0.011
	其他	−0.016
企业性质	国有	0.000
	外资	0.030
	合资	0.033
组织学习		0.523**
R^2		0.351
Adj.R^2		0.335
F 值		34.423**

注:* 代表 $p<0.05$,** 代表 $p<0.01$。

探索式创新和利用式创新关系中的链式中介作用,依据 Hayes(2008)提出的 Bootstrap 方法搭建 6 号理论模型,采用 SPSS 24.0 中的 Process 插件进行链式中介验证,将抽样次数设置为 5 000 次,置信区间设置为 95%。

为了检验 TMT 行为整合、组织学习在战略导向与双元创新关系中的链式中介作用,本研究将战略导向作为自变量,TMT 行为整合、组织学习作为中介变量,双元创新作为因变量,进行 Bootstrap 分析。结果显示,战略导向对双元创新的链式中介效应为 0.156 8,C.I=[0.086 5,0.236 7],区间内不包括 0。因此,链式中介效应显著,假设 H13a 得到验证。具体统计分析结果如表 5.19 所示。

表 5.19 TMT 行为整合和组织学习链式中介作用(因变量: 双元创新)

作用路径	系数	标准误	Bootstrap(95%置信区间)
Ind1(X→M1→Y1)	0.232 4	0.053 0	C.I=[0.134 6,0.344 0]
Ind2(X→M1→M2→Y1)	0.156 8	0.038 3	C.I=[0.086 5,0.236 7]
Ind3(X→M2→Y1)	0.131 1	0.037 1	C.I=[0.067 4,0.212 6]

为了检验 TMT 行为整合、组织学习在战略导向与探索式创新关系中的链式中介作用,本研究将战略导向作为自变量,TMT 行为整合、组织学习作为中介变量,探索式创新作为因变量,进行 Bootstrap 分析。结果显示,战略导向对探索式创新的链式中介效应为 0.164 0,C.I=[0.090 3,0.252 4],区间内不包括 0。因此,链式中介效应显著,假设 H13b 得到验证。具体统计分析结果如表 5.20 所示。

表 5.20　TMT 行为整合和组织学习链式中介
作用(因变量：探索式创新)

作用路径	系　数	标准误	Bootstrap(95%置信区间)
Ind1(X→M1→Y2)	0.249 6	0.057 0	C.I=[0.448 9,0.663 2]
Ind2(X→M1→M2→Y2)	0.164 0	0.041 2	C.I=[0.090 3,0.252 4]
Ind3(X→M2→Y2)	0.137 1	0.038 7	C.I=[0.065 9,0.217 0]

为了检验 TMT 行为整合、组织学习在战略导向与利用式创新关系中的链式中介作用,本研究将战略导向作为自变量,TMT 行为整合、组织学习作为中介变量,利用式创新作为因变量,进行 Bootstrap 分析。结果显示,战略导向对利用式创新的链式中介效应为 0.119 8,C.I=[0.063 8,0.184 2],区间内不包括 0。因此,链式中介效应显著,假设 H13c 得到验证。综上,假设 H13 得到验证。具体统计分析结果如表 5.21 所示。

表 5.21　TMT 行为整合和组织学习链式中介
作用(因变量：利用式创新)

作用路径	系　数	标准误	Bootstrap(95%置信区间)
Ind1(X→M1→Y3)	0.279 6	0.052 4	C.I=[0.182 1,0.387 6]
Ind2(X→M1→M2→Y3)	0.119 8	0.030 9	C.I=[0.063 8,0.184 2]
Ind3(X→M2→Y3)	0.100 1	0.028 3	C.I=[0.049 9,0.159 7]

5.3.5　变革型领导的调节作用的检验

为了检验变革型领导在 TMT 行为整合对双元创新、探索式创新和利用式创新作用中的调节效应,构建了 TMT 行为整合与变革型领导的交互项,将 TMT 行为整合、变革型领导和交互项作为自变量,将双元创新、探索式创新和利用式创新分别作为因变量,并将企业规模、企业年限、所属行业和企业性质进行虚拟处理后作为控制变量带入回归模型进行分析。结果显示:第一,TMT 行为整合($\beta=0.436, p<0.01$)和变革型领导($\beta=0.337, p<0.01$)显著正向影响双元创新,TMT 行为整合与变革型领导的交互项($\beta=0.087, p<0.01$)显著正向影响双元创新,R^2 提升了 0.062 且变化显著,表明变革型领导在 TMT 行为整合对双元创新的作用中具有正向调节作用。因此,假设 H14a 得到验证。第二,TMT 行为整合($\beta=0.478, p<0.01$)和变革型领导($\beta=0.283, p<0.01$)显著正向影响探索式创新,TMT 行为整合与变革型领导的交互项($\beta=0.076, p<0.01$)显著正向影响探索式创新,R^2 提升了 0.053 且变化显著,表明变革型领导在 TMT 行为整合对探索式创新的作用中具有正向调节作用。因此,假设 H14b 得到验证。第三,TMT 行为整合($\beta=0.584, p<0.01$)和变革型领导($\beta=0.235, p<0.01$)显著正向影响利用式创新,TMT 行为整合与变革型领导的交互项($\beta=0.069, p<0.01$)显著正向影响利用式创新,R^2 提升了 0.050 且变化显著,表明变革型领导在 TMT 行为整合对利用式创新的作用中具有正向调节作用。因此,假设 H14c 得到验证。综上,假设 H14 得到验证。具体统计分析结果如表 5.22 所示。

表 5.22 变革型领导的调节作用(因变量：双元创新、探索式创新和利用式创新)

变量		Model52	Model53	Model54	Model55	Model56	Model57
企业规模	101～500 人	0.034	0.027	0.044	0.034	0.026	0.043
	501～1 000 人	−0.111**	−0.168**	−0.048	−0.113**	−0.169**	−0.049
	1 001～2 000 人	−0.110**	−0.162**	−0.070	−0.112**	−0.163**	−0.072
	2 001 人以上	−0.161**	−0.188**	−0.123*	−0.156**	−0.186**	−0.118*
企业年限	6～10 年	−0.066	−0.015	−0.027	−0.066	−0.015	−0.027
	11～15 年	0.025	0.089	−0.048	0.037	0.094	−0.034
	15 年以上	0.263**	0.337**	0.139*	0.268**	0.339**	0.145*
所属行业	服务业	−0.014	−0.026	−0.047	−0.030	−0.033	−0.065
	金融业	0.047	0.039	0.100**	0.036	0.035	0.088*
	房地产业	0.084**	0.042	0.104**	0.077*	0.040	0.097*
	电子产品	−0.020	−0.020	−0.053	−0.019	−0.020	−0.052*
	生命科学	0.109**	0.083**	0.027	0.101**	0.080*	0.018
	信息和通信技术	−0.007	0.005	−0.028	−0.007	0.006	−0.027
	新兴技术	0.084**	0.058	0.039	0.068*	0.052	0.022
	其他	−0.080*	−0.058	−0.081*	−0.082*	−0.059	−0.084**
企业性质	国有	−0.160**	−0.152**	−0.099**	−0.162**	−0.153**	−0.100**
	外资	0.024	0.019	0.050	0.009	0.014	0.034
	合资	0.042	−0.007	0.084**	0.045	−0.006	0.087**
TMT 行为整合		0.436**	0.478**	0.584**	0.432**	0.476**	0.580**
变革型领导		0.337**	0.283**	0.235**	0.328**	0.277**	0.230**
TMT 行为整合×变革型领导					0.087**	0.076**	0.069**
R^2		0.586	0.585	0.614	0.647	0.637	0.663
Adj.R^2		0.570	0.569	0.599	0.631	0.621	0.648
ΔR^2		—	—	—	0.062	0.053	0.050
F 值		37.529**	37.387**	42.198**	36.437**	35.643**	41.124**

注：* 代表 $p<0.05$，** 代表 $p<0.01$。

5.3.6 外部环境的调节作用的检验

1. 外部环境在战略导向与 TMT 行为整合关系中的调节作用的检验

为了检验外部环境在战略导向对 TMT 行为整合作用中的调节效应,本研究构建了战略导向和外部环境的交互项,将战略导向、外部环境和交互项作为自变量,将 TMT 行为整合作为因变量,并将企业规模、企业年限、所属行业和企业性质进行虚拟处理后作为控制变量带入回归模型进行分析。结果显示,战略导向($\beta=0.565, p<0.01$)和外部环境($\beta=0.237, p<0.01$)显著正向影响 TMT 行为整合,战略导向和外部环境的交互项($\beta=0.055, p<0.01$)显著正向影响 TMT 行为整合,R^2 提升了 0.023 且变化显著,表明外部环境在战略导向对 TMT 行为整合的作用中具有正向调节作用。因此,假设 H15 得到验证。

为了检验环境动态性在战略导向对 TMT 行为整合作用中的调节效应,本研究构建了战略导向和环境动态性的交互项,将战略导向、环境动态性和交互项作为自变量,将 TMT 行为整合作为因变量,并将企业规模、企业年限、所属行业和企业性质作为控制变量进行虚拟处理后带入回归模型进行分析。结果显示,战略导向($\beta=0.532, p<0.01$)和环境动态性($\beta=0.246, p<0.01$)显著正向影响 TMT 行为整合,战略导向和环境动态性的交互项($\beta=0.043, p<0.01$)显著正向影响 TMT 行为整合,R^2 提升了 0.021 且变化显著,表明环境动态性在战略导向对 TMT 行为整合的作用中具有正向调节作用。因此,假设 H15a 得到验证。

为了检验环境竞争性在战略导向对 TMT 行为整合作用中

的调节效应，本研究构建了战略导向和环境竞争性的交互项，将战略导向、环境竞争性和交互项作为自变量，将TMT行为整合作为因变量，并将企业规模、企业年限、所属行业和企业性质进行虚拟处理后作为控制变量带入回归模型进行分析。结果显示，战略导向（$\beta=0.514,p<0.01$）和环境竞争性（$\beta=0.321,p<0.01$）显著正向影响TMT行为整合，战略导向和环境竞争性的交互项（$\beta=0.042,p<0.01$）显著正向影响TMT行为整合，R^2提升了0.017且变化显著，表明环境竞争性在战略导向对TMT行为整合的作用中具有正向调节作用。因此，假设H15a得到验证。具体统计分析结果如表5.23所示。

表5.23 外部环境的调节作用（因变量：TMT行为整合）

变量		Model58	Model59	Model60	Model61	Model62	Model63
企业规模	101～500人	−0.054	−0.056	−0.049	−0.049	−0.043	−0.049
	501～1 000人	0.045	0.042	0.047	0.046	0.043	0.044
	1 001～2 000人	0.044	0.039	0.043	0.042	0.049	0.050
	2 001人以上	−0.074	−0.084	−0.065	−0.067	−0.058	−0.060
企业年限	6～10年	0.064	0.057	0.078	0.077	0.108*	0.089*
	11～15年	0.077	0.064	0.096	0.095	0.107*	0.082
	15年以上	−0.028	−0.029	−0.015	−0.015	0.032	0.016
所属行业	服务业	0.075*	0.076*	0.077*	0.077*	0.087*	0.092*
	金融业	0.133**	0.138**	0.142**	0.143**	0.135**	0.144**
	房地产业	0.036	0.041	0.039	0.039	0.042	0.051
	电子产品	0.057	0.057	0.053	0.053	0.052	0.055
	生命科学	0.145**	0.142**	0.147**	0.147**	0.135**	0.133**
	信息和通信技术	0.022	0.021	0.025	0.025	0.013	0.010

续 表

变量		Model58	Model59	Model60	Model61	Model62	Model63
所属行业	新兴技术	0.079*	0.082*	0.081*	0.082*	0.071*	0.070*
	其他	0.125**	0.121**	0.120**	0.120**	0.126**	0.113**
企业性质	国有	0.011	0.005	0.031	0.030	0.015	0.007
	外资	0.012	0.017	0.036	0.036	0.015	0.018
	合资	−0.114**	−0.113**	−0.100**	−0.100**	−0.100**	−0.096**
战略导向		0.565**	0.561**	0.532**	0.530**	0.514**	0.523**
外部环境		0.237**	0.233**				
战略导向×外部环境动态性			0.055**	0.246**	0.241**		
战略导向×动态性					0.043**		
竞争性						0.321**	0.319**
战略导向×竞争性							0.042**
R^2		0.573	0.595	0.542	0.562	0.603	0.619
Adj.R^2		0.557	0.579	0.525	0.545	0.588	0.605
ΔR^2		—	0.023	—	0.021	—	0.017
F 值		35.589**	34.195	31.438**	29.887**	40.330**	39.587**

注：* 代表 $p<0.05$，** 代表 $p<0.01$。

2. 外部环境在战略导向与双元创新、探索式创新和利用式创新关系中的调节作用的检验

为了检验外部环境在战略导向对双元创新作用中的调节效应，本研究构建了战略导向和外部环境的交互项，将战略导向、外部环境和交互项作为自变量，将双元创新作为因变量，并将企业规模、企业年限、所属行业和企业性质作为控制变量进行虚拟处理后带入回归模型进行分析。结果显示，战略导向($\beta=$

$0.331, p<0.01$)和外部环境($\beta=0.286, p<0.01$)显著正向影响双元创新,战略导向和外部环境的交互项($\beta=0.048, p<0.01$)显著正向影响双元创新,R^2提升了 0.021 且变化显著,表明外部环境在战略导向对双元创新的作用中具有正向调节作用。因此,假设 H16a 得到验证。

为了检验环境动态性在战略导向对双元创新作用中的调节效应,本研究构建了战略导向和环境动态性的交互项,将战略导向、环境动态性和交互项作为自变量,将双元创新作为因变量,并将企业规模、企业年限、所属行业和企业性质作为控制变量进行虚拟处理后带入回归模型进行分析。结果显示,战略导向($\beta=0.049, p<0.01$)和环境动态性($\beta=0.118, p<0.01$)显著正向影响双元创新,战略导向和环境动态性的交互项($\beta=0.046, p<0.01$)显著正向影响双元创新,R^2提升了 0.020 且变化显著,表明环境动态性在战略导向对双元创新的作用中具有正向调节作用。因此,假设 H16a1 得到验证。

为了检验环境竞争性在战略导向对双元创新作用中的调节效应,本研究构建了战略导向和环境竞争性的交互项,将战略导向、环境竞争性和交互项作为自变量,将双元创新作为因变量,并将企业规模、企业年限、所属行业和企业性质作为控制变量进行虚拟处理后带入回归模型进行分析。结果显示,战略导向($\beta=0.293, p<0.01$)和环境竞争性($\beta=0.347, p<0.01$)显著正向影响双元创新,战略导向和环境竞争性的交互项($\beta=0.037, p<0.01$)显著正向影响双元创新,R^2提升了 0.016 且变化显著,表明环境竞争性在战略导向对双元创新的作用中具有正向调节作用。因此,假设 H16a2 得到验证。

第5章 数据分析与假设检验

具体统计分析结果如表5.24所示。

表5.24 外部环境的调节作用(因变量：双元创新)

变量		Model64	Model65	Model66	Model67	Model68	Model69
企业规模	101～500人	−0.026	−0.028	−0.023	−0.022	−0.013	−0.016
	501～1 000人	−0.115*	−0.118*	−0.113*	−0.119*	−0.117*	−0.117*
	1 001～2 000人	−0.104*	−0.108*	−0.106*	−0.114*	−0.099*	−0.098*
	2 001人以上	−0.254**	−0.263**	−0.248**	−0.264**	−0.235**	−0.236**
企业年限	6～10年	−0.024	−0.030	−0.018	−0.021	0.027	0.020
	11～15年	0.093	0.081	0.106	0.096	0.129*	0.119*
	15年以上	0.167*	0.166*	0.170*	0.173*	0.236**	0.229**
所属行业	服务业	−0.003	−0.002	−0.003	−0.004	0.011	0.013
	金融业	0.132**	0.136**	0.141**	0.144**	0.136**	0.139**
	房地产业	0.100**	0.104**	0.101**	0.104**	0.107**	0.110**
	电子产品	0.013	0.013	0.009	0.009	0.007	0.008
	生命科学	0.131**	0.129**	0.135**	0.133**	0.121**	0.121**
	信息和通信技术	−0.012	−0.013	−0.009	−0.008	−0.022	−0.023
	新兴技术	0.087*	0.090*	0.091*	0.096*	0.079*	0.079*
	其他	−0.035	−0.038	−0.040	−0.040	−0.035	−0.040
企业性质	国有	−0.057	−0.063	−0.038	−0.045	−0.050	−0.053
	外资	0.070	0.074	0.093*	0.098*	0.077*	0.078*
	合资	−0.061	−0.061	−0.050	−0.051	−0.044	−0.042
战略导向		0.331**	0.329**	0.449**	0.446**	0.293**	0.291**
外部环境		0.286**	0.281**				
战略导向×外部环境			0.048**				
动态性				0.118**	0.112**		

续表

变量	Model64	Model65	Model66	Model67	Model68	Model69
战略导向×动态性				0.046**		
竞争性					0.347**	0.342**
战略导向×竞争性						0.037**
R^2	0.449	0.469	0.410	0.430	0.475	0.491
Adj.R^2	0.429	0.459	0.387	0.407	0.455	0.471
ΔR^2	—	0.021	—	0.020	—	0.016
F值	21.659**	20.756**	18.422**	17.657**	24.039**	22.967**

注：* 代表 $p<0.05$，** 代表 $p<0.01$。

为了检验外部环境在战略导向对探索式创新作用中的调节效应，本研究构建了战略导向和外部环境的交互项，将战略导向、外部环境和交互项作为自变量，将探索式创新作为因变量，并将企业规模、企业年限、所属行业和企业性质进行虚拟处理后作为控制变量带入回归模型进行分析。结果显示，战略导向（$\beta=0.364, p<0.01$）和外部环境（$\beta=0.268, p<0.01$）显著正向影响探索式创新，战略导向和外部环境的交互项（$\beta=0.037, p<0.01$）显著正向影响探索式创新，R^2 提升了 0.023 且变化显著，表明外部环境在战略导向对探索式创新的作用中具有正向调节作用。因此，假设 H16b 得到验证。

为了检验环境动态性在战略导向对探索式创新作用中的调节效应，本研究构建了战略导向和环境动态性的交互项，将战略导向、环境动态性和交互项作为自变量，将探索式创新作为因变量，并将企业规模、企业年限、所属行业和企业性质进行虚拟处理后作为控制变量带入回归模型进行分析。结果显示，战略导向($\beta=0.482, p<0.01$)和环境动态性($\beta=0.196, p<0.01$)显著正向影响探索式创新,战略导向和环境动态性的交互项($\beta=0.031, p<0.01$)显著正向影响探索式创新,R^2提升了0.021且变化显著,表明环境动态性在战略导向对探索式创新的作用中具有正向调节作用。因此,假设H16b1得到验证。

为了检验环境竞争性在战略导向对探索式创新作用中的调节效应,本研究构建了战略导向和环境竞争性的交互项,将战略导向、环境竞争性和交互项作为自变量,将探索式创新作为因变量,并将企业规模、企业年限、所属行业和企业性质进行虚拟处理后作为控制变量带入回归模型进行分析。结果显示,战略导向($\beta=0.319, p<0.01$)和环境竞争性($\beta=0.343, p<0.01$)显著正向影响探索式创新,战略导向和环境竞争性的交互项($\beta=0.022, p<0.01$)显著正向影响探索式创新,R^2提升了0.018且变化显著,表明环境竞争性在战略导向对探索式创新的作用中具有正向调节作用。因此,假设H16b2得到验证。

具体统计分析结果如表5.25所示。

表5.25 外部环境的调节作用(因变量:探索式创新)

变	量	Model64	Model65	Model66	Model67	Model68	Model69
企业规模	101~500人	−0.032	−0.033	−0.028	−0.028	−0.020	−0.022
	501~1 000人	−0.164**	−0.167**	−0.163**	−0.168**	−0.166**	−0.166**
	1 001~2 000人	−0.150**	−0.154**	−0.152**	−0.159**	−0.145**	−0.145**
	2 001人以上	−0.274**	−0.282**	−0.267**	−0.281**	−0.256**	−0.256**
企业年限	6~10年	0.030	0.025	0.040	0.037	0.079	0.074
	11~15年	0.156**	0.147**	0.173**	0.164**	0.190**	0.184**
	15年以上	0.248**	0.247**	0.256**	0.259**	0.314**	0.310**

续 表

变量		Model64	Model65	Model66	Model67	Model68	Model69
所属行业	服务业	−0.011	−0.010	−0.010	−0.011	0.002	0.003
	金融业	0.124**	0.127**	0.133**	0.136**	0.127**	0.129**
	房地产业	0.059	0.062	0.061	0.063	0.065*	0.067*
	电子产品	0.014	0.014	0.010	0.009	0.008	0.009
	生命科学	0.115**	0.113**	0.118**	0.116**	0.105**	0.104**
	信息和通信技术	−0.004	−0.004	0.000	0.000	−0.013	−0.014
	新兴技术	0.065	0.068	0.068	0.073*	0.057	0.057
	其他	−0.004	−0.006	−0.010	−0.009	−0.003	−0.006
企业性质	国有	−0.059	−0.063	−0.039	−0.044	−0.053	−0.055
	外资	0.059	0.063	0.083*	0.088*	0.065	0.065
	合资	−0.106**	−0.105**	−0.093*	−0.094*	−0.090**	−0.089*
战略导向		0.364**	0.361**	0.482**	0.485**	0.319**	0.317**
外部环境		0.268**	0.253**				
战略导向×外部环境			0.037**				
动态性				0.196**	0.104**		
战略导向×动态性					0.031**		
竞争性						0.343**	0.325**
战略导向×竞争性							0.022**
R^2		0.467	0.468	0.430	0.431	0.497	0.497
Adj.R^2		0.447	0.447	0.408	0.409	0.478	0.477
ΔR^2		—	0.023	—	0.021	—	0.018
F 值		23.258	22.223**	20.013**	19.150**	26.225**	24.974**

注：* 代表 $p<0.05$，** 代表 $p<0.01$。

为了检验外部环境在战略导向对利用式创新作用中的调节效应，本研究构建了战略导向和外部环境的交互项，将战略导向、外部环境和交互项作为自变量,将利用式创新作为因变量,并将企业规模、企业年限、所属行业和企业性质进行虚拟处理后作为控制变量带入回归模型进行分析。结果显示,战略导向($\beta=0.392, p<0.01$)和外部环境($\beta=0.253, p<0.01$)显著正向影响利用式创新,战略导向和外部环境的交互项($\beta=0.021, p<0.01$)显著正向影响利用式创新,R^2提升了 0.024 且变化显著,表明外部环境在战略导向对利用式创新的作用中具有正向调节作用。因此,假设 H16c 得到验证。

为了检验环境动态性在战略导向对利用式创新作用中的调节效应,本研究构建了战略导向和环境动态性的交互项,将战略导向、环境动态性和交互项作为自变量,将利用式创新作为因变量,并将企业规模、企业年限、所属行业和企业性质进行虚拟处理后作为控制变量带入回归模型进行分析。结果显示,战略导向($\beta=0.437, p<0.01$)和环境动态性($\beta=0.212, p<0.01$)显著正向影响利用式创新,但战略导向和环境动态性的交互项($\beta=0.013, p>0.05$)对利用式创新没有显著影响,R^2提升了 0.006 且变化不显著,表明环境动态性在战略导向对利用式创新的作用中没有调节作用。因此,假设 H16c1 未得到验证。

为了检验环境竞争性在战略导向对利用式创新作用中的调节效应,本研究构建了战略导向和环境竞争性的交互项,将战略导向、环境竞争性和交互项作为自变量,将利用式创新作为因变量,并将企业规模、企业年限、所属行业和企业性质进行虚拟处理后作为控制变量带入回归模型进行分析。结果显示,战略导向($\beta=0.370, p<0.01$)和环境竞争性($\beta=0.256, p<0.01$)显著正向影响利用式创新,战略导向和环境竞争性的交互项($\beta=$

$0.018, p < 0.01$)显著正向影响利用式创新,R^2 提升了 0.018 且变化显著,表明环境竞争性在战略导向对利用式创新的作用中具有正向调节作用。因此,假设 H16c2 得到验证。具体统计分析结果如表 5.26 所示。

表 5.26 外部环境的调节作用(因变量:利用式创新)

变量		Model64	Model65	Model66	Model67	Model68	Model69
企业规模	101~500 人	−0.027	−0.027	−0.025	−0.026	−0.009	−0.010
	501~1 000 人	−0.032	−0.032	−0.030	−0.027	−0.035	−0.034
	1 001~2 000 人	−0.048	−0.048	−0.052	−0.048	−0.042	−0.041
	2 001 人以上	−0.216**	−0.216**	−0.214**	−0.206**	−0.189**	−0.189**
企业年限	6~10 年	0.010	0.010	0.007	0.008	0.08	0.075
	11~15 年	0.008	0.009	0.017	0.022	0.06	0.052
	15 年以上	0.027	0.027	0.016	0.014	0.12*	0.115
所属行业	服务业	−0.029	−0.029	−0.032	−0.031	−0.011	−0.009
	金融业	0.184**	0.184**	0.193**	0.192**	0.191**	0.194**
	房地产业	0.119**	0.118**	0.119**	0.118**	0.128**	0.131**
	电子产品	−0.011	−0.011	−0.013	−0.013	−0.019	−0.018
	生命科学	0.071*	0.071*	0.078*	0.079*	0.059	0.058
	信息和通信技术	−0.050	−0.050	−0.043	−0.043	−0.062	−0.063
	新兴技术	0.047	0.047	0.053	0.05	0.037	0.037
	其他	−0.004	−0.004	−0.010	−0.011	−0.005	−0.009
企业性质	国有	−0.020	−0.019	0.001	0.004	−0.005	−0.007
	外资	0.069*	0.069*	0.095*	0.092*	0.085*	0.086*
	合资	−0.031	−0.031	−0.022	−0.021	−0.005	−0.004
战略导向		0.392**	0.391**	0.437**	0.436**	0.370**	0.367**

续 表

变 量	Model64	Model65	Model66	Model67	Model68	Model69
外部环境	0.253**	0.254**				
战略导向×外部环境		0.021**				
动态性			0.212**	0.208**		
战略导向×动态性				0.013		
竞争性					0.256**	0.253**
战略导向×竞争性						0.018**
R^2	0.367	0.367	0.301	0.302	0.387	0.388
Adj.R^2	0.350	0.349	0.383	0.382	0.372	0.371
ΔR^2	—	0.024	—	0.006	—	0.022
F 值	34.706**	32.991**	26.696**	25.425**	37.752**	35.991**

注：* 代表 $p<0.05$，** 代表 $p<0.01$。

5.4 研究结果

本研究共提出了72个假设（包括16个主假设），通过统计检验分析后，绝大部分假设得到了验证，具体结果如表5.27所示。

第一，本研究采用回归分析方法分析了自变量对因变量的直接作用，发现战略导向对双元创新、探索式创新和利用式创新具有显著的促进作用。此外，战略导向的三个维度，即市场导向、技术导向和创业导向，也分别对双元创新、探索式创新和利用式创新具有显著的影响作用。假设H1及各分假设都得到了验证。

第二,本研究采用分层回归分析方法验证了组织学习的中介作用,发现组织学习在战略导向与双元创新、探索式创新和利用式创新关系中均具有中介作用。且在分假设中,组织学习在市场导向、技术导向与双元创新关系中具有完全中介作用,组织学习在市场导向、技术导向与探索式创新关系中具有完全中介作用,表明组织学习是重要的中介变量。假设 H2—H6 均得到验证。

第三,本研究采用分层回归分析方法验证了 TMT 行为整合的中介作用,发现 TMT 行为整合在战略导向与双元创新、探索式创新和利用式创新关系中均具有中介作用。且在分假设中,TMT 行为整合在市场导向与双元创新和探索式创新关系中具有完全中介作用,表明 TMT 行为整合是重要的中介变量。假设 H7—H11 均得到了验证。

第四,本研究采用 Bootstrap 方法分析了"战略导向→TMT 行为整合→组织学习→双元创新、探索式创新、利用式创新"这一链式中介作用,且分析了 TMT 行为整合和组织学习这两个中介变量之间的关系,发现 TMT 行为整合显著正向影响组织学习,且战略导向能够通过 TMT 行为整合和组织学习分别作用于双元创新、探索式创新和利用式创新。假设 H12、H13 得到验证。

第五,本研究采用构建自变量和调节变量交互项的方法,分析了变革型领导和外部环境的调节作用,发现变革型领导加强了 TMT 行为整合对双元创新、探索式创新和利用式创新的促进作用。此外,外部环境在战略导向与 TMT 行为整合、双元创新、探索式创新和利用式创新关系中的调节作用均得到了验证。但在分假设中，环境动态性在战略导向与利用式创新关系中的调节作用不显著。因此，除了 H16c1 这一分假设外，假设 H14—H16 均得到验证。

表 5.27 假设检验结果

作用关系	具 体 假 设	结果
1. 直接效应	H1：战略导向对双元创新、探索式创新和利用式创新有正向影响	成立
	H1a1：市场导向对双元创新有正向影响	成立
	H1a2：市场导向对探索式创新有正向影响	成立
	H1a3：市场导向对利用式创新有正向影响	成立
	H1b1：技术导向对双元创新有正向影响	成立
	H1b2：技术导向对探索式创新有正向影响	成立
	H1b3：技术导向对利用式创新有正向影响	成立
	H1c1：创业导向对双元创新有正向影响	成立
	H1c2：创业导向对探索式创新有正向影响	成立
	H1c3：创业导向对利用式创新有正向影响	成立
2. 组织学习的中介效应	H2：战略导向对组织学习有正向影响	成立
	H2a：市场导向对组织学习有正向影响	成立
	H2b：技术导向对组织学习有正向影响	成立
	H2c：创业导向对组织学习有正向影响	成立
	H3：组织学习对双元创新、探索式创新和利用式创新有正向影响	成立
	H3a：组织学习对双元创新有正向影响	成立

续 表

作用关系	具 体 假 设	结果
2.组织学习的中介效应	H3b：组织学习对探索式创新有正向影响	成立
	H3c：组织学习对利用式创新有正向影响	成立
	H4：组织学习在战略导向与双元创新之间具有中介作用	成立
	H4a：组织学习在市场导向与双元创新之间具有中介作用	成立
	H4b：组织学习在技术导向与双元创新之间具有中介作用	成立
	H4c：组织学习在创业导向与双元创新之间具有中介作用	成立
	H5：组织学习在战略导向与探索式创新之间具有中介作用	成立
	H5a：组织学习在市场导向与探索式创新之间具有中介作用	成立
	H5b：组织学习在技术导向与探索式创新之间具有中介作用	成立
	H5c：组织学习在创业导向与探索式创新之间具有中介作用	成立
	H6：组织学习在战略导向与利用式创新之间具有中介作用	成立
	H6a：组织学习在市场导向与利用式创新之间具有中介作用	成立
	H6b：组织学习在技术导向与利用式创新之间具有中介作用	成立
	H6c：组织学习在创业导向与利用式创新之间具有中介作用	成立
3.TMT行为整合的中介效应	H7：战略导向对TMT行为整合有正向影响	成立
	H7a：市场导向对TMT行为整合有正向影响	成立
	H7b：技术导向对TMT行为整合有正向影响	成立
	H7c：创业导向对TMT行为整合有正向影响	成立

续　表

作用关系	具　体　假　设	结果
3. TMT行为整合的中介效应	H8：TMT行为整合对双元创新、探索式创新和利用式创新有正向影响	成立
	H8a：TMT行为整合对双元创新有正向影响	成立
	H8b：TMT行为整合对探索式创新有正向影响	成立
	H8c：TMT行为整合对利用式创新有正向影响	成立
	H9：TMT行为整合在战略导向与双元创新关系中具有中介作用	成立
	H9a：TMT行为整合在市场导向与双元创新关系中具有中介作用	成立
	H9b：TMT行为整合在技术导向与双元创新关系中具有中介作用	成立
	H9c：TMT行为整合在创业导向与双元创新关系中具有中介作用	成立
	H10：TMT行为整合在战略导向与探索式创新关系中具有中介作用	成立
	H10a：TMT行为整合在市场导向与探索式创新关系中具有中介作用	成立
	H10b：TMT行为整合在技术导向与探索式创新关系中具有中介作用	成立
	H10c：TMT行为整合在创业导向与探索式创新关系中具有中介作用	成立
	H11：TMT行为整合在战略导向与利用式创新关系中具有中介作用	成立
	H11a：TMT行为整合在市场导向与利用式创新关系中具有中介作用	成立
	H11b：TMT行为整合在技术导向与利用式创新关系中具有中介作用	成立
	H11c：TMT行为整合在创业导向与利用式创新关系中具有中介作用	成立

续 表

作用关系	具 体 假 设	结果
4. 链式中介效应	H12：TMT 行为整合对组织学习有正向影响	成立
	H13：TMT 行为整合与组织学习在战略导向与双元创新、探索式创新和利用式创新关系中具有链式中介作用	成立
	H13a：TMT 行为整合与组织学习在战略导向与双元创新关系中具有链式中介作用	成立
	H13b：TMT 行为整合与组织学习在战略导向与探索式创新关系中具有链式中介作用	成立
	H13c：TMT 行为整合与组织学习在战略导向与利用式创新关系中具有链式中介作用	成立
5. 变革型领导的调节作用	H14：变革型领导正向调节 TMT 行为整合对双元创新、探索式创新和利用式创新的影响	成立
	H14a：变革型领导正向调节 TMT 行为整合对双元创新的影响	成立
	H14b：变革型领导正向调节 TMT 行为整合对探索式创新的影响	成立
	H14c：变革型领导正向调节 TMT 行为整合对利用式创新的影响	成立
6. 外部环境的调节作用	H15：外部环境正向调节战略导向对 TMT 行为整合的影响	成立
	H15a：动态性正向调节战略导向对 TMT 行为整合的影响	成立
	H15b：竞争性正向调节战略导向对 TMT 行为整合的影响	成立
	H16：外部环境正向调节战略导向对双元创新、探索式创新和利用式创新的影响	成立
	H16a：外部环境正向调节战略导向对双元创新的影响	成立
	H16a1：动态性正向调节战略导向对双元创新的影响	成立

续 表

作用关系	具 体 假 设	结果
6. 外部环境的调节作用	H16a2：竞争性正向调节战略导向对双元创新的影响	成立
	H16b：外部环境正向调节战略导向对探索式创新的影响	成立
	H16b1：动态性正向调节战略导向对探索式创新的影响	成立
	H16b2：竞争性正向调节战略导向对探索式创新的影响	成立
	H16c：外部环境正向调节战略导向对利用式创新的影响	成立
	H16c1：动态性正向调节战略导向对利用式创新的影响	不成立
	H16c2：竞争性正向调节战略导向对利用式创新的影响	成立

第6章 结论与展望

依据前文的研究结果,在此总结本研究主要的研究结论,指出其主要的理论贡献,并据此剖析对企业创新管理实践的启示。此外,针对本研究的局限提出了未来可深入研究的方向。

6.1 研究结论

人工智能、大数据、5G 网络和云计算等新技术的发展,引起了新一轮的技术变革。在技术变革的驱动下,各行各业都面临着转型升级和创新的迫切需求,这也是中国众多企业面临的难题。创新意味着巨大的投入和众多已知的和未知的风险,不创新意味着终将被时代所抛弃。在这一背景下,华为采用了"红军"和"蓝军"战略,"红军"致力于现有产品和市场的不断深化,目的是维持稳定的生产与经营;而"蓝军"致力于基础科学理论和技术的研发,目的是开发新的产品以及开拓新的市场,寻求先发优势,从而长久地立于不败之地。华为通过"双元"的方式成为一家成功的企业,但仍有许多企业处于创新困境之中。针对这一现实难题,本研究在大量梳理并归纳现有研究和理论的基础上,发现了双元创新与动态能力在内涵上的一致性,甚至可以认为,双元创新是比动态能力更为具体和更加灵活的企业获取

第6章 结论与展望

可持续竞争优势的重要前因。因此,建立双元创新形成机制可能会是企业在动荡环境中实现转型升级和建立可持续竞争优势的新契机。在寻找到这一研究基点后,通过进一步的文献梳理和理论分析,在动态能力理论的"感知-抓住-整合-创新"框架下,构建了以战略导向为起点的双元创新形成机制理论模型,之后进行了假设推演,并实证分析了"战略导向→TMT 行为整合→组织学习→双元创新、探索式创新、利用式创新"这一链式中介作用。经研究和分析后,本研究主要得到以下六点具体的结论。

1. 战略导向对双元创新、探索式创新和利用式创新具有显著正向影响作用

研究结果显示,战略导向及其市场导向、技术导向和创业导向三个维度,均显著正向影响双元创新、探索式创新和利用式创新。这表明,在技术变革时期,战略导向能够为企业提供清晰的创新方向,驱动企业合理地进行双元创新。

第一,市场导向使企业重视市场中信息的变化。例如,顾客的需求、竞争者的行动和竞争者的新产品等。重视这些信息的企业将会依据市场变化改进现有产品或开发新产品,即进行探索式创新或利用式创新,从而实现双元创新。例如,中国消费者热衷于手机的自拍功能,而华为抓住了这一需求特点,与照相机厂商徕卡联合研发并商业化以智能摄像头和智能美颜为卖点的手机。这一创新产品受到了众多消费者的欢迎。

第二,技术导向使企业重视行业中出现的新技术,以及新技术在产品中的应用等技术变动信息,重视这些信息的企业会积极引进新技术,进行新技术的开发,并将其应用在现有产品或者

全新的产品中。例如，人工智能和物联网技术逐渐兴起，阿里巴巴旗下的盒马鲜生将这一技术引入了新时代的餐饮业，成立了盒马机器人餐厅，颠覆了餐饮业的传统模式，受到众多消费者的关注与欢迎，赢得了超额利润。

第三，创业导向使企业重视新的市场机会，主动寻求新的发展，重视新机会的企业会积极进行尝试，包括新的领域和新的商业模式等。如今许多互联网企业都是以生态圈的形式不断扩展新领域。例如，小米公司的理念是制造热销单品，即在每类商品中推出极少的几款热卖品，然后不断扩展产品的种类，小米公司以这种方式来不断寻找新的市场机会，从而进行产品创新和产品改进。

此外，对研究结果进行了进一步的思索。一些研究认为，市场导向会使企业过度关注市场而阻碍创新（Christensen，1997；Jeong 等，2006）。本研究认为，如果企业因为采用市场导向而没能够进行更好的创新，可能是因为该企业在应用市场导向时出现了偏差，市场导向不只是关注营销，而是关注关于顾客和竞争者等市场中所有的信息，本质是一种顾客拉动的过程，与技术推动过程相呼应，而不是企业想当然地针对消费者的需求进行营销手段的更新。在悖论思维下，市场导向、技术导向和创业导向的交互作用也许对双元创新会有更高的促进作用。

2. TMT 行为整合在战略导向与双元创新、探索式创新和利用式创新关系中具有部分中介作用

研究结果显示，TMT 行为整合在战略导向及其市场导向、技术导向和创业导向三个维度与双元创新、探索式创新和利用式创新关系中分别具有中介作用。这表明战略导向可能需要通

第6章 结论与展望

过 TMT 的协作、沟通、意见交换和共同决策从而作用于双元创新、探索式创新和利用式创新。

第一,战略导向对 TMT 行为整合具有促进作用。高层梯队理论认为,TMT 依据个人的认知特征感知环境的变化,从而影响决策过程和组织结果(Hambrick 和 Mason,1984)。高层梯队理论是为了破解企业适应多变的外部环境的困境而发展出来的核心决策团体形态,这一理论的提出与企业所处的外部环境息息相关。然而,现有研究中却很少将 TMT 行为整合与外部环境相联系,本研究建立了战略导向与 TMT 行为整合这一因果关系。企业外部的环境信息会影响高层管理者的感知能力,丰富的、多样化的信息往往具有模糊性,会给企业决策带来难度,因而会促进高层管理者之间的沟通、协作和讨论,以制定出一致的决策。这一研究成果建立了企业 TMT 行为过程与企业外部信息之间的关系。

第二,TMT 行为整合对双元创新、探索式创新和利用式创新具有促进作用。早已有学者提出,企业双元创新的形成需要有复杂的领导模式,Raisch 和 Birkinshaw(2008)认为,双元创新来自矛盾知识的处理过程,它的形成需要复杂的领导行为。TMT 行为整合通过沟通、协作和交换意见,能够针对复杂的、模糊的问题进行决策,因此,TMT 行为整合是双元创新的一个重要前因。Lubatkin 等(2006)首次实证研究证实了 TMT 行为整合与双元的关系。本研究的结论与 Lubatkin 等(2006)的研究一致。

第三,TMT 行为整合是重要的中介变量。虽然战略导向能够为企业提供清晰的创新方向,但是需要有 TMT 来进行信息讨论、筛选和决策,在众多高层管理者的讨论中撞击出灵感,才能够从繁杂的信息中识别出对企业真正有影响和有用的信息、知识、技术和机会等。企业通过战略导向获得外部环境中复杂的和模糊的信息,这将增进 TMT 成员之间的交流和探讨,及时进行一致的决策,使创新方向更加明确,从而有助于企业灵活地进行探索式创新或者利用式创新,同时保持两者都具有较高的水平。因此,战略导向需要通过 TMT 行为整合才能更好地作用于双元创新、探索式创新和利用式创新。

3. 组织学习在战略导向与双元创新、探索式创新和利用式创新关系中具有部分中介作用

研究结果显示,组织学习在战略导向及其市场导向、技术导向和创业导向三个维度与双元创新、探索式创新和利用式创新关系中分别具有中介作用。这表明,战略导向可能需要通过组织学习作用于双元创新、探索式创新和利用式创新。

第一,战略导向对组织学习具有促进作用。组织学习是企业积累和存储知识的重要途径,而组织学习发生在组织与环境互动的过程中(Lee 等,1992)。组织学习的发生离不开企业对外部环境中信息、知识和技术的汲取,而市场导向、技术导向和创业导向促使企业重视顾客信息、竞争者信息、技术信息和新机会的信息等。通过战略导向,这些信息被带入企业内部,在企业内部经过传播、共享、解释过程生成新的知识,这是组织学习的基础。因此,战略导向是组织学习的重要前因。这一结论与 Fernández-Mesa 和 Alegre(2015)、谢洪明等(2006a)的研究相似。

第二,组织学习对双元创新、探索式创新和利用式创新具有促进作用。知识是企业创新的基础,而组织学习是知识的产生、

传播、解释和组织记忆过程,通过组织学习,组织能够不断更新知识,而这为双元创新、探索式创新和利用式创新提供了重要的前提条件。一方面,在现有知识的基础上,企业改进现有产品、服务或生产流程;另一方面,在新知识的基础上,企业研发新产品、提供新服务或是建立新的生产流程(March,1991)。因此,组织学习是双元创新、探索式创新和利用式创新的重要前因。

第三,组织学习是重要的中介变量。通过前文的文献梳理可知,组织学习是一个常见的中介变量。Zhou等(2005)发现,市场导向、技术导向和创业导向通过组织学习作用于突破性创新。本研究的结论扩展了Zhou等(2005)的研究,将创新类型扩展到双元创新、探索式创新和利用式创新。通过战略导向,企业将外部的信息和知识反馈给企业,并促使企业进行响应,这些信息作为组织学习的基础可提升组织学习水平,激发组织不断积累和更新知识,而这又进一步促进企业不断进行探索式创新和利用式创新。本研究的这一结论与以往的相关研究一致。

4. TMT行为整合和组织学习在战略导向与双元创新、探索式创新和利用式创新关系中具有链式中介作用

研究结果显示,TMT行为整合、组织学习在战略导向与双元创新、探索式创新和利用式创新关系中分别具有链式中介作用。这表明,以战略导向为起点的双元创新形成机制得到验证,战略导向能够通过TMT行为整合和组织学习实现双元创新、探索式创新和利用式创新,换句话说,企业能够通过这一路径同时实现高水平的探索式创新和利用式创新。

第一,在得出链式中介作用结论之前,本研究分析了TMT行为整合与组织学习的关系,发现TMT行为整合对组织学习

具有促进作用。前文已经分析,一方面,TMT行为整合的过程有助于新知识的生成、传播、解释和存储,而这是组织学习的基础。另一方面,TMT成员之间和谐的互动能够产生支持、开放和积极响应的良好氛围,以及共享和合作的组织文化,而这样的组织氛围和组织文化有助于组织学习的进行(Pérez López等,2004)。因此,可以通过知识的生成以及和谐的组织氛围建立起TMT行为整合与组织学习的联系。TMT行为整合与组织学习之间的联系是链式中介关系的重要环节。

第二,"战略导向→TMT行为整合→组织学习→双元创新、探索式创新、利用式创新"是企业形成双元创新的重要机制。这一机制建立了企业与外界的联系,企业通过战略导向感知外部变动、搜集信息且指引方向,将外界信息传递回企业,而外界的这些复杂、多样并且模糊的信息促使TMT及时地进行决策,不断协作、沟通、讨论和交换意见,从而捕捉到新机会并意识到潜在的威胁。为了规避威胁,同时将机会转化为新的竞争优势,企业需要进一步通过组织学习将新信息、新知识和新技术等整合到组织内部,化为己有。在此基础上,依据战略导向的指引,将资源灵活的配置在探索式创新和利用式创新中。一方面,企业可以通过不断尝试新的东西而进行探索式创新,另一方面,企业可以改进现有产品来进行利用式创新。这一完整的链式中介机制能够促使企业灵活地应对变革,通过双元创新获得可持续竞争优势。

5. 变革型领导在TMT行为整合与双元创新、探索式创新和利用式创新关系中具有调节作用

研究结果显示,变革型领导增强了TMT行为整合对双元

创新、探索式创新和利用式创新的促进作用。Hambrick(1994)在提出的高层梯队理论框架中指出,变革型领导影响 TMT 的行为特征,但很少有研究探讨领导者对 TMT 行为过程的影响。直到 Ling 等(2008)将 CEO-TMT 接口作为一种显著的干预机制,才开启了领导者风格与 TMT 行为整合关系的讨论。TMT 团队成员是受 CEO 影响最大的个体,领导者的风格对 TMT 的行为过程具有较大的影响。在此基础上,本研究将变革型领导作为 TMT 行为整合对双元创新作用的推动者,发现变革型领导通常具有较大的影响力,能够建立清晰的企业愿景,鼓励追随者以自我实现为前提不断为企业创造超额价值,同时也是企业变革的推动者,激励追随者用新的见解解决问题。变革型领导能够推动 TMT 灵活地做出有助于创新的决策,并使决策进一步变成行动,依据决策进行探索式创新和利用式创新。因此,可以认为变革型领导是 TMT 行为整合对双元创新作用的推动者。这一结论扩展了现有研究中关于 CEO-TMT 关系的研究成果。

6. 外部环境在战略导向与 TMT 行为整合、双元创新、探索式创新和利用式创新关系中具有调节作用

研究结果显示,外部环境增强了战略导向及其市场导向、技术导向和创业导向三个维度对双元创新、探索式创新和利用式创新的促进作用。外部环境是战略管理领域重要的权变因素,外部环境的特征影响企业战略、决策和行动的作用效果。Kohli 和 Jaworski(1990)在提出战略导向的概念时指出,战略导向的有效性取决于市场的性质。这一论述暗含环境特征影响战略导向作用效果的观点。在这一研究成果的基础上,本研究发现外部环境特征影响战略导向与 TMT 行为整合、双元创新、探索式

创新和利用式创新之间的关系。在高度动态性和竞争性的环境中，战略导向对 TMT 行为整合、双元创新、探索式创新和利用式创新的促进作用会增强，从而更有效地发挥战略导向的作用效果。

在单维度的分析中发现外部环境特征的调节作用并不总是有效的，环境动态性不能够调节战略导向对利用式创新的正向促进作用。本研究分析这一结果的合理性解释可能是，当外部环境的动态性较高时，环境动态性带给企业较大的不安全感，较高水平的战略导向会促使企业将更多的资源配置在寻找新机会中，进行更多探索性的尝试，正如现在许多企业在意识到环境中的动态性后采取在企业内部成立单独部门进行创业的方式，不断寻找新的突破口。因此，这可能会使企业将更多资源分配在探索式创新中。虽然探索式创新和利用式创新具有相互促进作用，但在这种情形下，战略导向仍然会使企业倾向于探索式创新，从而掩盖了探索式创新对利用式创新的促进。因此，在动态性较高的环境中，战略导向虽然仍然对利用式创新存在较强的促进作用，但这种作用不会随着环境动态性的提高而显著增强。

6.2　理论贡献

本研究深化了动态能力理论、丰富了组织双元性理论且扩展了高层梯队理论。主要有以下三点理论贡献。

第一，深化了动态能力理论。Teece 最早建立了动态能力与组织双元性的联系，认为动态能力是探索性和利用性活动的反映。Teece(2007)指出动态能力的形成过程与探索和利用有密切的联系,但他并未对此进行深入的分析。O'Reilly 和 Tushman(2008)详细阐述了双元创新与动态能力之间的关系,认为双元创新是一种动态能力,动态能力作为一个整体概念来支撑双元创新。还有一些研究还认为,动态能力是一种组织双元性(Guttel 等,2011),以及组织双元性等同于动态能力(Xie 等,2011)。从这些观点可以看出,动态能力和双元创新具有很多内在一致性。本研究进一步阐释了动态能力与双元创新在本质上的联系,认为双元创新是更为具体的、更具可操作性的新型动态能力,双元创新比动态能力更容易在企业中实现,且双元创新这一构念更清晰地表述了动态能力中强调的企业适应外部环境变动时所表现出的灵活性。因此,可以将双元创新视为对企业动态能力的扩展。

Teece(2007)在《阐述动态能力:企业绩效(可持续)的本质和微观基础》一文中提出了动态能力的"感知-抓住-重新配置"框架,并指出动态能力的微观基础(独特的技能、过程、程序、组织结构、决策规则和行为准则)加强了企业的感知、抓住和重新配置能力。在此基础上,本研究将 Teece(2007)提出的动态能力形成框架扩展为"感知-抓住-整合-创新",同时将组织双元性理论和双元创新构念引入了对动态能力的理解,在动态能力框架下研究了双元创新的形成机制,丰富并拓展了动态能力理论。此外,企业的动态能力是模糊的、抽象的和难以捉摸的(Danneels,2008),而双元创新是具体的、清晰的和可操作的,双元创新使动态能力强调的灵活性和持续性更加具体可见。因此,再次说明双元创新是更高级别的和更具体的动态能力。双元创新的出现为动态能力理论的发展提供了一个新的方向。

第二，丰富了组织双元性理论。现有研究成果显示，形成组织双元性的路径主要有四种，分别为按照时序交替进行探索式与利用式创新、建立分别进行探索和利用的双重组织结构、通过TMT行为整合等复杂的领导模式管理探索和利用，以及建立适于个人灵活进行探索与利用的组织情境。但这些研究均只讨论了单一的前因要素，而最近提出的嵌套型双元和多层次双元由于过于复杂而无法进行实证分析，仅停留在理论层次。现有研究表明，探索式创新和利用式创新具有异质性，许多因素对两者的影响具有差异。以往的研究也多聚焦于单一前因对探索式创新和利用式创新的异质性影响上。而依据组织双元性理论，双元创新是探索式创新和利用式创新同时在高水平上的实现。探索式创新和利用式创新既相互促进又相互排斥，如果能够通过一定的管理手段使两者的相互促进作用大于相互排斥作用，那么完全可以在组织中实现双元创新。因此，本研究剖析了同时促进探索式创新和利用式创新的前因，在研究各前因之间的联系的基础上，在动态能力的形成过程框架下建立了双元创新的形成机制。在现有成果之外，深化了双元创新的本质和内涵，提出了双元创新在组织层次上的形成路径，且进一步研究了战略导向、TMT行为整合、组织学习、变革型领导和外部环境与双元创新之间的关系，丰富了组织双元性理论。

第三，扩展了高层梯队理论。Hambrick和Mason(1984)在提出高层梯队理论时就已说明外部环境和信息对高层管理人员认知的影响，但很少有人讨论外部信息和环境对TMT的直接影响。本研究建立了战略导向与TMT行为整合之间的联系,并进行了实证研究,对战略导向与 TMT 行为整合关系的分析进一步扩展了高层梯队理论的研究成果。同时,已有研究关注 CEO 特征对 TMT 的影响,建立了 CEO-TMT 接口。而本研究实证分析了变革型领导在 TMT 行为整合与双元创新、探索式创新和利用式创新关系中的调节作用,深化了现有研究中关于 CEO-TMT 关系的研究成果,扩展了高层梯队理论。

6.3 管理启示

关于本研究的理论贡献和实证研究成果,主要有以下五点管理启示。

第一,指导企业实施双元创新,破解创新困境。探索式创新和利用式创新具有悖论关系,通常由于企业资源有限,两者会互相争抢,导致企业无法进行双元创新。但众多研究证明,双元创新是企业可持续发展的关键,甚至是必要条件。从悖论视角,两者虽然有诸多差异,但却是相互依赖和相互促进的。探索式创新的提高会有助于利用式创新的实施,而利用式创新的提高也会促进探索式创新的进行。在本研究中,无论是从假设推演还是实证检验,都没有出现探索式创新和利用式创新相悖的情况。战略导向、TMT 行为整合和组织学习都会同时促进两者的实施,这说明在这些因素的作用下,探索式创新和利用式创新的相互促进作用或许大于两者的冲突和排斥作用,从而证明了双元创新在单一组织层次的可操作性。

第二,指导企业重视战略导向在企业实现双元创新中的重要作用。战略导向是本研究中链式中介机制的起点,具有触发双元创新形成的作用。在企业实践中,成功的企业以及在风波中胜出的企业,通常都具有清晰的战略导向。这些企业会设置专门的部门或者项目小组搜集市场情报信息,关注顾客需求的变动、竞争产品的品类和价格的变动、竞争者的行动、新技术的出现、未来的发展趋势和新的市场机会等情况,这些都是企业进行双元创新的基础,能够指引创新方向。因此,企业必须重视战略导向的应用。

第三,指导企业重视TMT行为整合和组织学习在企业实现双元创新中的重要作用。行为整合的TMT能够协调一致的探讨问题,避免因个人认知缺陷而做出错误的决策。同时,行为整合的TMT本身是一个知识传播、生成和解释的过程,有助于企业积累知识,从而促进组织学习和双元创新。此外,行为整合的TMT具有行为复杂性,能够解决相互矛盾的知识过程,而这是实现双元创新的基础。组织学习是知识的更新和存储过程,丰富的知识积累可促使企业更好地进行创新。

第四,"战略导向→TMT行为整合→组织学习→双元创新"链式中介机制为企业提供了实现双元创新的具体可操作路径。双元创新是个复杂的概念,单一的前因要素很难促使其在企业中实现,而双元的实现是理论和实践共同关注的问题。本研究提出的双元创新实现路径能够为企业建立双元创新提供借鉴。

第五,本研究指出了变革型领导风格和外部环境特征对企业实现双元创新的影响,指导企业认识到权变因素对双元创新形成的重要作用。在双元创新的形成过程中,除了战略导向、

第6章 结论与展望

TMT行为整合和组织学习三个直接的和间接的影响要素,变革型领导和外部环境特征(动态性、竞争性)也是影响这些前因要素作用效果的重要因素。双元创新的形成是复杂的过程。因此,企业在实施双元创新时,应注意这些权变要素的影响。

6.4　研究的局限与展望

第一,本研究中的数据仍然采用传统的问卷调查法进行搜集,这一方法虽然能够获得一手的详细资料,却往往具有很大的主观性,因而可能会影响结果的准确性。随着大数据分析方法的广泛使用,以及企业信息管理系统的普遍采用,客观数据的采集将变得越来越容易,因此,未来可以采用大数据分析的方式进行更为科学和客观的研究。

第二,本研究是在单一的组织层次上研究的双元创新实现路径,然而,组织管理是一个复杂过程,单一组织层次的双元创新实现机制能够说明和解决的问题有限。已有实证研究证明双元创新在个人层次和团队层次的实现,但对于跨组织层次的实现仍然停留在理论层次上。因此,未来可以进一步构建双元创新的跨层次实现机制,并进行实证检验。

第三,双元创新除了受到本研究中提出的变量的影响外,还可能受到组织文化、组织氛围、组织结构、悖论式领导和大数据分析能力等诸多要素的影响,未来可进一步扩展更多双元创新前因要素的分析。

第四,探索式创新和利用式创新是一对经典的悖论要素,现有的组织双元性理论不足以解释两者的逻辑关系,而悖论视角和阴阳理论视角虽然能够更好地解释两者既相互促进又相互对立、既相生又相克的关系,但不属于管理学范畴。因而,未来或许可以引入更多的哲学范畴的理论来解释两者的关系。

第五,当企业规模、所属行业和企业年限等客观因素不同时,企业对于探索式创新和利用式创新的重视程度存在差异。因此,未来可以探讨不同客观情境下,或者不同客观情境进行组合的情境下,企业进行探索式创新和利用式创新的配比问题。可以研究探索式创新和利用式创新的比例的变化问题,以进行更为动态的研究。

第六,未来的研究可以进一步区分对技术的探索、对技术的利用、对需求的探索和对需求的利用在企业中的具体实施问题。

参考文献

[1] Abebe M A, Angriawan A. Organizational and competitive influences of exploration and exploitation activities in small firms[J]. Journal of Business Research, 2014, 67(3): 339-345.

[2] Abshire D M. A call for transformational leadership: The United States and Japan[J]. Vital Speeches of the Day, 2001, 67(14): 432-435.

[3] Alexiev A S, Jansen J J P, Van den Bosch F A J, et al. Top management team advice seeking and exploratory innovation: the moderating role of TMT heterogeneity[J]. Journal of Management Studies, 2010, 47(7): 1343-1364.

[4] Alexiev A S, Volberda H W, Bosch F A J V D. Interorganizational collaboration and firm innovativeness: unpacking the role of the organizational environment [J]. Journal of Business Research, 2015, 69(2): 974-984.

[5] Amason A C, Mooney A C. The effects of past performance on top management team conflict in strategic decision making[J]. International Journal of Conflict Management, 1999, 10(4): 340-359.

[6] Ancona D G, Goodman P S, Lawrence B S, et al. Time: a new research lens[J]. Academy of Management Review, 2001, 26(4): 645-663.

[7] Andriopoulos C, Lewis M W. Exploitation-exploration tensions and organizational ambidexterity: managing paradoxes of innovation[J]. Organization Science, 2009, 20(4): 696-717.

[8] Argote L, Miron-Spektor E. Organizational learning: from experience to knowledge[J]. Organization Science, 2011, 22(5): 1123-1137.

[9] Argyris C, Schon D A. Organizational learning: a theory of action perspective[M]. Addison-Wesley, 1978.

[10] Argyris C. Organizational learning[M]. MA. Addison-Wesley, 1999.

[11] Atuahene-Gima K. Resolving the capability — rigidity paradox in new product innovation[J]. Journal of Marketing, 2005, 69(4): 61-83.

[12] Avolio B J, Bass B M, Jung D I. Re-examining the components of transformational and transactional leadership using the multifactor leadership questionnaire[J]. Journal of Occupational and Organizational Psychology, 1999, 72(4): 441-462.

[13] Avolio B J, Bass B M. Manual for the multifactor leadership questionnaire (Form 5X)[M]. Redwood City, CA: Mind garden, 2002.

[14] Baker W E, Sinkula J M. The synergistic effect of market orientation and learning orientation on organizational performance[J]. Journal of the Academy of Marketing Science, 1999, 27(4): 411-427.

[15] Bao Y, Chen X, Zhou K Z. External learning, market dynamics, and radical innovation: evidence from China's high-tech firms[J]. Journal of Business Research, 2012, 65(8): 1226-1233.

[16] Banks G C, McCauley K D, Gardner W L, et al. A meta-analytic review of authentic and transformational leadership: a test for redundancy[J]. Leadership Quarterly, 2016, 27(4): 634-652.

[17] Barney J. Firm resources and sustained competitive advantage[J]. Journal of Management, 1991, 17(1): 99-120.

[18] Barreto I. Dynamic capabilities: a review of past research and an agenda for the future[J]. Journal of Management, 2010, 36(1): 256-280.

[19] Bass B M, Avolio B J, Jung D I, et al. Predicting unit performance by assessing transformational and transactional leadership[J]. Journal of Applied Psychology, 2003, 88(2): 207-218.

[20] Bass B M. Leadership and performance beyond expectations[M]. New York: Free Press, 1985.

[21] Bass B M, Avolio B J. Manual for the multifactor leadership questionnaire: rater form (5X short)[M]. Palo Alto, CA: Mind Garden, 1995.

[22] Bass B M, Avolio B J. Transformational leadership development: manual for the multifactor leadership questionnaire[M]. Palo Alto, CA: Consulting Psychologists Press, 1990.

[23] Benner M J, Tushman M L. Exploitation, exploration, and process management: the productivity dilemma revisited[J]. Academy of Management Review, 2003, 28(2): 238-256.

[24] Bennis W G, Nanus B L. Leaders: the strategies for taking charge[M]. New York: Harper and Row, 1985.

[25] Berson Y, Da'as R, Waldman D A. How do leaders and their teams bring about organizational learning and outcomes? [J]. Personnel Psychology, 2015, 68(1): 79-108.

[26] Berthon P, Pitt H L F. To serve or create? strategic orientations toward customers and innovation[J]. California Management Review, 1999, 42(1): 37-58.

[27] Beverland M B, Ewing M T, Matanda M J. Driving-market or market-driven? A case study analysis of the new product development practices of Chinese business-to-business firms [J]. Industrial Marketing Management, 2006, 35(3): 383-393.

[28] Birkinshaw J, Gibson C. Building ambidexterity into an organization[J]. Sloan Management Review, 2004, 45(4): 47-55.

[29] Bontis N, Crossan M M, Hulland J. Managing an organizational learning system by aligning stocks and flows [J]. Journal of Management Studies, 2002, 39(4): 437-469.

[30] Boso N, Cadogan J W, Story V M. Complementary effect of entrepreneurial and market orientations on export new product success under differing levels of competitive intensity and financial capital[J]. International Business Review, 2012, 21(4): 667-681.

[31] Boso N, Story V M, Cadogan J W. Entrepreneurial orientation, market orientation, network ties, and performance: study of entrepreneurial

firms in a developing economy[J]. Journal of Business Venturing, 2013, 28(6): 708-727.

[32] Braun S, Peus C, Weisweiler S, et al. Transformational leadership, job satisfaction, and team performance: a multilevel mediation model of trust[J]. The Leadership Quarterly, 2013, 24(1): 270-283.

[33] Brix J. Exploring knowledge creation processes as a source of organizational learning: a longitudinal case study of a public innovation project[J]. Scandinavian Journal of Management, 2017, 33(2): 113-127.

[34] Burns J M. Leadership[M]. New York: Harper and Row, 1978.

[35] Bycio P, Hackett R D, Allen J S. Further assessments of bass's (1985) conceptualization of transactional and transformational leadership[J]. Journal of Applied Psychology, 1995, 80(4): 468-478.

[36] Cao Q, Gedajlovic E, Zhang H. Unpacking organizational ambidexterity: dimensions, contingencies, and synergistic effects[J]. Organization Science, 2009, 20(4): 781-796.

[37] Carmeli A, Halevi M Y. How top management team behavioral integration and behavioral complexity enable organizational ambidexterity: the moderating role of contextual ambidexterity[J]. The Leadership Quarterly, 2009, 20(2): 207-218.

[38] Carmeli A, Schaubroeck J. Top management team behavioral integration, decision quality, and organizational decline[J]. Leadership Quarterly, 2006, 17(5): 441-453.

[39] Carmeli A, Shteigman A. Top management team behavioral integration in small-sized firms: a social identity perspective. [J]. Group Dynamics: Theory, Research, and Practice, 2010, 14(4): 318-331.

[40] Carmeli A, Schaubroeck J, Tishler A. How CEO empowering leadership shapes top management team processes: implications for firm performance[J]. The Leadership Quarterly, 2011, 22(2): 399-411.

[41] Carmeli A. Top management team behavioral integration and the

performance of service organizations[J]. Group and Organization Management, 2008, 33(6): 712-735.

[42] Carpenter M A, Geletkanycz1 M A, Sanders1 W G. Upper echelons research revisited: antecedents, elements, and consequences of top management team composition[J]. Journal of Management, 2004, 30(6): 749-778.

[43] Carpenter M A, Fredrickson C J W. Top management teams, global strategic posture, and the moderating role of uncertainty[J]. The Academy of Management Journal, 2001, 44(3): 533-545.

[44] Carson J B, Tesluk P E, Marrone J A. Shared leadership in teams: an investigation of antecedent conditions and performance [J]. Academy of Management Journal, 2007, 44(3): 86-103.

[45] Chandrasekaran A, Linderman K, Schroeder R. Antecedents to ambidexterity competency in high technology organizations [J]. Journal of Operations Management, 2012, 30(1/2): 134-151.

[46] Chang Y C, Chen M H, Chi H R, et al. Ambidextrous innovation capabilities, antecedents and performance[C]. Portland International Conference on Management of Engineering and Technology. IEEE, 2014.

[47] Chang Y-Y, Hughes M. Drivers of innovation ambidexterity in small-to medium-sized firms[J]. European Management Journal, 2012, 30(1): 1-17.

[48] Cheng C C J, Huizingh E K R E. When is open innovation beneficial? the role of strategic orientation[J]. Journal of Product Innovation Management, 2014, 31(6): 1235-1253.

[49] Cheng C C J, Sheu C. When are strategic orientations beneficial for collaborative service innovation? [J]. The Service Industries Journal, 2017, 37(7-8): 466-493.

[50] Child J. Organizational structure, environment and performance: the role of strategic choice[J]. Sociology, 1972, 6(1): 1-22.

[51] Chiva R, Alegre J. Organizational learning capability and job

satisfaction: an empirical assessment in the ceramic tile industry[J]. British Journal of Management, 2009, 20(3): 323-340.

[52] Chiva R, Ghauri P, Algere J. Organisational learning, innovation and internationalization: a complex system model[J]. British Journal of Management, 2013, 25(4): 687-705.

[53] Cho H J, Pucik V. Relationship between innovativeness, quality, growth, profitability, and market value[J]. Strategic Management Journal, 2005, 26(6): 555-575.

[54] Christensen C. The innovator's dilemma[M]. Boston: Harvard Business School Press, 1997.

[55] Colbert A E, Kristof-Brown A L, Barrick B H, et al. CEO transformational leadership: the role of goal importance congruence in top management teams[J]. The Academy of Management Journal, 2008, 51(1): 81-96.

[56] Colbert B A. The complex resource-based view: implications for theory and practice in strategic human resource management[J]. Academy of Management Review, 2004, 29(3): 341-358.

[57] Conger J A, Kanungo R N. Charismatic leadership in organizations[M]. Thousand Oaks, CA: Sage Publications, 1998.

[58] Covin J G, Slevin D P. Strategic management of small firms in hostile and benign environments[J]. Strategic Management Journal, 1989, 10(1): 75-87.

[59] Crossan M M, White R E, Ivey R. An organization learning framework: from intuition to institution[J]. The Academy of Management Review, 1999, 24(3): 522-537.

[60] Crossan M M, Lane H W, White R E, et al. Organizational learning: dimensions for a theory[J]. International Journal of Organizational Analysis, 1995, 3(4): 337-360.

[61] Crossan M M, Maurer C C, White R E. Reflections on the 2009 AMR decade award: do we have a theory of organizational learning[J]. Academy of Management Review, 2011, 36(3): 446-460.

[62] Cyert R M, March J G. A behavioral theory of the firm[M]. Englewood Cliffs, NJ: Pretice Hall, 1963: 68-72.

[63] D'Aveni R A. Hypercompetition: management the dynamic of strategic maneuvering[M]. New York: The Free Press, 1994.

[64] Daellenbach U S, Mccarthy A M, Schoenecker T S. Commitment to innovation: the impact of top management team characteristics[J]. R&D Management, 1999, 29(3): 199-208.

[65] Daft R L, Sormunen J, Parks D. Chief executive scanning, environmental characteristics, and company performance: an empirical study[J]. Strategic Management Journal, 1988, 9(2): 123-139.

[66] Daft R L, Weick K E. Toward a model of organizations as interpretation systems [J]. Academy of Management Review, 1984, 9(2): 284-295.

[67] Danneels E. Organizational antecedents of second-order competences [J]. Strategic Management Journal, 2008, 29(5): 519-543.

[68] Day G S, Wensley R. Assessing advantage: a framework for diagnosing competitive superiority[J]. Journal of Marketing, 1988, 52(2): 1-20.

[69] Day G S. The capabilities of market-driven organizations [J]. Journal of Marketing, 1994, 58(4): 37-52.

[70] De Long D W, Fahey L. Diagnosing cultural barriers to knowledge management[J]. Academy of Management Perspectives, 2000, 14(4): 113-127.

[71] Deluga R J. The effects of transformational, transactional, and laissez faire leadership characteristics on subordinate influencing behavior[J]. Basic and Applied Social Psychology, 1990, 11(2): 191-203.

[72] Deshpandé R, Farley J U, Webster F E. Corporate culture, customer orientation, and innovativeness in Japanese firms: a quadrad analysis[J]. Journal of Marketing, 1993, 57(1): 23-37.

[73] Deshpandé R, Farley J U. Organizational culture, market orientation,

innovativeness, and firm performance: an international research odyssey [J]. International Journal of Research in Marketing, 2004, 21(1): 3-22.

[74] Dess G G, Beard D W. Dimensions of organizational task environments [J]. Administrative Science Quarterly, 1984, 29(1): 52-73.

[75] Dess G G, Ireland R D, Zahra S A, et al. Emerging issues in corporate entrepreneurship [J]. Journal of Management, 2009, 29(3): 351-378.

[76] Dess G G, Lumpkin G T. The role of entrepreneurial orientation in stimulating effective corporate entrepreneurship [J]. Academy of Management Perspectives, 2005, 19(1): 147-156.

[77] Dill W R. Environment as an influence on managerial autonomy[J]. Administrative Science Quarterly, 1958, 2(4): 409-443.

[78] Dobni C B. The relationship between innovation orientation and competitive strategy [J]. International Journal of Innovation Management, 2010, 14(02): 331-357.

[79] Dodgson M. Organizational learning: a review of some literatures[J]. Organization Studies, 1993, 14(3): 375-394.

[80] Dong Y, Bartol K M, Zhang Z X, et al. Enhancing employee creativity via individual skill development and team knowledge sharing: influences of dual-focused transformational leadership[J]. Journal of Organizational Behavior, 2017, 38(3): 439-458.

[81] Downton J V. Rebel leadership: commitment and charisma in the revolutionary process [M]. New York: Free Press, 1973.

[82] Duncan R B. Characteristics of organizational environments and perceived environmental uncertainty [J]. Administrative Science Quarterly, 1972, 17(3): 313-327.

[83] Duncan R B. The ambidextrous organization: designing dual structures for innovation[J]. Management of Organization Design, 1976: 167-188.

[84] Dwyer S, Richard O C, Chadwick K. Gender diversity in management

and firm performance: the influence of growth orientation and organizational culture[J]. Journal of Business Research, 2003, 56(12): 1009-1019.

[85] Edmondson A C. The local and variegated nature of learning in organizations: a group-level perspective[J]. Organization Science, 2002, 13(2): 128-146.

[86] Eisenhardt K M, Martin J A. Dynamic capabilities: what are they? [J]. Strategic Management Journal, 2000, 21(10-11): 1105-1121.

[87] Emery F E, Trist E L. The Causal Texture of Organizational Environments[J]. Human Relations, 1965, 18(1): 21-32.

[88] Enkel E, Heil S, Hengstler M, et al. Exploratory and exploitative innovation: to what extent do the dimensions of individual level absorptive capacity contribute? [J]. Technovation, 2016, 60-61: 29-38.

[89] Fernández-Mesa A, Alegre J. Entrepreneurial orientation and export intensity: examining the interplay of organizational learning and innovation[J]. International Business Review, 2015, 24(1): 148-156.

[90] Fields D L, Herold D M. Using the leadership practices inventory to measure transformational and transactional leadership[J]. Educational and Psychological Measurement, 1997, 57(4): 569-579.

[91] Finkelstein S, Hambrick D C, Cannella A A. Strategic leadership: theory and research on executives, top management teams, and boards[M]. Oxford: Oxford University Press, USA, 2008.

[92] Finkelstein S, Hambrick D. Strategic leadership: top executives and their effects on organizations[M]. St. Paul, Minneapolis: West Publishing Company, 1996.

[93] Fiol C M, Lyles M A. Organizational learning[J]. Academy of Management Review, 1985, 10(4): 803-813.

[94] Fraj E, Matute J, Melero I. Environmental strategies and organizational competitiveness in the hotel industry: the role of learning and

innovation as determinants of environmental success[J]. Tourism Management, 2015, 46: 30-42.

[95] Fredrickson J W. The comprehensiveness of strategic decision processes: extension, observations, future directions[J]. The Academy of Management Journal, 1984, 27(3): 445-466.

[96] Friedman H H, Langbert M, Giladi K. Transformational leadership: instituting revolutionary change in your accounting firm[J]. The National Public Accountant, 2000, 45(3): 8-11.

[97] Gao G Y, Zhou K Z, Yim C K. On what should firms focus in transitional economies? a study of the contingent value of strategic orientations in China[J]. International Journal of Research in Marketing, 2007, 24(1): 3-15.

[98] Garner W R. Uncertainty and structure as psychological concepts[M]. New York: John Wiley, 1962.

[99] Garvin D A. Building a learning organization[J]. Harvard Business Review, 1993, 71(4): 78-91.

[100] Gatignon H, Xuereb J M. Strategic orientation of the firm and new product performance[J]. Journal of Marketing Research, 1997, 34(1): 77-90.

[101] Gibson C B, Birkinshaw J. The antecedents, consequences, and mediating role of organizational ambidexterity[J]. Academy of Management Journal, 2004, 47(2): 209-226.

[102] Gibson C, Vermeulen F. A healthy divide: subgroups as a stimulus for team learning behavior[J]. Administrative Science Quarterly, 2003, 48(2): 202-239.

[103] Gimzauskiene E, Duoba K, Pavie X, et al. Dynamic capabilities, innovation and organizational learning: interrelations and impact on firm performance[J]. Procedia-Social and Behavioral Sciences, 2015, 213: 985-991.

[104] Goh S, Richards G. Benchmarking the learning capability of organizations[J]. European Management Journal, 1997, 15(5):

575-583.

[105] Gong Y, Huang J C, Farh J L. Employee learning orientation, transformational leadership, and employee creativity: the mediating role of employee creative self-efficacy[J]. Academy of Management Journal, 2009, 52(4): 765-778.

[106] Graetz F, Smith A. Organizing forms in change management: the role of structures, processes and boundaries in a longitudinal case analysis[J]. Journal of Change Management, 2005, 5(3): 311-328.

[107] Greve, H R. Exploration and exploitation in product innovation[J]. Industrial and Corporate Change, 2007, 16(5): 945-975.

[108] Grewal R, Tansuhaj P. Building organizational capabilities for managing economic crisis: the role of market orientation and strategic flexibility[J]. Journal of Marketing, 2001, 65(2): 67-80.

[109] Gumusluoglu L, Ilsev A. Transformational leadership, creativity, and organizational innovation[J]. Journal of Business Research, 2009, 62(4): 461-473.

[110] Gupta A K, Smith K G, Shalley C E. The interplay between exploration and exploitation[J]. Academy of Management Journal, 2006, 49(4): 693-706.

[111] Guttel W H, Konlechner S W. Continuously hanging by a thread: managing contextually ambidextrous organizations[J]. Schmalenbach Business Review, 2009, 61(2): 150-172.

[112] Hahn M H, Lee K C, Lee D S. Network structure, organizational learning culture, and employee creativity in system integration companies: the mediating effects of exploitation and exploration[J]. Computers in Human Behavior, 2015, 42: 167-175.

[113] Halevi M Y, Carmeli A, Brueller N N. Ambidexterity in SBUs: TMT behavioral integration and environmental dynamism [J]. Human Resource Management, 2015, 54(S1): 223-238.

[114] Hall R, Andriani P. Managing knowledge associated with innovation

[J]. Journal of Business Research, 2003, 56(2): 145-152.

[115] Hambrick D C, Mason P A. Upper Echelons: the organization as a reflection of its top managers[J]. Academy of Management Review, 1984, 9(2): 193-206.

[116] Hambrick D C. Corporate coherence and the top management team[J]. Strategy and Leadership, 1997, 25(5): 24-29.

[117] Hambrick D C. Corporate coherence and the top management team[M]//Hambrick D C, Nadler D A, and Tushman M L (eds.), Senior leadership and corporate transformation: CEOs, boards, and top management teams in turbulent times, Boston: Harvard Business School Press, 1998.

[118] Hambrick D C, Cho T S, Chen M J. The influence of top management team heterogeneity on firms' competitive moves[J]. Administrative Science Quarterly, 1996, 41(4): 659-684.

[119] Hambrick D C. Top management groups: a conceptual integration and reconsideration of the 'team' label [M]//Staw B M, Cummings L L. Research in Organizational Behavior. Gre enwich, CT: JAI Press, 1994, 16: 171-213.

[120] Hambrick D C. Upper echelons theory: an update[J]. Academy of Management Review, 2007, 32(2): 334-343.

[121] Han J K, Kim N, Srivastava R K. Market orientation and organizational performance: is innovation a missing link? [J]. Journal of Marketing, 1998, 62(4): 30-45.

[122] Hayes A F. Introduction to mediation, moderation, and conditional process analysis: a regression-based approach[M]. New York Guilford Press, 2008.

[123] He Z L, Wong P K. Exploration vs. exploitation: an empirical test of the ambidexterity hypothesis[J]. Organization Science, 2004, 15(4): 481-494.

[124] Heavey C, Simsek Z, Fox B C. Managerial social networks and ambidexterity of smes: the moderating role of a proactive commitment to innovation[J]. Human Resource Management, 2015, 54(S1):

s201-s221.

[125] Helfat C E, Finkelstein S, Mitchell W, et al. Dynamic capabilities understanding strategic change in organizations[J]. Academy of Management Review, 2007, 30(1): 203-207.

[126] Hitt M A, Dacin M T, Levitas E, et al. Partner selection in emerging and developed market contexts: resource-based and organizational learning perspectives[J]. The Academy of Management Journal, 2000, 43(3): 449-467.

[127] Ho L A. What affects organizational performance? [J]. Industrial Management and Data Systems, 2008, 108(9): 1234-1254.

[128] Hoch J E, Bommer W H, Dulebohn J H, et al. Do ethical, authentic, and servant leadership explain variance above and beyond transformational leadership? a meta-analysis[J]. Journal of Management, 2018, 44(2): 501-529.

[129] Holcomb T R, Ireland R D, Holmes R M, et al. Architecture of entrepreneurial learning: exploring the link among heuristics, knowledge, and action[J]. Entrepreneurship Theory and Practice, 2009, 33(1): 167-192.

[130] House R J. A 1976 theory of charismatic leadership [M]//Hunt J G, Larson L L. Leadership: the cutting edge. Carbondale, IL: Southern Illinois University Press, 1977: 189-207.

[131] Huang S, Ding D, Zhi C. Entrepreneurial leadership and performance in Chinese new ventures: a moderated mediation model of exploratory innovation, exploitative innovation and environmental dynamism[J]. Creativity and Innovation Management, 2014, 23(4): 453-471.

[132] Huber G P. Organizational learning: the contributing processes and the literatures[J]. Organization Science, 1991, 2(1): 88-115.

[133] Hughes M, Martin S L, Morgan R E, et al. Realizing product-market advantage in high-technology international new ventures: the mediating role of ambidextrous innovation[J]. Journal of International Marketing, 2010, 18(4): 1-21.

[134] Hult G T M, Ketchen D J. Does market orientation matter? a test of the relationship between positional advantage and performance[J]. Strategic Management Journal, 2001, 22(9): 899-906.

[135] Hult G T M, Ferrell O C. Global organizational learning capacity in purchasing: construct and measurement[J]. Journal of Business Research, 1997, 40(2): 97-111.

[136] Hult G T M, Hurley R F, Knight G A. Innovativeness: its antecedents and impact on business performance[J]. Industrial Marketing Management, 2004, 33(5): 429-438.

[137] Hunt S D, Morgan R M. The comparative advantage theory of competition[J]. Journal of Marketing, 1995, 59(2): 1-15.

[138] Hurley R F, Hult G T M. Innovation, market orientation, and organizational learning: an integration and empirical examination[J]. Journal of Marketing, 1998, 62(3): 42-54.

[139] Hynes N. Corporate culture, strategic orientation, and business performance: new approaches to modeling complex relationships[J]. Technological Forecasting and Social Change, 2009, 76(5): 644-651.

[140] Iandoli L, Zollo G. Organizational cognition and learning: building systems for the learning organization[J]. New York: Information Science Publishing, 2007.

[141] Jahanshahi A A, Brem B. Sustainability in SMEs: top management teams behavioral integration as source of innovativeness[J]. Sustainability, 2017, 9(10): 1899.

[142] Jain A K, Moreno A. Organizational learning, knowledge management practices and firm's performance[J]. Learning Organization, 2015, 22(1): 14-39.

[143] Jansen J J P, Van den Bosch F A J, Volberda H W. Exploratory innovation, exploitative innovation, and performance: effects of organizational antecedents and environmental moderators[J]. ERIM Report Series Research in Management, 2006, 52(11): 1661-1674.

[144] Jansen J J P, Vera D, Crossan M. Strategic leadership for exploration and exploitation: the moderating role of environmental dynamism[J]. The Leadership Quarterly, 2009, 20(1): 5-18.

[145] Jansen J J P, George G, Van den Bosch F A J, et al. Senior team attributes and organizational ambidexterity: the moderating role of transformational leadership[J]. Journal of Management Studies, 2008, 45(5): 982-1007.

[146] Jansson J, Nilsson J, Modig F, et al. Commitment to sustainability in small and medium-sized enterprises: the influence of strategic orientations and management values[J]. Business Strategy and the Environment, 2017, 26(1): 69-83.

[147] Jantunen A, Nummela N, Puumalainen K, et al. Strategic orientations of born globals: do they really matter? [J]. Journal of World Business, 2008, 43(2): 158-170.

[148] Jaworski B J, Kohli A K. Market orientation: antecedents and consequences[J]. Journal of Marketing, 1993, 57(3): 53-70.

[149] Jeong I, Pae J H, Zhou D. Antecedents and consequences of the strategic orientations in new product development: the case of Chinese manufacturers [J]. Industrial Marketing Management, 2006, 35(3): 348-358.

[150] Jiménez-Jiménez D, Sanz-Valle R. Innovation, organizational learning, and performance[J]. Journal of Business Research, 2011, 64(4): 408-417.

[151] Judge T A, Piccolo R F. Transformational and transactional leadership: a meta-analytic test of their relative validity[J]. Journal of Applied Psychology, 2004, 89(5): 755-768.

[152] Jung D, Chow C, Wu A. The role of transformational leadership in enhancing organizational innovation: hypotheses and some preliminary findings[J]. Leadership Quarterly, 2003, 14(4): 525-544.

[153] Katila R, Ahuja G. Something old, something new: a longitudinal

study of search behavior and new product introduction[J]. Academy of Management Journal, 2002, 45(6): 1183-1194.

[154] Kauppila O P. Creating ambidexterity by integrating and balancing structurally separate interorganizational partnerships[J]. Strategic Organization, 2010, 8(4): 283-312.

[155] Keh H T, Nguyen T T M, Ng H P. The effects of entrepreneurial orientation and marketing information on the performance of SMEs[J]. Journal of Business Venturing, 2007, 22(4): 592-611.

[156] Kocak A, Carsrud A, Oflazoglu S. Market, entrepreneurial, and technology orientations: impact on innovation and firm performance [J]. Management Decision, 2017, 55(2): 248-270.

[157] Kohli A K, Jaworski B J, Kumar A. Markor: a measure of market orientation[J]. Journal of Marketing Research, 1993, 30(4): 467-477.

[158] Kohli A K, Jaworski B J. Market orientation: the construct, research propositions, and managerial implications[J]. Journal of Marketing, 1990, 54(2): 1-18.

[159] Kollmann T, Stöckmann C. Filling the entrepreneurial orientation-performance gap: the mediating effects of exploratory and exploitative innovations[J]. Entrepreneurship Theory and Practice, 2014, 38(5): 1001-1026.

[160] Kortmann S. The mediating role of strategic orientations on the relationship between ambidexterity-oriented decisions and innovative ambidexterity[J]. Journal of Product Innovation Management, 2015, 32(5): 666-684.

[161] Kostopoulos K C, Spanos Y E, Prastacos G P. Structure and function of team learning emergence: a multilevel empirical validation [J]. Journal of Management, 2013, 39(6): 1430-1461.

[162] Kraft P S, Bausch A. How do transformational leaders promote exploratory and exploitative innovation? examining the black box through MASEM[J]. Journal of Product Innovation Management,

2016, 33(6): 687-707.

[163] Krishnan H A, Miller A, Judge M W Q. Diversification and top management team complementarity: is performance improved by merging similar or dissimilar teams? [J]. Strategic Management Journal, 1997, 18(5): 361-374.

[164] Lassen A H, Gertsen F, Riis J O. Nexus of corporate entrepreneurship and radical innovation[J]. Creativity and Innovation Management, 2006, 15(4): 359-372.

[165] Lawrence B S. The black box of organizational demography[J]. Organization Science, 1997, 8(1): 1-22.

[166] Lawrence P R, Lorsch J W. Organization and environment: managing differentiation and integration [D]. Boston: Harvard University, Graduate School of Business Administration, 1967.

[167] Lawson B, Samson D. Developing innovation capability in organizations: a dynamic capabilities approach [J]. International Journal of Innovation Management, 2001, 5(3): 377-400.

[168] Lee S, Courtney J F, O'Keefe R M. A system for organizational learning using cognitive maps[J]. Omega, 1992, 20(1): 23-36.

[169] Leithwood K. The move toward transformational leadership[J]. Education Leadership, 1992, 49(5): 8-12.

[170] Leng Z, Liu Z Y, Tan M, et al. Speed leaders and quality champions: analyzing the effect of market orientation and technology orientation alignment on new product innovation[J]. Management Decision, 2015, 53(6): 1247-1267.

[171] Levinthal D A, March J G. The myopia of learning[J]. Strategic Management, 1993, 14(2): 95-112.

[172] Levitt B, March J G. Organizational learning[J]. Annual Review of Sociology, 1988, 14(14): 319-340.

[173] Lewis M W. Exploring paradox: toward a more comprehensive guide[J]. Academy of Management Review, 2000, 25(4): 760-776.

[174] Li C R, Liu Y Y, Lin C J, et al. Top management team diversity, ambidextrous innovation and the mediating effect of top team decision-making processes[J]. Industry and Innovation, 2016, 23(3): 1-16.

[175] Li D Y, Liu J. Dynamic capabilities, environmental dynamism, and competitive advantage: evidence from China[J]. Journal of Business Research, 2014, 67(1): 2793-2799.

[176] Li H, Zhang Y. Founding team comprehension and behavioral integration: evidence from new technology ventures in China[J]. Academy of Management Proceedings & Membership Directory, 2002: 1-6.

[177] Li J J. The formation of managerial networks of foreign firms in China: the effects of strategic orientations[J]. Asia Pacific Journal of Management, 2005, 22(4): 423-443.

[178] Li J T, Hambrick D C. Factional groups: a new vantage on demographic faultlines, conflict, and disintegration in work teams[J]. The Academy of Management Journal, 2005, 48(5): 794-813.

[179] Li V, Mitchell R, Boyle B. The divergent effects of transformational leadership on individual and team innovation[J]. Group and Organization Management, 2016, 41(1): 66-97.

[180] Li Y A, Wei Z L, Liu Y. Strategic orientations, knowledge acquisition, and firm performance: the perspective of the vendor in cross-border outsourcing[J]. Journal of Management Studies, 2010, 47(8): 1457-1482.

[181] Liao S H, Chang W J, Wu C C, et al. A survey of market orientation research (1995 - 2008)[J]. Industrial Marketing Management, 2011, 40(2): 301-310.

[182] Lichtenthaler U. Determinants of absorptive capacity: the value of technology and market orientation for external knowledge acquisition [J]. Journal of Business and Industrial Marketing, 2016, 31(5): 600-610.

[183] Lin C, Chang C C. A patent-based study of the relationships among technological portfolio, ambidextrous innovation, and firm performance[J]. Technology Analysis and Strategic Management, 2015, 27(10): 1193-1211.

[184] Lin C, Kuo T. The mediate effect of learning and knowledge on organizational performance[J]. Industrial Management and Data Systems, 2007, 107(7): 1066-1083.

[185] Lin H C, Dang T T H, Liu Y S. CEO transformational leadership and firm performance: a moderated mediation model of TMT trust climate and environmental dynamism[J]. Asia Pacific Journal of Management, 2016, 33(4): 981-1008.

[186] Lin H E, McDonough E F III. Investigating the role of leadership and organizational culture in fostering innovation ambidexterity[J]. IEEE Transactions on Engineering Management, 2011, 58(3): 497-509.

[187] Lin X, Germain R. Organizational structure, context, customer orientation, and performance: lessons from Chinese state-owned enterprises[J]. Strategic Management Journal, 2003, 24(11): 1131-1151.

[188] Ling Y, Simsek Z, Lubatkin M H, et al. Transformational leadership's role in promoting corporate entrepreneurship: examining the CEO-TMT interface[J]. Academy of Management Journal, 2008, 51(3): 557-576.

[189] Liu C H S. Examining social capital, organizational learning and knowledge transfer in cultural and creative industries of practice[J]. Tourism Management, 2018, 64: 258-270.

[190] Liu J, Chen J, Tao Y. Innovation performance in new product development teams in China's technology ventures: the role of behavioral integration dimensions and collective efficacy[J]. Journal of Product Innovation Management, 2015, 32(1): 29-44.

[191] Liu X, Xie Y. Exploratory innovation, exploitative innovation and

firm performance: moderating effect of organizational structure and slack resources[C]. Portland International Conference on Management of Engineering and Technology. IEEE, 2014: 861-869.

[192] Lubatkin M H, Simsek Z, Ling Y, et al. Ambidexterity and performance in small-to medium-sized firms: the pivotal role of top management team behavioral integration[J]. Journal of Management, 2006, 32(5): 646-672.

[193] Luce R D, Raiffa H. Games and decisions[M]. New York: John Wiley, 1957.

[194] Lumpkin G T, Dess G G. Clarifying the entrepreneurial orientation construct and linking it to performance[J]. Academy of Management Review, 1996, 21(1): 135-172.

[195] Lumpkin G T, Dess G G. Linking two dimensions of entrepreneurial orientation to firm performance: the moderating role of environment and industry life cycle[J]. Journal of Business Venturing, 2001, 16(5): 429-451.

[196] Lyles M A, Schwenk C R. TOP management, strategy and organizational knowledge structures[J]. Journal of Management Studies, 1992, 29(2): 155-174.

[197] Lyles M. Learning among joint-venture sophisticated firms[J]. Management International Review, 1988, 28(4): 85-98.

[198] Mainemelis C, Kark R, Epitropaki O. Creative leadership: a multi-context conceptualization[J]. The Academy of Management Annals, 2015, 9(1): 393-482.

[199] March J G. Exploration and exploitation in organizational learning[J]. Organization Science, 1991, 2(1): 71-87.

[200] March J G, Simon H A. Organizations[M]. New York: Wiley, 1958.

[201] Martin S L, Javalgi R G, Cavusgil E. Marketing capabilities, positional advantage, and performance of born global firms: contingent effect of ambidextrous innovation[J]. International

Business Review, 2017, 26(3): 527-543.

[202] Masa'deh R, Al-Henzab J, Tarhini A, et al. The associations among market orientation, technology orientation, entrepreneurial orientation and organizational performance[J]. Benchmarking An International Journal, 2018, 25(8): 3117-3142.

[203] Matsuno K, Mentzer J T. The effects of strategy type on the market orientation-performance relationship[J]. Journal of Marketing, 2000, 64(4): 1-16.

[204] McCarthy I P, Lawrence T B, Wixted B, et al. A multidimensional conceptualization of environmental velocity [J]. Social Science Electronic Publishing, 2010, 35(4): 604-626.

[205] McDermott C M, Prajogo D I. Service innovation and performance in SMEs[J]. International Journal of Operations & Production Management, 2012, 32(2): 216-237.

[206] Menguc B, Auh S. A test of strategic orientation formation versus strategic orientation implementation: the influence of TMT functional diversity and inter-functional coordination[J]. Journal of Marketing Theory & Practice, 2005, 13(2): 4-19.

[207] Meyers P W. Non-linear learning in large technological firms: period four implies chaos[J]. Research Policy, 1990, 19(2): 97-115.

[208] Miles R E, Snow C C, Meyer A D, et al. Organizational strategy, structure, and process[J]. Academy of Management Review, 1978, 3(3): 546-562.

[209] Miller D, Friesen P H. Innovation in conservative and entrepreneurial firms: two models of strategic momentum[J]. Strategic Management Journal, 1982, 3(1): 1-25.

[210] Miller D. A preliminary typology of organizational learning: synthesizing the literature[J]. Journal of Management, 1996, 22(3): 485-505.

[211] Miller D. The correlates of entrepreneurship in three types of

firms[J]. Management Science, 1983, 29(7): 770-791.

[212] Miller D. The structural and environmental correlates of business strategy[J]. Strategic Management Journal, 1987, 8(1): 55-76.

[213] Milliken F J. Three types of perceived uncertainty about the environment: state, effect, and response uncertainty[J]. Academy of Management Review, 1987, 12(1): 133-143.

[214] Moorman C, Miner A S. The convergence of planning and execution: improvisation in new product development[J]. Journal of Marketing, 1998, 62(3): 1-20.

[215] Moorman C, Miner A S. The impact of organizational memory on new product performance and creativity[J]. Journal of Marketing Research, 1997, 34(1): 91-106.

[216] Nadkarni S, Barr P S. Environmental Context, Managerial Cognition, and Strategic Action: an Integrated View[J]. Strategic Management Journal, 2008, 29(13): 1395-1427.

[217] Nadler D, Tushman M L. Competing by design: the power of organizational architecture[M]. New York: Oxford University Press, 1997.

[218] Naman J L, Slevin D P. Entrepreneurship and the concept of fit: a model and empirical tests[J]. Strategic Management Journal, 1993, 14(2): 137-153.

[219] Naqshbandi M M, Tabche I. The interplay of leadership, absorptive capacity, and organizational learning culture in open innovation: testing a moderated mediation model[J]. Technological Forecasting and Social Change. 2018, 133: 156-167.

[220] Narver J C, Slater S F, Maclachlan D L. Responsive and proactive market orientation and new product success[J]. Journal of Product Innovation Management, 2004, 21(5): 334-347.

[221] Narver J C, Slater S F. The effect of a market orientation on business profitability[J]. Journal of Marketing, 1990, 54(4): 20-35.

[222] Nelson R R, Winter S G. The schumpeterian tradeoff revisited[J]. American Economic Review, 1982, 72(1): 114-132.

[223] Nemanich L A, Vera D. Transformational leadership and ambidexterity in the context of an acquisition[J]. Leadership Quarterly, 2009, 20(1): 19-33.

[224] Nevis E C, Di Bella A J, Gould J M. Understanding organization as learning system[J]. Sloan Management Review, 1995, 36(2): 73-85.

[225] Nguyen B, Yu X Y, Melewar T C, et al. Brand innovation and social media: knowledge acquisition from social media, market orientation, and the moderating role of social media strategic capability[J]. Industrial Marketing Management, 2015, 51: 11-25.

[226] Nielsen J A, Mathiassen L, Hansen A M. Exploration and exploitation in organizational learning: a critical application of the 4I model[J]. British Journal of Management, 2018, 29(4): 835-850.

[227] Noble C H, Sinha R K, Kumar A. Market orientation and alternative strategic orientations: a longitudinal assessment of performance implications[J]. Journal of Marketing, 2002, 66(4): 25-39.

[228] Nonaka I, Takeuchi H. The knowledge creating company: how Japanese companies create the dynamics of innovation[M]. New York: Oxford University Press, 1995.

[229] Nonaka I. A dynamic theory of organizational knowledge creation[J]. Organization Science, 1994, 5(1): 14-37.

[230] O'Reilly C A, Tushman M L. Ambidexterity as a dynamic capability: resolving the innovator's dilemma[J]. Research in organizational behavior, 2008, 28: 185-206.

[231] O'Reilly C A, Caldwell D F, Barnett W P. Work group demography, social integration, and turnover[J]. Administrative Science Quarterly, 1989, 34(1): 21-37.

[232] O'Reilly C A, Chatman J A. Culture as social control: corporations, cults, and commitment[J]. Research in Organizational Behaviour, 1996, (18): 157-200.

[233] O'Reilly C A, Tusman M L. Ambidexterity as a dynamic capability: resolving the innovator's dilemma[J]. Research in Organizational Behavior, 2008, 28: 185-206.

[234] O'Reilly III C A, Tushman M L. Organizational ambidexterity: past, present, and future[J]. Academy of Management Perspectives, 2013, 27(4): 324-338.

[235] Ou A Y, Waldman D A, Peterson S J. Do humble CEOs matter? an examination of CEO humility and firm outcomes[J]. Journal of Management, 2018, 44(3): 1147-1173.

[236] Ou A Y, Tsui A S, Kinicki A J, et al. Humble chief executive officers' connections to top management team integration and middle managers' responses[J]. Administrative Science Quarterly, 2014, 59(1): 34-72.

[237] Pablo A L, Reay T, Dewald J R, et al. Identifying, enabling and managing dynamic capabilities in the public sector[J]. Journal of Management Studies, 2007, 44(5): 687-708.

[238] Paladino A. Investigating the drivers of innovation and new product success: a comparison of strategic orientations[J]. Journal of Product Innovation Management, 2007, 24(6): 534-553.

[239] Pekovic S, Rolland S, Gatignon H. Customer orientation and organizational innovation: the case of environmental management practices[J]. Journal of Business and Industrial Marketing, 2016, 31(7): 835-848.

[240] Pérez López S, Montes Peón M, Vázquez Ordás C J. Managing knowledge: the link between culture and organizational learning[J]. Journal of Knowledge Management, 2004, 8(6): 93-104.

[241] Peterson R S, Smith D B, Martorana P V, et al. The impact of chief executive officer personality on top management team dynamics:

one mechanism by which leadership affects organizational performance [J]. Journal of Applied Psychology, 2003, 88(5): 795-808.
[242] Pierce L, Teece D J. The behavioral, evolutionary, and dynamic capabilities theories of the firm: retrospective and prospective[J]. SSRN Electronic Journal, 2005.
[243] Podsakoff P M, Mackenzie S B, Moorman R H, et al. Transformational leader behaviors and their effects on followers' trust in leader, satisfaction, and organizational citizenship behaviors [J]. The Leadership Quarterly, 1990, 1(2): 107-142.
[244] Podsakoff P M, Organ D W. Self-reports in organizational research: problems and prospects[J]. Journal of management, 1986, 12(4): 531-544.
[245] Popadic M, Cerne M. Exploratory and exploitative innovation: the moderating role of partner geographic diversity [J]. Economic Research-Ekonomska Istrazivanja, 2016, 29(1): 1165-1181.
[246] Porter M E. Competitive strategy: techniques for analyzing industries and competitors[M]. New York: Free Press, 1980.
[247] Priem R L, Love L G, Shaffer M A. Executives' perceptions of uncertainty sources: a numerical taxonomy and underlying dimensions [J]. Journal of Management, 2002, 28(6): 725-746.
[248] Raes A M L, Heijltjes M G, Glunk U, et al. The interface of the top management team and middle managers: a process model[J]. Academy of Management Review, 2011, 36(1): 102-126.
[249] Rafferty A E, Griffin M A. Dimensions of transformational leadership: conceptual and empirical extensions[J]. Leadership Quarterly, 2004, 15(3): 329-354.
[250] Raisch S, Birkinshaw J. Organizational ambidexterity: antecedents, outcomes, and moderators[J]. Journal of Management, 2008, 34(3): 375-409.
[251] Rosenkopf L, Nerkar A. Beyond local search: boundary — spanning, exploration, and impact in the optical disk industry[J]. Strategic Management Journal, 2001, 22(4): 287-306.

[252] Ruekert R W. Developing a market orientation: an organizational strategy perspective[J]. International Journal of Research in Marketing, 1992, 9(3): 225-245.

[253] Sainio L M, Ritala P, Hurmelinna-Laukkanen P. Constituents of radical innovation: exploring the role of strategic orientations and market uncertainty[J]. Technovation, 2012, 32(11): 591-599.

[254] Salvato C. The role of micro-strategies in the engineering of firm evolution[J]. Journal of Management Studies, 2003, 40(1): 83-108.

[255] Sarkees M, Hulland J. Innovation and efficiency: it possible to have it all[J]. Business Horizons, 2009, 52(1): 45-55.

[256] Schindehutte M, Morris M H, Kocak A. Understanding market-driving behavior: the role of entrepreneurship[J]. Journal of Small Business Management, 2008, 46(1): 4-26.

[257] Schreyogg G, Kliesch-Eberl M. How dynamic can organizational capabilities be? towards a dual-process model of capability dynamization [J]. Strategic Management Journal, 2007, 28(9): 913-933.

[258] Senge P. The fifth discipline: the art and practice of the learning organization[M]. New York: Doubleday, 1990.

[259] Shah A, Sterrett C, Chesser J, et al. Meeting the need for employee development in the 21st century[J]. Sam Advanced Management Journal, 2001, 66(6): 22-28.

[260] Shapiro C. The theory of business strategy[J]. The Rand Journal of Economics, 1989, 20(1): 125-137.

[261] Sheng M L, Chien I. Rethinking organizational learning orientation on radical and incremental innovation in high-tech firms[J]. Journal of Business Research, 2016, 69(6): 2302-2308.

[262] Shuster J P. Transforming your leadership style[J]. Association Management, 1994, 46(1): 39

[263] Siegel P A, Hambrick D C. Business strategy and the social psychology of top management teams[J]. Advances in Strategic

Management, 1996, 13: 91-119.

[264] Simsek Z, Veiga J F, Dino L R N. Modeling the multilevel determinants of top management team behavioral integration[J]. The Academy of Management Journal, 2005, 48(1): 69-84.

[265] Simsek Z. Organizational ambidexterity: towards a multilevel understanding[J]. Journal of Management Studies, 2009, 46(4): 597-624.

[266] Sinkula J M. Market information processing and organizational learning[J]. Journal of Marketing, 1994, 58(1): 35-45.

[267] Sinkula J M, Baker W E, Noordewier T. A framework for market-based organizational learning: linking values, knowledge, and behavior[J]. Journal of the Academy of Marketing Science, 1997, 25(4): 305-318.

[268] Slater S F, Narver J C. Market orientation and the learning organization[J]. Journal of Marketing, 1995, 59(3): 63-74.

[269] Smith W K, Tushman M L. Managing strategic contradictions: a top management model for managing innovation streams[J]. Organization Science, 2005, 16(5): 522-536.

[270] Smith W K. Top management team approaches to simultaneously managing exploration and exploitation[C]. Academy of Management Best Conference Paper Proceedings, 2006(1): D1-D6.

[271] Sok P, O'Cass A. Achieving service quality through service innovation exploration-exploitation: the critical role of employee empowerment and slack resources[J]. Journal of Services Marketing, 2015, 29(2): 137-149.

[272] Song J H, Joo B, Chermack T J. The dimensions of learning organization questionnaire (DLOQ): a validation study in a korean context[J]. Human Resource Development Quarterly, 2010, 20(1): 43-64.

[273] Spanjol J, Muhlmeier S, Tomczak T. Strategic orientation and product innovation: exploring a decompositional approach[J]. Journal

of Product Innovation Management, 2012, 29(6): 967-985.

[274] Stam W, Elfring T. Entrepreneurial orientation and new venture performance: the moderating role of intra- and extraindustry social capital[J]. Academy of Management Journal, 2008, 51(1): 97-111.

[275] Stata R. Organizational learning: the key to management innovation [J]. Sloan Management Review, 1989, 30(3): 63-74.

[276] Swart J, Kinnie N. Organisational learning, knowledge assets and HR practices in professional service firms[J]. Human Resource Management Journal, 2010, 20(1): 64-79.

[277] Teece D J, Pisano G, Shuen A. Dynamic capabilities and strategic management[J]. Strategic Management Journal, 1997, 18(7): 509-533.

[278] Teece D J. Dynamic capabilities and entrepreneurial management in large organizations: toward a theory of the (entrepreneurial) firm[J]. European Economic Review, 2016, 86(SI): 202-216.

[279] Teece D J. Explicating dynamic capabilities: the nature and microfoundations of (sustainable) enterprise performance [J]. Strategic Management Journal, 2007, 28(13): 1319-1350.

[280] Teece D J. The foundations of enterprise performance: dynamic and ordinary capabilities in an (economic) theory of firms[J]. Academy of management Perspectives, 2014, 28(4): 328-352.

[281] Teece D, Pisano G. The dynamic capabilities of firms: an introduction [J]. Industrial and Corporate Change, 1994, 3(3): 537-556.

[282] Tekleab A G, Quigley N R, Tesluk P E. A longitudinal study of team conflict, conflict management, cohesion, and team effectiveness [J]. Group & Organization Management, 2009, 34(2): 170-205.

[283] Terreberry S. The evolution of organizational environments[J]. Administrative Science Quarterly, 1968, 12(4): 590-613.

[284] Thompson J D. Organizations in action [M]. New York: Mc Graw-Hill, 1967.

[285] Tippins M J, Sohi R S. It competency and firm performance: is

organizational learning a missing link? [J]. Strategic Management Journal, 2003, 24(8): 745-761.

[286] Tung R L. Dimensions of organizational environments: an exploratory study of their impact on organization structure[J]. Academy of Management Journal, 1979, 22(4): 672-693.

[287] Turner N, Maylor H, Swart J. Ambidexterity in projects: an intellectual capital perspective[J]. International Journal of Project Management, 2015, 33(1): 177-188.

[288] Turner N, Swart J, Maylor H. Mechanisms for managing ambidexterity: a review and research agenda[J]. International Journal of Management Reviews, 2013, 15(3): 317-332.

[289] Turner T, Pennington W W. Organizational networks and the process of corporate entrepreneurship: how the motivation, opportunity, and ability to act affect firm knowledge, learning, and innovation[J]. Small Business Economics, 2015, 45(2): 447-463.

[290] Tushman M L, Nadler D A. Information processing as an integrating concept in organizational design[J]. International Journal of Dermatology, 1978, 3(3): 613-624.

[291] Tushman M L, O'Reilly C A III. Ambidextrous organizations: managing evolutionary and revolutionary change[J]. California Management Review, 1996, 38(4): 8-30.

[292] Tushman M L, O'Reilly C A III. The ambidextrous organization[J]. Harvard Business Review, 2004, 82(4): 74-81.

[293] Tushman M L, O'Reilly C A III. Winning through innovation[M]. Boston: Harvard Business School Press, 1997: 23.

[294] Van Knippenberg D, Sitkin S B. A critical assessment of charismatic-transformational leadership research: back to the drawing board?[J]. The Academy of Management Annals, 2013, 7(1): 1-60.

[295] Venkatraman N. Strategic orientation of business enterprises: the construct, dimensionality, and measurement[J]. Management Science, 1989, 35(8): 942-962.

[296] Voss G B, Voss Z G. Strategic orientation and firm performance in an artistic environment[J]. Journal of Marketing, 2000, 64(1): 67-83.

[297] Waldman D A, Javidan M, Varella P. Charismatic leadership at the strategic level: a new application of upper echelons theory[J]. Leadership Quarterly, 2004, 15(3): 355-380.

[298] Wang C H, Chen K Y, Chen S C. Total quality management, market orientation and hotel performance: the moderating effects of external environmental factors[J]. International Journal of Hospitality Management, 2012, 31(1): 119-129.

[299] Wang C J, Tsai H T, Tsai M T. Linking transformational leadership and employee creativity in the hospitality industry: the influences of creative role identity, creative self-efficacy, and job complexity[J]. Tourism Management, 2014, 40: 79-89.

[300] Wang C L, Ahmed P K. Dynamic capabilities: a review and research agenda[J]. International Journal of Management Reviews, 2007, 9(1): 31-51.

[301] Wang C L, Rafiq M. Ambidextrous organizational culture, contextual ambidexterity and new product innovation: a comparative study of UK and Chinese high-tech firms[J]. British Journal of Management, 2014, 25(1): 58-76.

[302] Wang C L, Senaratne C, Rafiq M. Success traps, dynamic capabilities and firm performance[J]. British Journal of Management, 2015, 26(1): 26-44.

[303] Wang C L. Entrepreneurial orientation, learning orientation, and firm performance[J]. Entrepreneurship Theory and Practice, 2008, 32(4): 635-657.

[304] Wang E T G, Chiu C H, Chen E. Impact of IT intellectual capital on IT explorative-exploitative innovation strategy and performance[C]. Hawaii International Conference on System Sciences. IEEE, 2015.

[305] Wang G, Oh I S, Courtright S H, et al. Transformational leadership and performance across criteria and levels: a meta-

analytic review of 25 years of research[J]. Group and Organization Management, 2011, 36(2): 223-270.

[306] Watkins K E, Marsick V J. Dimensions of the learning organization questionnaire[M]. Warwick, RI: Partners for the learning organization, 1997.

[307] Watkins K E, Marsick V J. Demonstrating the value of an organization's learning culture: the dimensions of the learning organization questionnaire[J]. Advances in Developing Human Resources, 2003, 5(2): 132-151.

[308] Wei L Q, Wu L. What a diverse top management team means: testing an integrated model[J]. Journal of Management Studies, 2013, 50(3): 389-412.

[309] Wei Z, Yi Y, Yuan C. Bottom-up learning, organizational formalization, and ambidextrous innovation[J]. Journal of Organizational Change Management, 2011, 24(3): 314-329.

[310] Wernerfelt B. A resource-based view of the firm[J]. Strategic Management Journal, 1984, 5(2): 171-180.

[311] West C T, Schwenk C R. Top management team strategic consensus, demographic homogeneity and firm performance: a report of resounding nonfindings[J]. Strategic Management Journal, 1996, 17(7): 571-576.

[312] Wholey D R, Brittain J. Characterizing environmental variation[J]. Academy of Management Journal, 1989, 32(4): 867-882.

[313] Wiersema M F, Bantel K A. Top management team demography and corporate strategic change[J]. Academy of Management Journal, 1992, 35(1): 91-121.

[314] Winter S G. Understanding dynamic capabilities[J]. Strategic Management Journal, 2003, 24(10): 991-995.

[315] Xia Z, Yu H X, Wang J X, et al. Empirical study on impact of human capital on exploratory and exploitative technological innovation [C]. Dallas, TX: International Conference on Management Science

and Engineering, 2012.

[316] Xie R, Ling H, Zhang C. Effect of business process management on firm performance: an ambidexterity perspective[C]. Guangzhou: International Conference on Business Management and Electronic Information (BMEI), 2011.

[317] Xie X, Gao Y. Strategic networks and new product performance: the mediating role of ambidextrous innovation[J]. Technology Analysis and Strategic Management, 2018, 30(7): 811-824.

[318] Yang B, Watkins K E, Marsick V J. Examining Construct Validity of the Dimension of the Learning Organization Questionnaire[C]. Torraco. Proceedings of the 1998 Annual Academy of Human Resource Development Conference, 1998.

[319] Yang Z, Zhou X, Zhang P. Discipline versus passion: collectivism, centralization, and ambidextrous innovation [J]. Asia Pacific Journal of Management, 2015, 32(3): 745-769.

[320] Yu G J, Kwon K M, Lee J, et al. Exploration and exploitation as antecedents of environmental performance: the moderating effect of technological dynamism and firm size[J]. Sustainable, 2016, 8(3): 200.

[321] Yukl G A. Leadership in organizations[M]. Upper Saddle River, NJ: Prentice-Hall, 1994.

[322] Yukl G. Leadership in organization[M]. New Jersey: Prentice Hall, 2001.

[323] Zacher H, Robinson A J, Rosing K. Ambidextrous leadership and employees' self-reported innovative performance: the role of exploration and exploitation behaviors[J]. The Journal of Creative Behavior, 2016, 50(1): 24-46.

[324] Zahra S A, Sapienza H J, Davidsson P. Entrepreneurship and dynamic capabilities: a review, model and research agenda[J]. Journal of Management Studies, 2006, 43(4): 917-955.

[325] Zang J J, Li Y. Technology capabilities, marketing capabilities and innovation ambidexterity [J]. Technology Analysis and

Strategic Management, 2017, 29(1): 23-37.

[326] Zhang A Y, Tsui A S, Wang D X. Leadership behaviors and group creativity in Chinese organizations: the role of group processes [J]. Leadership Quarterly, 2011, 22(5): 851-862.

[327] Zhang Y, Waldman D A, Han Y L, et al. Paradoxical leader behaviors in people management: antecedents and consequences[J]. Academy of Management Journal, 2015, 58(2): 538-566.

[328] Zheng X, Liu Z, Gong X. Why does leader attention scope matter for innovation ambidexterity? the mediating role of transformational leadership[J]. Leadership and Organization Development Journal, 2016, 37(7): 912-935.

[329] Zhou K Z, Li C B. How does strategic orientation matter in Chinese firms? [J]. Asia Pacific Journal of Management, 2007, 24(4): 447-466.

[330] Zhou K Z, Li C B. How strategic orientations influence the building of dynamic capability in emerging economies[J]. Journal of business research, 2010, 63(3): 224-231.

[331] Zhou K Z, Yim C K, Tse D K. The effects of strategic orientations on technology- and market-based breakthrough innovations[J]. Journal of Marketing, 2005, 69(2): 42-60.

[332] Zollo M, Winter S G. Deliberate learning and the evolution of dynamic capabilities[J]. Organization Science, 2002, 13(3): 339-351.

[333] 曾萍,蓝海林.组织学习、知识创新与动态能力：机制和路径[J].中国软科学,2009(5): 135-146.

[334] 曾萍,宋铁波,蓝海林.环境不确定性、企业战略反应与动态能力的构建[J].中国软科学,2011(12): 128-140.

[335] 陈国权,马萌.组织学习的过程模型研究[J].管理科学学报,2000(3): 15-23.

[336] 陈国权.学习型组织的过程模型、本质特征和设计原则[J].中国管理科学,2002(4): 87-95.

[337] 陈国权.组织学习和学习型组织：概念、能力模型、测量及对绩效

的影响[J].管理评论,2009,21(1):107-116.

[338] 陈璐,柏帅皎,王月梅.CEO变革型领导与高管团队创造力:一个被调节的中介模型[J].南开管理评论,2016,19(2):63-74.

[339] 陈晓萍,徐淑英,樊景立.组织与管理研究的实证方法[M].北京:北京大学出版社,2012.

[340] 成瑾,白海青.从文化视角观察高管团队行为整合[J].南开管理评论,2013,16(1):149-160.

[341] 成瑾,白海青.探索影响高管团队行为集成的关键认知特征[J].经济管理,2010,32(4):78-83.

[342] 程龙,于海波.变革型与交易型领导如何推动组织学习——基于组织文化的完全中介作用[J].山东财经大学学报,2018,30(6):99-109.

[343] 邓小翔,丘缅.顾客导向视角下的组织学习与企业自主技术创新能力——华为公司的案例分析[J].科技管理研究,2016,36(3):188-193+199.

[344] 冯军政.企业突破性创新和破坏性创新的驱动因素研究——环境动态性和敌对性的视角[J].科学学研究,2013,31(9):1421-1432.

[345] 付正茂.悖论式领导对双元创新能力的影响:知识共享的中介作用[J].兰州财经大学学报,2017,33(1):11-20.

[346] 傅晓,李忆,司有和.家长式领导对创新的影响:一个整合模型[J].南开管理评论,2012,15(2):121-127.

[347] 耿紫珍,刘新梅,杨晨辉.战略导向、外部知识获取对组织创造力的影响[J].南开管理评论,2012,15(4):15-27.

[348] 古家军,王行思.企业高管团队内部社会资本、团队行为整合与战略决策速度的关系研究[J].科研管理,2016,37(8):123-129.

[349] 古家军.TBC背景下企业高管团队战略决策过程研究[D].华中科技大学,2009.

[350] 胡保亮,赵田亚,闫帅.高管团队行为整合、跨界搜索与商业模式创新[J].科研管理,2018,39(12):37-44.

[351] 胡保亮,赵田亚,闫帅.高管团队行为整合对商业模式创新的影响[J].技术经济,2017,36(7):9-13+55.

[352] 简兆权,王晨,陈键宏.战略导向、动态能力与技术创新:环境不确定性的调节作用[J].研究与发展管理,2015,27(2):65-76.

[353] 蒋春燕,赵曙明.社会资本和公司企业家精神与绩效的关系:组织学习的中介作用——江苏与广东新兴企业的实证研究[J].管理世界,2006,22(10):90-99+171-172.

[354] 焦豪,魏江,崔瑜.企业动态能力构建路径分析:基于创业导向和组织学习的视角[J].管理世界,2008(4):91-106.

[355] 焦豪.双元型组织竞争优势的构建路径:基于动态能力理论的实证研究[J].管理世界,2011(11):76-91+188.

[356] 亢秀秋,沈颂东,房建奇.探索式与利用式创新研究的热点与前沿——可视化研究[J].技术经济,2019,38(1):63-80.

[357] 乐云,白居,韩冰,等.重大工程高管团队的行为整合、战略决策与工程绩效[J].中国科技论坛,2016(12):98-104.

[358] 李超平,时勘.变革型领导的结构与测量[J].心理学报,2005(6):97-105.

[359] 李大元,项保华,陈应龙.企业动态能力及其功效:环境不确定性的影响[J].南开管理评论,2009,12(6):60-68.

[360] 李军,关健,陈娟.组织学习、动态能力与企业战略变化关系的实证研究[J].软科学,2012,26(3):57-63.

[361] 李妹,高山行.环境不确定性对渐进式创新和突破式创新的影响研究[J].华东经济管理,2014,28(7):131-136.

[362] 李平,杨政银,汪潇.新时代呼唤管理理论创新——大卫·梯斯与动态能力理论[J].清华管理评论,2017,8(12):58-67.

[363] 李平.中国本土管理研究与中国传统哲学[J].管理学报,2013,10(9):1249-1261.

[364] 李忆,司有和.探索式创新、利用式创新与绩效:战略和环境的影响[J].南开管理评论,2008(5):4-12.

[365] 李忆,司有和.组织结构、创新与企业绩效:环境的调节作用[J].管理工程学报,2009,23(4):20-26.

[366] 刘鑫,蒋春燕.高层管理团队行为整合对组织双元性的影响:战略决策周密性的中介作用及长期薪酬的调节作用[J].商业经济与管

理,2015(7):25-33.

[367] 彭小宝,张佳,刘国芳,等.制度压力与中小企业双元性创新意愿:领导力风格的调节作用[J].科技进步与对策,2018,35(16):83-90.

[368] 曲小瑜.研发团队行为整合和双元创新关系研究——基于学习空间的中介作用和团队反思的调节作用[J].研究与发展管理,2017,29(4):115-126.

[369] 荣鹏飞,苏勇,王晓灵.CEO领导风格、TMT行为整合与企业创新绩效[J].学海,2018(1):196-206.

[370] 荣鹏飞.科技型企业高管团队自反性、行为整合与企业创新绩效关系研究[J].研究与发展管理,2015,27(5):147-158.

[371] 沈颂东,亢秀秋.悖论视角下的双元及情境型双元前因研究[J].科技管理研究,2019,39(8):217-229.

[372] 孙海法,伍晓奕.企业高层管理团队研究的进展[J].管理科学学报,2003,12(4):82-89.

[373] 孙俊华,贾良定.高层管理团队与企业战略关系研究述评[J].科技进步与对策,2009,26(9):150-155.

[374] 陶建宏,师萍,段伟宇.高阶理论研究综述——基于跨层次整合视角[J].科技管理研究,2013,33(10):224-229+242.

[375] 田庆锋,张银银,马蓬蓬,等.企业战略导向、组织学习对商业模式创新的影响研究[J].科技管理研究,2018,38(20):15-23.

[376] 王灿昊,段宇锋.不同领导风格、知识积累与组织双元性创新:能力柔性的调节作用[J].科技进步与对策,2018,35(23):17-24.

[377] 王朝晖.高绩效工作系统、双元型创新与企业绩效:关系情境的调节作用[J].科学决策,2014(9):32-53.

[378] 王飞绒,方艳军.基于组织学习的组织文化与技术创新绩效关系的实证研究[J].研究与发展管理,2013,25(1):36-43.

[379] 王凤彬,陈建勋,杨阳.探索式与利用式技术创新及其平衡的效应分析[J].管理世界,2012,28(3):96-112+188.

[380] 王凤彬,陈建勋.动态环境下变革型领导行为对探索式技术创新和组织绩效的影响[J].南开管理评论,2011,14(1):4-16.

[381] 王永伟,马洁,吴湘繁,等.变革型领导行为、组织学习倾向与组织惯例更新的关系研究[J].管理世界,2012,28(9):110-119.

[382] 奚雷,彭灿,李德强.双元学习对双元创新协同性的影响:变革型领导风格的调节作用[J].科技管理研究,2016,36(8):210-215.

[383] 奚雷,彭灿,张学伟.外部学习与双元创新协同性的关系——环境动态性的调节作用[J].技术经济与管理研究,2018,39(8):27-32.

[384] 谢洪明,葛志良,王成.社会资本、组织学习与组织创新的关系研究[J].管理工程学报,2008(1):5-10.

[385] 谢洪明,刘常勇,陈春辉.市场导向与组织绩效的关系:组织学习与创新的影响——珠三角地区企业的实证研究[J].管理世界,2006(2):80-94+143+171-172.

[386] 谢洪明,王成,葛志良.核心能力:组织文化和组织学习作用[J].南开管理评论,2006(4):104-110.

[387] 谢洪明.市场导向与组织绩效的关系——环境与组织学习的影响[J].南开管理评论,2005(3):47-53.

[388] 谢慧娟,王国顺.社会资本、组织学习对物流服务企业动态能力的影响研究[J].管理评论,2012,24(10):133-142.

[389] 许晖,李文.高科技企业组织学习与双元创新关系实证研究[J].管理科学,2013,26(4):35-45.

[390] 杨为勇.中小企业高管团队行为整合与组织双元性创新导向的关系研究——以高管团队异质性为调节变量[D].山东大学,2015.

[391] 杨治,郭艳萍,张鹏程.企业间信任对组织双元创新的影响[J].科研管理,2015,36(9):80-88.

[392] 姚振华,孙海法.高管团队行为整合的构念和测量:基于行为的视角[J].商业经济与管理,2009,29(12):28-36.

[393] 余浩,陈劲.战略导向、互博意愿与产品创新绩效关系研究[J].科研管理,2012,33(5):1-7.

[394] 张钰,李瑶,刘益.社会资本对企业创新行为的影响——基于利用式创新和探索式创新的实证研究[J].预测,2013,32(2):7-11+25.

[395] 赵更申,雷巧玲,陈金贤,等.不同战略导向对自主创新与合作创新的影响研究[J].当代经济科学,2006(2):18-23+124.

[396] 赵洁,魏泽龙,李垣.高管激励机制、组合能力对创新双元性的影响研究[J].中国科技论坛,2012(2):108-115.

[397] 赵峥,井润田.建立高层管理团队的时机分析[J].管理评论,2005,17(2):17-21+26-63.

附录 1　半结构化访谈提纲

一、基本信息
1. 性别
2. 年龄
3. 在企业的职位
4. 在企业的任期
5. 企业所属行业
6. 企业所属区域
7. 企业规模
8. 企业年限
9. 高层管理团队人数
10. 企业是否有创新行为

二、主要问题
11. 您对企业创新有什么看法？
12. 您的企业有进行探索式创新吗？如果有，请举例说明。
13. 您的企业有进行利用式创新吗？如果有，请举例说明。
14. 您的企业有同时进行探索式创新和利用式创新吗？如果有，请举例说明。
15. 您认为影响企业创新的因素有哪些？
16. 您怎样理解战略导向？
17. 您的企业有实施战略导向吗？如果有，请举例说明。

18. 您认为战略导向与双元创新、探索式创新和利用式创新有联系吗？如果有，请举例说明。
19. 您怎样理解 TMT 行为整合？
20. 您的企业中的高管成员之间协作水平高吗？如何进行协作？
21. 您认为 TMT 行为整合与双元创新、探索式创新和利用式创新有联系吗？如果有，请举例说明。
22. 您怎样理解组织学习？
23. 您的企业中的组织学习水平高吗？如何进行组织学习？
24. 您认为组织学习与双元创新、探索式创新和利用式创新有联系吗？如果有，请举例说明。
25. 您认为战略导向能够通过组织学习和 TMT 行为整合促进企业创新吗？
26. 您认为企业的双元创新水平会受到领导风格的影响吗？会受到哪些影响？
27. 您认为企业的双元创新水平会受到外部环境特征的影响吗？
28. 请您对本研究框架的合理性提出见解。

附录2　调研问卷

动态能力视角下双元创新形成机制调查问卷

尊敬的先生/女士：

感谢您填写此问卷！请您仔细阅读每一题，并根据贵公司的实际情况逐一填答。本问卷全部为单项选择，前六部分为构念测量，第七部分为基本信息，答案没有对错，请选择最接近您的真实想法的答案。

问卷结果仅用于学术研究目的，采取匿名形式，您寄回的问卷我们将严格保密，也不会在任何商业用途中使用，请放心并尽可能客观回答。

问卷用时大约10分钟，再次感谢您对本研究的支持！

一、以下是对探索式创新和利用式创新的测量

题项	很不同意	不同意	一般	同意	很同意
接受超越现有产品和服务的需求					
发明新的产品和服务					
在本地市场试验新产品和服务					

续表

题 项	很不同意	不同意	一般	同意	很同意
商业化全新的产品和服务					
经常利用新市场中的新机会					
经常使用新的销售渠道					
经常改进现有产品和服务					
定期对现有产品和服务进行小规模调整					
为本地市场引进改进的现有产品和服务					
提高提供产品和服务的效率					
增加现有市场的规模经济					
为现有客户扩展服务					

二、以下是对战略导向的测量

题 项	很不同意	不同意	一般	同意	很同意
竞争优势建立在理解顾客需求的基础上					
业务目标主要由顾客满意度驱动					
经常系统地评估顾客满意度					
非常重视售后服务					
销售人员经常分享竞争对手的信息					
对威胁我们的竞争性行为反应迅速					

续 表

题 项	很不同意	不同意	一般	同意	很同意
高层管理人员经常讨论竞争对手的策略					
在新产品开发中使用尖端的技术					
新产品一直处于技术的最先进水平					
基于研究成果的技术创新在我们的组织中很容易被接受					
技术创新在我们的管理中很容易被接受					
重视研发、技术领先和创新					
开发新的产品和服务					
采取的行动会激发竞争对手的响应					
采取进取的姿态开发潜在机会					
倾向于高风险、高回报的项目					
积极应对环境变动带来的挑战					

三、以下是对 TMT 行为整合的测量

题 项	很不同意	不同意	一般	同意	很同意
当某个团队成员很忙时,其他团队成员会自愿帮助处理工作					
高管团队成员灵活地转换职责使彼此之间的事情更容易处理					

续 表

题　项	很不同意	不同意	一般	同意	很同意
高管团队成员自愿帮助彼此在规定时间内完成工作					
高管团队成员经常交流新想法					
高管团队成员会进行交流并提出更好的解决方案					
高管团队成员会互相激发以提升创造力水平					
高管团队成员会让彼此了解每个行动对他人的影响					
高管团队成员对共同的问题和其他成员的需求有清晰的认知					
高管团队成员了解彼此的要求和期望					

四、以下是对组织学习的测量

题　项	很不同意	不同意	一般	同意	很同意
经常拜访其他企业					
经常参加专家报告					
经常参加培训项目					
经常交流关于学习知识的想法					
经常与高层管理者分享学到的知识					

续表

题　项	很不同意	不同意	一般	同意	很同意
鼓励团队合作、团队决策和内部沟通					
善于解决员工之间的矛盾					
在开发新产品方面拥有丰富的知识					
在制定新生产工艺方面有丰富的知识					

五、以下是对变革型领导的测量

题　项	很不同意	不同意	一般	同意	很同意
领导者对组织愿景有清晰的认知					
领导者是追随者学习的榜样					
领导者激励追随者为了集体目标努力					
领导者鼓励追随者参与组织规范的制定					
领导者激励追随者快速适应不断更新的组织规范					
领导者激励追随者超额完成工作任务					
领导者积极为追随者提供专业指导和培训					
领导者能够很快采纳追随者的建议					

六、以下是对外部环境的测量

题　项	很不同意	不同意	一般	同意	很同意
行业环境变化剧烈					
顾客经常要求新的产品和服务					
变革在行业中持续发生					
有相对强大的竞争对手					
行业竞争非常激烈					
价格竞争是行业的一个标志					

七、这部分为您的基本信息,请如实填写,这将对我们的研究提供很大的帮助,非常感谢您的支持!

1. 您在企业担任的职务是_____。

    A. 总经理或董事长　　　B. CEO

    C. 副总经理　　　　　　D. 部门经理

    E. 其他

2. 您的企业的性质是_____。

    A. 私营　　　　　　　　B. 国有

    C. 外资　　　　　　　　D. 合资

3. 您的企业的成立年限为_____。

    A. 3~5 年　　　　　　　B. 6~10 年

    C. 11~15 年　　　　　　D. 16 年以上

4. 您的企业的员工数量为_____。

    A. 49 人以下   B. 50~100 人

    C. 101~500 人   D. 501~2 000 人

    E. 2 001 人以上

5. 您的企业的高层管理团队成员数量为_____。

    A. 2 人以下   B. 3~5 人

    C. 6 人以上

6. 您的年龄是_____。

    A. 25 岁及以下   B. 26~30 岁

    C. 31~40 岁   D. 41~50 岁

    E. 51~60 岁   F. 61 岁以上

7. 您的企业所处的行业是_____。

    A. 制造业   B. 服务业

    C. 金融业   D. 房地产业

    E. 电子产品

    F. 生命科学(包括制药、生物技术和医疗设备)

    G. 信息和通信技术

    H. 新兴技术(软件开发、数据存储和显示、数据处理、传感器和成像技术)

    I. 其他

8. 您的企业所在的省(市)为_____。

9. 恳请您留下宝贵意见_____

_____。

图书在版编目(CIP)数据

动态能力视角下企业双元创新形成机制研究/亢秀秋著.—上海:复旦大学出版社,2024.5
(创新能力与可持续发展研究系列／王胜桥主编)
ISBN 978-7-309-17107-5

Ⅰ.①动… Ⅱ.①亢… Ⅲ.①企业创新-研究-中国 Ⅳ.①F279.23

中国国家版本馆 CIP 数据核字(2023)第 234118 号

动态能力视角下企业双元创新形成机制研究
DONGTAI NENGLI SHIJIAO XIA QIYE SHUANGYUAN CHUANGXIN XINGCHENG JIZHI YANJIU
亢秀秋　著
责任编辑/鲍雯妍

复旦大学出版社有限公司出版发行
上海市国权路 579 号　邮编：200433
网址：fupnet@fudanpress.com　　http://www.fudanpress.com
门市零售：86-21-65102580　　团体订购：86-21-65104505
出版部电话：86-21-65642845
上海盛通时代印刷有限公司

开本 890 毫米×1240 毫米　1/32　印张 11.5　字数 248 千字
2024 年 5 月第 1 版
2024 年 5 月第 1 版第 1 次印刷

ISBN 978-7-309-17107-5/F·3017
定价：98.00 元

如有印装质量问题，请向复旦大学出版社有限公司出版部调换。
版权所有　侵权必究